國家成例命婦不旌守節不及年限者不旌輕身殉夫者非特
請不旌於襃予之中稍示區別有不得不然者方志與律令有
間故從寬登載以俟
特恩云

晉

陸氏張茂妻茂爲吳郡守以討沈充遇害陸憤激傾貲率部曲
討充死戰充敗乃詣闕謝茂不克之罪詔曰茂死妻忠舉門義
烈遂俱得褒錫晉書大清一統志茂爲吳興內史討充遇害追贈太僕
謝道韞王凝之妻聰識有才辯叔父安嘗奇之及遭孫恩難聞
夫及諸子爲賊害命肩輿抽刃出門亂兵稍至手殺數人外孫
劉濤年數歲賊欲害之道韞曰事在王門何關他族必如此寧
先見殺恩爲之改容乃不害濤自爾嫠居會稽所著詩賦誄頌

山陰縣志卷十七

人民志第二之九

傳列女者昉於劉向范史法之錄其高秀不專一操是以曹大家之學蔡文姬之才槩著於錄劉知幾議之固非篤論至謂秋胡之妻尋其始末了無才行可稱直以怨懟厥夫投川而死輒與貞烈爲伍有乖其實斯亦千古不易之說矣今志所載以節孝貞烈爲本果有才秀名媛卓然可錄則中壘之例具在亦不敢略也至於深閨茹苦表見爲難鋪張讕語莫慰貞魂翻不若婚聘之年歲及孀以何時歿以何世各爲標出可以核操履而免雷同惜舊載新編例難盡一亦不能盡詳也若夫旣已得旌於

朝綽楔題坊不朽千古區區方志何足以云而

紹興大典

史部

嘉慶山陰縣志（外一種）

3

中華書局

並傳於世晉書

宋

謝夫人孔琳之妻琳之書蹟與羊欣齊名謝眞書雅媚尤精小楷每日作書數紙與夫較工拙王會新編

孔氏朱百年妻百年少有高情攜妻入會稽南山以伐樵採若爲業百年卒蔡興宗爲會稽守餉百年妻米百斛妻遣婢詣郡門固辭時人美之以比梁鴻妻南史

齊

朝氏韓靈珍妻靈珍亡無子朝氏守節處家人奪已志未嘗歸寧朝氏南史云一作卓舊萬歷志作胡靈珍俞志作靈眞今從南史　大淸一統志作卓

梁

楊氏天水人中兵叅軍張彪妻有容貌彪兵敗入若耶山陳文

帝遣章昭達領千兵重購之并圖楊比彪見殺昭達進軍迎楊楊請葬彪既畢遂割髮毀面誓不更行文帝聞之歎息遂許爲尼後武帝軍人求娶之楊投井決命比出垂死積火溫燎乃蘇復起投于火元史

唐

吳仁璧女少能詩兼明元象陰陽之學天復中仁璧登進士第居越中甚貧困閒嘗佯狂乞於市女曰大人愼出入恐罹網羅已而錢武肅王命撰其母墓銘仁璧不從遂被繫女泣曰文星失位大人其不免乎遂併女沈之東小江女年十八府志

元

聞氏俞新之妻歸俞六年而夫喪父母憐其少寡且貧欲奪其志聞斷髮自誓紡績養姑姑失明三載聞旦夕漱盥舐其目目

復明後姑喪率子女躬負土營壙鄉閭語曰欲學孝婦當問俞母至正丁丑詔旌節孝之門舊志詳見元史

馮氏淑安字靜君武寧尹李如忠繼室也如忠東平人因祖官游僑居越初娶探馬赤氏生子任繼娶馮生子伎至大二年如忠卒淑安年二十七長子任乃率探馬赤氏黨罄其家欲奪其志淑安竟不渝有強之者輒爪面流血因權厝如忠于蕺山下廬墓十六年至二孤成立始奉柩歸葬留子任奉祀東平攜伎歸越以承祖祀卒完其節云元季詔旌其門舊志見元史

朱淑信夫失其姓名少寡誓不改適女妙淨以哭父喪明家貧歲凶母子以苦節自勵十八王士貴重其孝乃求娶焉元史

潘妙圓項里徐允讓妻生有慧質善讀書至正十九年與其夫從舅安避兵山谷間舅被執讓呼曰寧殺我寇捨安殺讓將辱

潘潘紿曰若能焚吾夫則吾無憾焉寇聚薪焚屍火方烈潘赴火死舊志叅考府志　大清一統志明洪武中夫婦並得旌又保越錄載徐本道妻潘氏事與此同惟名異耳

韓氏張正蒙妻名儒韓性之女正蒙時爲德清稅務提領母喪廬墓南池至正十九年遭兵變正蒙謂韓曰吾爲國臣於義當死韓曰君果死於忠吾必死於節遂俱縊女池奴年十七曰父母既死吾何獨生投崖死次女越奴晝匿山中夜守屍傷尋餓死省經歷李泉瘞之元史

王氏徐楨妻至正十九年兵亂被執義不受辱赴水死舊志

徐氏郁景文妻楊氏蔡彥謙妻居南池至正十九年越州罹兵二婦被驅迫以行乃紿兵曰願歸取奩資縱之皆投井死叅府志載郁文景妻徐氏蔡彥謙妻楊氏與此互異並錄　國朝疑傳寫之訛故刪彼存此

張氏王子純妻生子彰甫二歲而子純死婦誓不貳志力女紅

以自給歿稱完節焉至正二十六年旌舊志
楊氏吳人母方擇配陸裕適游吳遂妻之生男三裕病瘵楊事之無少懈其母曰彼不起矣盍爲他適計楊不荅一日方食母詈之下食氣逆竟憤懣死夫亦尋死府志

明

孝女諸娥父士吉洪武初爲糧長有黠而逋賦者誣士吉於官論死二子炳煥亦罹罪娥年八歲思上書以身代乃與舅氏陶山長走京訴冤時鳴冤者非臥釘板勿與勘問娥輾轉幾斃事乃聞僅戍一兒而止娥重傷卒里人哀之肖像配祀曹娥明史
張氏錢伯顏妻子志中生甫晬而伯顏卒貧不給饘粥張力女紅以育子人無閒言令上其節旌之舊志
張氏錢奎妻奎亡張生男彌月守節不替事姑尤孝洪武年旌

施氏張拱辰妻拱辰早卒施志誓不再辛苦孝養舅姑有司奏大清一統志旌舊志

馬氏朱偉妻名德貞家病疫舅與夫偕亡姑亦病篤德貞艱苦侍姑姑愈母家欲奪其志斷指爲誓姑歿撫棺大慟踰日死府志據續文獻通考及兩浙名賢錄

王氏理學薛德明繼配德明於洪武間任紹興府儒學殁於官次子文賓相繼殞遺孤廷珪方週王鞠養靡倦艱苦備嘗每教廷珪以不墜先人之志迄今後嗣蕃衍代有聞人殆天所以答三十年之苦節也舊志

孫妙古適吳善慶善慶死孫持節不易家人欲奪其志孫聞知不免乃給曰幸供佛爲亡夫福頃之至縊夫墓木而死府志

徐氏鄭翰卿妻翰卿游山右十年不返徐獨奉舅姑姑疾劇籲天請代疾遂愈後翰卿歸旬日病卒徐營殮畢嘆曰獨不忍死以夫在耳今何以生爲絕粒七日卒府志兩浙名賢錄作韓卿

朱氏余亨秀妻十八歸亨秀夫旋亡家長恐不終守諷令改嫁不允朱恐奪其志投河死天順二年三月二十八日也府志又舊志載余亨妻朱氏事亦相類存以備考

俞圓恭姚彥艮妻也生子體原明年彥艮卒家素貧奉親勗子艱苦備嘗後體原仕禮部員外郎以廉能稱知縣李祿受以事聞詔旌其門舊志府志作元恭

余氏孫華玉妻年二十五而寡家貧子幼紡績自給以苦節終舊志

袁妙善父子純沒於王事貲產豐給遺孤尚幼妙善方待年未

字奮然願保其弟誓不適人且稍散其貲以安宗黨未幾弟亾妙善益勵初志撫袁氏名邦傑者嗣其後邦傑生子二次曰天順八年進士官御史舊志參考府志

謝氏汪德馨妻年二十四而寡子幼姑老苦節自勵以儒業教其子鎡鎡以進士起家官至兵部郎中姑疾篤呼天願以身代成化閒監司上其事旌之舊志府志作汪徽

張氏金俊妻自幼沉默甫歸俊舅姑與夫相繼歿張遺孤依母家終身苦操鄉稱完節焉成化初旌舊志

白母者葛氏女也年十六歸白瑾成化中以進士知分宜縣葛與俱其明年瑾病而庫貯正贏鄰境有因饑致亂者將刼取之葛乃還瑾別室埋其銀污池中着瑾服升堂賊至陽爲好語相勞益以飲珥衣服與之賊謝去不知陰已表識其用是後稱

撫得之瑾竟卒於官葛氏持身操行大率如此府志詳見徐文長白母傳

嚴氏吳曇妻年十八歸曇曇越數載曇殁誓死無貳且以義方訓子子顯克成母志舉進士官刑部郎成化初建坊旌之以下舊志

田氏呂聰妻歸五月聰卒織紝養姑姑以壽衣營葬居喪盡哀人咸嘉其孝節云

錢氏張希勝妻名昇年二十希勝卒舅姑使改適遂自縊家人救之甦卒不能強以終其志宏治志萬歷年僅存其名府志補

俞貞廉王旻妻幼時口授列女傳輒能誦記及歸旻恪修婦道旻亡年方二十屏華守素終其身舊志

周氏夫俞失其名年十九寡七十餘卒葬於天樂鄉孝枝變竹成林周於墳內自成化迄今數百年其蹟猶存府志

何氏周英妻未歸聘英患癩父母欲背前盟何泣曰夫之不幸

女之不幸也焉敢貳志卒歸英英以痼疾殞何堅不渝守年至七十餘乃終舊志參考府志

周妙清鄭谷林妻嫁年十六未期而谷林以居貧無子清苦自持年七十卒舊志府志作谷霖

錢氏陳軾妻年二十六軾歿子彝方五歲錢事舅姑盡孝孀居四十年以下舊志

錢艮潔士人張旭妻年十八歸於張甫兩月而寡遺腹生子元言有勸其易志者遂祝髮自誓事舅姑孝教子成儒業以壽終

孔氏張衡妻早寡衡從子遜娶錢氏遜亦夭二婦同心苦守相處一室四十餘年內外無閒言時稱雙節

包孟貞許配高恩恩死衰衣往弔誓不嫁年八十餘卒

王慕貞王子清女幼喜讀書許字劉志學劉故蕩子客燕十餘

載不返移書令王他適王不可及劉客死父母議更聘女泣曰劉有姑在瞽而乞食世有聘媳十餘年不得一日之養者乎乃侍其姑七年姑歿守墓數月忽得微疾沐浴焚香端坐卒時盛夏尸香徹里許邑令躬往祭奠後鹽道捐資建祠同沈烈婦祀之里人劉宗周爲之記府志

戴氏陳遇妻年二十五遇亡子魁尚在腹舅姑憐其貧欲嫁之戴泣曰願爲陳氏鬼也以節終舊志府志作陳周

趙氏胡燦妻年二十一寡無子孀居四十餘年以下舊志

孔淑貞進士刑部郎吳顯妻孔子五十九代女孫也生自曲阜長歸顯二年顯卒淑貞扶櫬南旋闔戶毀容閨閫嚴整苦節以終母族爲之立碑宏治年旌

孟玉輝朱士烝妻歸八年而寡清居茹苦百折不回有烈丈夫

風正德中旌

周氏年十九適蕭山汪欽欽兄弟五人俱殀折獨父湛與母在一夕湛爲盜所害周憤泣誓不俱生僱匄控憲竟獲盜二十八人戮於市府志

丁氏宋如珪妻歸八年如珪卒時年二十六遺腹生子茂保孝事其姑撫孤成立卒年九十一歲以下舊志

倪福淨年十七歸庠生胡詡三載詡故無子倪斷髮示志六十年貞操凜如也詡姪憲妻章氏妙貞歸年十七踰歲而寡亦無子堅操無異於倪每向夫墓泣有白鳥來巢人謂貞潔所感年八十五卒有司前後奏旌之

祝氏淨青胡慄妻慄早亾祝年二十一敬事翁姑郡守洪珠特爲立傳嘉靖丁酉旌其門諭祭葬繼子淪奉祀

余氏趙容妻賫容未期而寡年十九矢志不渝嫠居三十餘年以貞潔著

胡氏張裒妻年二十歸裒三載夫歿胡誓死不貳歷四十餘年完節而死詔旌其門

王氏潘宋妻年十七歸宋未幾宋卒王守節貞介卒年五十

傅氏沈浤妻年二十八夫卒撫遺腹子成立終日閉戶力女紅親族罕睹其面郡守嘗獎恤之舊志府志作沈宏

戴毓齡蔣倫妻登實堅於守節既老鄉人欲白其事輒止之曰婦人不再嫁常事耳勿煩官府為也舊志及兩浙名賢錄

丁阿姑貧家婦夫亡止一女母家欲改嫁之女覺躍入水以救免乃終其志舊志參考府志

唐氏進士姚鵬之子用粟妻以苦讀早卒唐年二十七撫一子

五孫成立壽至九十四嘉靖年旌以下舊志

周氏適高公懌二十而寡守貞五十餘年嘉靖年旌

孟氏適祁鎡數日而寡年十九父憐其無依諷之他適孟乃剪髮破鏡誓無貳志躬自績紡以養舅姑茹苦六十年有司給匾奬之舊志參考浙江通志

濮閏英繆禹卿妻年十七歸繆甫二載禹卿病刲股救之不效竟歿逝家貧無嗣誓死不貳卒以節著以下舊志

沈氏陳溢妻年十八歸溢甫十八日溢亾守節六十餘年溢從姪縈妻沈氏亦年十八而寡苦志不貳人稱爲陳氏雙節

趙氏歸周灊六年而寡守節七十年壽至九十三

孟氏胡埜妻嘉靖閒埜屢試不售賫志歿孟年十九繼伯氏子茂爲嗣教育成立孝養其姑旌其閭爲貞節之門四世孫昇猷

以進士官江南叅政府志

施氏俞柏妻柏蚤世施年二十七備嘗艱苦撫一子六孫親課讀皆游庠隆慶初施年八十一舊志叅考府志

鄭氏年十七歸徐文佩三年文佩卒其弟文鼐妻童氏生子甫晬文鼐亦病將死童封臂肉以與夫訣偕鄭撫一遺孤初無貳志郡守榜其門曰雙節舊志兩浙名賢錄文鼐作文鼎

朱氏年十七歸周虎二十而寡哀毀自誓家徒四壁舅姑皆老病朱力針紉以備甘旨鄉稱貞且孝者必曰周婦朝廷表其門府志

胡氏陳淍妻年十九而寡守節七十四載以下舊志

淩氏高貴珍妻夫歿年二十九清苦自勵歷四十八年如一日尚書魏驥爲之賛

汪氏年十九歸高貴津未期夫亾苦節自矢七十一卒郡守洪楷表其里

金氏府廩生徐輕妻夫早卒無子猶子繼祥甫生八月金鞠育成立爲邑庠生從孫慶妻尹氏二十四歲而嫠撫孤應龍勵操苦守俱以壽終舊志府志輕作鏻

李氏孝子陸尚質妻隆慶間海塘衝沒尚質救父而死李年十七未合巹聞夫死孤守終身府志

姚氏朱纘妻纘嗜酒失業議鬻姚於宦家姚大恚夜縫裾袂抱石沈河死郡人爲立碑沈所徐渭爲之記舊志參考府志

王氏沈伯爕妻議婚數年伯爕病癎手攣髮禿父母有他意女問沈郎病始何日父曰初許時固佳兒耳女曰既許而病命也違命不祥竟歸之伯爕病且憊王奉事無少怠居八年卒嗣其

從子吏出贅珥佐舅買妾吏得子踰年舅姑相繼亡王獨撫二孤鬻于食之並成立明史

劉氏羅光顯妻光顯喜讀書慷慨任俠甫婚二載而殤無嗣劉奉舅姑極其孝養及卒喪祭盡禮苦節七十餘載御史羅元賓題旌以下府志

毛氏叅將吳泰徵妻戎氏泰徵妾泰徵與毛及子闔門死開封難戎以在籍免守節祀先

張氏吳元鏞妻元鏞從祖父死兗州難張不屈死

趙貞女名遂幼能讀書善臨池家素饒父爲置妝豐甚許字俞某及笄俞病垂殆姑利其妝促之就吉趙入門姑令一女子代俞行禮訖忽聞哭聲尋告以實易服畢喪賦詩七首有云簫鼓未完鐃鼓震畫堂方掩孝堂開既而趙與俞俱貧落趙以針黹

營饔飧五十歲出訓女蒙年六十卒

沈氏朱雷妻無子子夫兄子廷瑞年九十四終以下舊志

王氏馮吉妻孫景隆官給事中萬歷十一年旌

周氏包濟妻貧無子子從子梗黃洪憲云節必以貧而無子者爲第一周之植孤存祀深識遠謀有丈夫子所不及者是足風世矣

馮氏俞泮妻子丕妻錢氏孫廷用妻婁氏三世守節馮年七十三卒錢五十卒俱萬歷十三年旌婁二十五而寡五十卒

何氏庠生張孚妻年十六于歸二十四夫亾事舅姑課二子勵冰霜者五十餘年學道許給匾獎之

高氏監生陳樞妻樞亾高年二十二誓以死殉時雙親老而遺孩方週乃止舅姑既殁喪葬盡哀子汝元仕至延綏行軍司馬

卒年八十有二萬歷年旌

孫氏趙嘉彥妻嘉彥客死孫絕食十四日卒萬歷間兩院檄縣建祠祀之以下府志

斯氏張泰妻翁病割臂糜湯以進遂愈姑病亦然舉一子遂染瘋痫仍爲夫納妾生子焉

朱貞女父名憲幼許字周沔未婚而卒朱往侍喪剪髮以誓撫姪爲子紡績自給足不出戶偶患疾爲延醫診脈辭曰夫未按吾手豈容他人近乎壽七十一終

馬氏劉晉嘯妻萬歷中晉嘯客死馬年二十許家無立錐伯氏有樓遂與母寄居其上以十指給養不下梯者數十年年七十五卒舊志參考府志

金氏馬文賢妻賢以母病割股創甚而歿金紝織養姑終其身

萬曆三十五年旌（呈報府志作萬曆五十年）

王氏胡亨奎妻夫死王年二十五家貧截指誓守紡績供姑針紉課子半飽延生積勞成疾喪明三載其于行晨朝夕焚香祈禱忽夢神授藥雙目復明人駭爲孝感所致（舊志）

章氏庠生劉坡妻都御史忠介公宗周之母也章年二十七而坡亾女方週歲忠介方在娠家故貧困攜子女依外家刻苦自勵躬操紡績以供晨夕忠介登賢書誡勿干戶外事贄如其素及忠介成進士放榜日章卒於家萬曆四十年旌（舊志參考府志）

倪氏庠生余燦妻孝事舅姑二十七歲而寡子復早世教育三孫俱成立茹荼四十餘年獲旌（以下舊志）

曹氏適俞大逵父堯中訓子嚴切萬曆戊子省試不售痛責之大逵慚悔死時曹年二十一遺孤甫五月撫之成立入太學年

八十一卒

馮氏陳幼學妻庶常陳景仁之祖母也幼學燕游早世馮年二十五矢志撫孤子嘉瑞成立嘉瑞妻顧氏刲股療姑邑令旌之曰一門節孝

潘氏許三聘妻年十九孀居撫遺腹兒成立至九十六而終天啓年旌

徐氏儒士陳核妻二十二歲夫亾撫孤承祀完節以終巡按楊其門曰貞操大植

秦氏陳大熙妻夫死守貞自誓父母欲更適卽自縊因無後嗣失記所旌府志

沈氏姚炣妻炣少有文名不得志早卒沈事姑孝養課子讀書咸列黌序以下舊志

史氏庠生陳承榮妻爲未亡人三十餘年宗黨稱其貞孝

金氏儒士陳汝曄妻有表揚貞節之旌

汪氏庠生劉繼曾妻年十九適劉六載夫亡清貧守志事姑以孝聞殁年七十有六天啓年旌

陳氏吾應試妻娶未匝月夫亡陳急欲自縊親屬力護乃已有慕其色者引刀自刺幾斃呈縣表揚府志

倪氏王朝京妻朝京力學早亡倪年二十一歲勵節四十餘載

金氏單一陽妻早寡貧無子姑苦四十六年天啓年旌以下舊志

錢氏年十六歸庠生徐天球半載姑與夫俱疾篤乃刺血書疏祈以身代遂刲股投劑疾俱愈而身殞詔旌之

祝氏儒家女七歲孝經成誦十二通女史內則十七適金大紳姑性嚴毅祝事之惟謹六年大紳殁遺三歲兒旋遭回祿仰事

俯育惟女紅是給歿年八十六曾孫爾天啓乙丑登進士仕婺源令疏請旌表

胡氏庠生茹光習妻性至孝年十三繼母疾篤刲股調藥籲天求代十八歸光習事舅姑克孝翁病亟夜焚禱復刲股以進病即霍然一時士夫稱孝女孝婦云崇禎閒汪元光上其事於兩臺給匾表其門姪茹鉉爲之傳府志

沈氏林大茂妻隨夫京邸夫樗蒱廢業沈處之怡然夫病侍藥飲無頃刻離既而謂曰予死不足惜第念爾苦隻身耳沈泣曰毋慮且隨君逝矣殮夫畢絕飲食而卒中城董御史捐金建祠同貞女王鼎貞祀之崇禎閒府尹劉宗周爲之記舊志參考府志

章氏年十八適周志高踰年夫死家甚貧章事舅姑至孝子伯氏子撫育教誨之崇禎閒子崇禮拒寇以忠烈顯舊志參考府志

陳氏金士標妻矢志全貞五十餘載獲旌以下舊志

婁氏陳大綺妻事翁姑得歡心夫嬴疾七載竟不起遺腹生子箴言紡績撫育王子登賢書按院學道旌其苦節

馬氏經歷俞宏和繼室年二十一夫逝娠甫七月時前妻有遺孤二弟婦馮氏亦蚤寡有遺孤一無論寒暑同紝織以撫諸孤節義著聞崇禎年旌舊志府志馬氏作高氏

趙氏高岡妻年十九歸岡趙九年夫卒茹苦服勤撫孤成立其翁應科亦早世姑李氏年二十八而寡李年七十七趙年六十八相繼卒崇禎年旌以下舊志

錢氏年十八歸金有德二十三夫卒截髮剺面自誓刲股以療姑克全貞孝子廷策以明經授知縣卒年五十二崇禎年旌

陳氏庠生曹憲妻夫亾陳年二十五守節撫孤長國正次守正

又相繼而殀長媳劉二十八歲次媳王二十九歲後皆以壽終
旌曰一門三節府志
徐氏庠生祝汝棟妻二十四歲而寡遺孤紹爖甫生長克繼父
志徐敬事舅姑終年六十餘崇禎年旌以下舊志
徐氏巡檢葉文傑妻夫死撫孤矢守親屬利其遺產逼令改醮
徐夜衣禮服針線密縫投河死詔旌其門
袁氏王大杰妻孀居五十載年八十九卒獲旌
陶氏庠生黃繼吉妻姑性嚴毅陶奉侍最孝子六親課之成立
翁病瘤爲醫者刀傷垂斃陶偕娣羅氏刲股以進病良已翌日
醫見曰若服異藥耶凡劑不能療也葢冥冥若有相之者孫允
哲登丁酉鄉榜舊志參考府志
李氏年十九歸金思範姑余病臥數年李服勞甚久悉鬻所有

以佐醫藥身無完襦思範禱神乞代竟先母死余病尋愈李素羸弱然事姑撫孤較昔尤勤苦歷四十餘年未嘗言病也媳王氏克嗣其孝府志

李氏庠生劉澐妾嫡徐遺孤校方在襁褓李懷抱以鬻身歷前後六世壽至百歲校及孫燕俱諸生繪其像以誌不忘劉忠介爲之贊府志舊志作劉澐

張儒姐幼許王耀基未婚基殁張以往弔爲名至其家竟不歸安貧堅守數十年舊志

許氏平仲昇妻年二十一仲昇病革顧許泣曰親老子幼饘粥不充其早爲計許囓指誓守仲昇亾許勵志堅貞事姑孝撫子耕讀寒暑不輟年七十二卒浙江通志

趙氏唐克信妻夫早亾青年矢志治女紅以養翁姑課子九經

登崇禎丁丑進士年七十二終旌曰完貞至孝以下舊志

曾氏葉大器妻器敦倫好學以厄於秋闈鬱快而死曾年二十九茹苦自甘力紡績以教養其子孀居五十餘年其娣氏金大紫妻亦以守節終

裘氏年十六歸龔邦柱事公姑最孝越十年夫客死閩中裘以死誓遺孤九歲躬織紝撫之成立卒年七十四以長孫澍貴贈夫人

謝氏歸單禹圖四載夫亡無子終身不茹葷不衣帛守節至八十一歲卒時異香滿室

王氏庠生張燮元妻二十四歲夫死無嗣堅貞守志壽至七十三其娣氏董儒士張珂芳妻二十五歲珂芳死妯娌互勵苦節四十餘年

吳氏庠生章文煥妻姑病疽刲股吮膿以孝行稱旌
樊氏典史楊珽妻孀居四十七載年六十九歲旌
傅氏年十八歸單思明逾年思明以武功應選都司客死傅誓
死苦守家愈貧而操愈勵勁節三十餘年
李氏陳大本妻大本力學早死李年二十二矢志靡他奉耆姑
王孝養備至當事旌曰節孝可嘉
何氏邵希達妻青年苦節至七十歲終
程氏庠生洪宗文贅陶生於家程年十七而父卒哀毀備至飦
粥逾年母病刲左臂以進愈三年疾復作又刲右臂進之及母
殞大哭失聲未月而卒府志
余氏庠生王觀洲妻觀洲負文名不遂抑鬱死余絕粒幾殞立
志撫孤朝暮親課苦節三十年王會新編

王素娥號桀齋歸胡節節死不嫁能詩有渡錢塘句云風微月落早潮平江國新晴畫不勝試看小舟輕似葉載將山色過西陵府志及明詩綜

傅氏吳邦璿妻邦璿守衢州事急囑傅令間道去傅曰豈不能先死盛服自縊邦璿遂舉家自焚大清一統志

張氏沈變妻變以屢試不遂悒怏而死張年二十許艱苦撫兒成立及娶婦子又殤時姑亦孀居一堂三世煢煢相依然張能曲盡孝養終姑餘年而已亦旋沒人咸崇其節孝焉以下舊志

張氏適庠生陳至謙二十三而寡生子錫琦親課讀爲邑諸生且存心愷悌捨棺數百以恤道殣年六十四卒

俞氏張問相妻事舅姑至孝嘗刲股以進而疾頓瘳適夫病篤俞旦暮籲神願以身代果不疾而殞夫竟霍然里人共傳之府志

陳氏庠生張汝爲妻汝爲死陳年二十四公姑年邁陳曲意承歡代供子職遺子二女一傳經課織旦晚不倦二子焜芳煜芳婿商周初俱成進士奉詔建坊壽至七十六以下舊志

祝氏商周稷妻二十八歲而寡事姑極盡孝養歷葬先人六柩雖傾家不靳育一子游庠七十七歲旌

金氏劉梧妻少寡撫孤守節至七十一歲卒孫媳吳氏夫亦早亾遺孤六八教養有成孝事舅姑皆登耄耋

周氏葉可受妻年二十六嫠居事姑誠孝教子義方年八十一無疾而終

張氏葉啓益妻蚤寡毀容祝髮以誓姪婦王氏良謨妻于歸三日夫亾孤苦餘生孝事堂上繼從姪天楨爲嗣

胡氏阮雲鷺妻夫亾胡年二十餘無子家寒誓守不渝繼姪爲

子年七十一終
朱氏年十九歸沈銓笵性柔婉事姑克孝三年銓笵亡撫二子五桑五樂成立人稱苦節云
高氏沈元肇妻年十九而寡奉姑循謹寡言笑持長齋終身不著色服母疾刲臂調藥訓子師笵早歲游庠時以節孝聞府志
沈氏謝朝賓妻年二十夫歿撫遺腹孤以事舅姑悉資紡績茹苦守貞歷六十餘載崇禎年旌舊志
胡氏吳咸正妻寓居天津夫亡遺孤三長琦甫十歲家貧勤十指以育諸子崇禎已巳琦以武舉授都司出援遵化胡勉以大義及琦戰死媳季氏年二十守節自誓女孫潞姑有殊色甲申流賊陷城姑懼辱服毒死時年十九編修陳兆崙作四節傳呈報參考府志

黄氏俞廷祿妻二十七歲夫死守志遺子女各一家貧事舅姑以孝苦志四十三年乃旌以下舊志

童氏年十七適儒士陳之源未一載夫故無子童堅志靡他以針黹自給人皆賢之

錢氏張子和妻艾年夫歿苦勵霜操教三子成立當事旌曰美孟流徽

周安貞許字王宗仁未婚聞訃親往殯殮矢死不嫁服闋身故其妹恭貞許字邑庠阮廷諭亦未婚而夫故守節終身二貞者皆明經周祖儀女也有雙貞集行世舊志參考府志浙江通志入國朝

李氏年十六歸少詹朱兆柏崇禎甲申兆柏聞變悲憤死時李年十八生遺腹孤撫養成立卒年五十五歲舊志參考府志

壉氏浦江人葉喬年妻喬年歿遺孤三明季山寇竊發長子被

害璩與其姑金氏遇賊追至知不免俱躍入水順流淺瀨幸得不死事定歸里家業蕩然姑婦相依荼苦拮据以終其身三子俱無嗣鄉里哀之府志據金廷韶撰傳

王氏二十一歲適儒士包懋統懋統苦讀成瘵七載亾王思以身殉翁諭曰死節易立孤難王乃節哀茹苦三十餘年以下舊志

張氏太學生王漢元妻漢元力學早世張冰蘖自矢撫孤成立尤善理家故生產日殖出資建祠又劃田爲公產歲收所入爲族人立義學并恤孤寡之不給者孀居六十餘年有司屢旌其門

薛氏劉果妻果卒遺二子尚幼羣從多謀不利者薛多方保護迄於成立已以壽終

沈氏庠生劉炣繼妻慈惠安貞出於天性晚年人呼爲老佛以

子還貴封太孺人

嚴氏庠生劉宗元繼妻年二十七而嫠撫子樹立守節三十年終

陶氏適錢祚信年十七夫亡矢志堅守孝事寡姑終年六十崇禎年旌嗣姪惡中復殀媳周氏惸獨終身克繼姑志

姚氏年十七歸庠生鍾化民化民卒姚年二十一或憫其無嗣諷以改適遂閉戶自經急救得不死舅姑益憐之歿年八十有四

何氏幼失怙恃養於祖母胡年十七胡卒哀毀備至及歸吳與學三年夫從舅游客死於京時年二十四歲姑嬰夙疾牀蓐不離何割股籲天備盡孝養終姑餘年

沈氏年十六適庠生趙志英二十八而夫故事翁姑育孤子守

貞至八十七歲終

金氏宣玉妻玉卒金年二十一遺腹生元仁母恤其艾年問所志金以死誓之紡績供菽水茹苦三十餘年府志

王氏太常卿金蘭元配奉姑盡孝值祖姑王之喪哀毀染暑疾卒年二十八生子樞機繼室吳爲諸姪完婚授田三畝貧困者悉周之值歲荒施粥給纊以濟鄉里卒年七十有四子權兄弟並爲邑諸生以下舊志

倪氏蔡引翼妻時白寇充斥倪懼其及也自沈於湖門村紫陽庵側之湄與波上下屹然不仆邑令李會旌其閭村西馬氏被兵強攝馬上以堅執不從倒曳數里而斃

王氏太學陳雲將妻守貞三十年子柿柞領貴州鄉薦尹望江有惠政補中書

張氏觀姑性至孝嘗千里赴父喪餰飦哀毀適儒士薛化龍相敬如賓生子景運有孝行舊志參考府志

張氏年二十四適吳霈成姻七十日夫客遊不返家貧姑哲矢志年六十八卒以下舊志

陶氏理學龐嶼女適中丞徐如翰子廷弼事舅姑至孝逮下以慈於戚族尤盡周恤之誼媳張氏姑病刲股以進孫媳張氏亦以孝聞

陳氏年十六歸庠生張熙芳未幾夫卒陳哀慟嘔血絕而復蘇姑失明奉事三十年不離牀第三子襄定袞皆教孝行能世其德云舊志參考府志

馬氏清遠少尹陳繪妾年二十二而寡舅年七十餘孝養惟謹撫孤六向成立後仕工部迎養京邸壽七十餘以下舊志

盛氏適鄒寰年十九寰歿艱苦矢志事舅姑以孝聞壽九十繼姪爲嗣

盛氏年十八適庠生韓姬尹門庭清素孝侍寡姑五載姬尹客死京師煢煢姑媳苦節可貞姑歿殯殮盡禮盛年七十三歲而終

黃氏章正孝妻正孝病將死黃剪髮泣誓有死無貳時年十九事姑撫孤克盡孝慈終年七十五次子廣灝爲邑庠生

潘氏太學生鄭汝銓妻年十九夫亾以死自誓撫兩幼子成立長祖瀛任兵馬司次祖浩任盧氏尉孀居四十載贈安人

陳氏歸鄭懋德年十九而寡舅姑年近八旬陳養之以孝繼姪煜爲嗣撫恤備至

何氏幼讀書通大義及笄適金應暘善事舅姑夫客死粤西哲

志撫孤長子宏勳爲邑諸生終年七十一太史陳景仁爲之傳
余氏李茂秀妻年二十八而寡以孝稱撫育孤兒壽至八十有
司旌之曰北堂師表曰勁節淩霜
周氏庠生薛萬鼎妻年十八而寡哭夫喪明誓不再適孝事舅
姑繼子承祀年六十三而終女適趙三泉以節孝聞另有傳
張氏陳言妻夫早卒矢志堅貞躬織紉以撫二孤敎育諸孫咸
立壽至百有二歲
趙氏婁濬妻未踰月濬客京師值明末國變隔音耗者五年家
貧無倚勤紡績供菽水事姑以孝聞後白寇充熾同姑避難採
藿爲食數遭虎患終莫能傷有傳夫卒於亂逼趙改醮者死拒
之越十年復與夫遇舉二子兆興兆祖兆興以副榜充河工分
理官

沈氏馮肇權妻肇權卒沈年二十二無子矢志靡他事姑至孝
姑病刲股進藥撫姪燿為嗣守節四十餘載
陳氏歸郡庠生胡靖靖卒陳年二十七遺孤甫三歲紡績鞠子
以俟成人終年七十餘
賞氏年十八適廩生胡鰲結褵八載夫卒遺一子甫襁褓賞矢
節撫孤屏華茹素以終
夏氏唐國器妻年二十孀居家甚貧孤大烇甫三歲鞠育教誨
資其成立後授德藩典儀聞母疾棄職馳歸刲股呼天始獲痊
夏年九十二而卒上官旌其閭曰節孝流芳
王氏年十九歸姜宗斌數月宗斌客死東粤王扶柩歸葬返棹
忽躍入水急拯之泣曰夫死無嗣奚以生為姪應奎願繼後奉
養允其請獨居一小樓終身足不履地壽至七旬太史倪元璐

上其事敕贈貞節婦三字

金氏李廷瞬妻歸五載夫亾子繼育三歲遺田十畝僅供饘粥有利其貲令改適者引刀自刎卒不能奪邑令耿庭柏旌之

袁氏適勞爾逸事舅姑甚孝睦族黨周貧乏恤臧獲巾幗稱賢媛焉爾逸客死長安袁撫二子執泰執任成立守節四十年長媳胡氏亦早寡守貞克遵慈訓

高氏適廸功郎余邦秀五年夫客死於京時年二十三家貧苦守撫遺嬰國棟成立壽至八旬

高氏適陳非熊年二十二夫卒無子家貧甚或勸改適高斷指示志以苦節終

陳氏余爋鵬妻夫死子光黼七歲家貧堅志矢節年七十餘歲

劉氏庠生坡女章養仁之妻歸養仁六年年二十四而寡不敢

晝哭時時隱痛浸以抱疾伏枕十餘年而卒弟忠介公宗周易其名曰貞範存毋教也

蕭珙適張八駿八駿死蕭對天自誓矢志靡他工鍼指以膳姑嫜八嘉其節曰孝

沈氏適都閫劉崇堯生四子二女年二十七夫破倭難不屈死家計淸素十指作勞撫諸孤玉鉦等克繼儒業年七旬而終

陳氏徐應奎妻事舅姑以孝年二十六夫故撫三歲孤子長成立矢節八十九歲卒當事旌曰節孝可風

陶氏歸茹明卿半載寡或有他議陶厲聲曰共姜柏舟讀之久矣復何言撫一子完姻而卒苦節五十餘載崇禎閒邑令鍾震陽旌其門

魯氏庠生金樞妻樞力行善事崇禎辛巳春雨雪連綿餓莩載

道施粥繼遺餌復平價出糶周濟窮黎樞卒曾年二十八子焯甫六歲熉尚在妊後並爲邑諸生守節三十一載卒

劉氏適金百鈞百鈞早卒劉年甫十九矢節靡佗子汝器媳姚氏相繼病殞遺孤萬全七歲劉撫養成立卒年七十四劉忠介爲之傳舊志府志作伯鈞

姜氏年十七適周玉忠舅文節公鳳翔捐軀殉難姑馬氏煢煢孤苦姜奉侍以孝聞玉忠疾篤姜刲股撫孩黎氏子如已出子皆爲邑諸生歿年五十二

祁氏德淵忠惠公彪佳女適姜廷梧工詩書靜好集有送黄皆令詩云西風江上雁初鳴水落寒塘一棹輕繞遥黄花歸故里滿隄紅葉送秋聲片帆南浦離愁結古道河梁別思生此去長途霜露肅何時雙鯉報柴荆府志及姚江逸詩存

朱氏祁班孫妻工詩嘗與姑商夫人姒張氏小姑湘君相倡和
夫人字冢婦曰楚纕介婦曰趙璧誌閨門之盛云全祖望祁公子墓碣
王氏名玉映丁睿之妻幼讀書長益沈酣史傳古大家工於詩
能臨池亦閒作戲水墨詩祖沈宋其論斷古人處絶似龍門翁
官詹事而家世淸白鼎革之後一椽不保日食不繼處之怡然
所著有吟紅全集論古諸書行世府志及王會新編
周氏年十七適俞世實結褵三月世實病篤謂周曰家貧無子
我死卽嫁周泣自誓封股調藥終不救繼姪爲嗣孫祥麟登賢
書其姪婦潘氏王氏靑年矢節俱至五十歲而逝舊志
陳氏俞文衡妻與妹張汝爲妻皆早嫠矢志不二所居有雙燕
來棲並無儔侶世稱陳氏雙貞府志及舊浙江通志
楊氏周曰禮妻趙氏許大化妻蔡氏黃應爵妻李氏徐大化妻

董氏徐道祿妻王氏嚴文貴妻皆因山寇竊發同時殉節里人合祀棲鳧土穀祠以下舊志

虞氏庠生吳鳳翀妻參議維陛妹苦節終其身

錢氏譚贍明妻二十四歲稱未亡人撫姪孫起謨承祀年八十三起謨二子鈞鏡次媳張氏暨幼女俱割股療親一門節孝聿屬僅聞

朱氏潘集妻素稱賢初集與王毓蓍善毓蓍有友他出妻不謹肯辱之竟遣去集以爲不當遂有隙及毓蓍自沈死集歸語妻曰我死卿當適人毋煩他人爲王毓蓍也妻曰君布衣能殉國吾獨不能以節殉夫乎集揖謝出急投渡東橋下死妻守志五十餘年終府志及殉義傳

陶氏叅議馬維陛繼室事舅姑以孝聞無子撫庶生如已出年

七十卒以下舊志

馮氏庠生金丗芝繼配年十八夫故立姪爲嗣守節不渝七十二歲終

吳氏謝文傑妻寄居衢州遭明季兵亂家業蕩然吳拮据葬夫事奉姑盡孝以紡績易饘粥姑病刲股療之孤錫袞甫六歲自爲課讀苦節三十餘年子任靜海令遷府佐

倪氏文貞公元璐姊幼穎異善讀書年十八適太學生胡圻圻謁選卒於京倪觸柱流血號慟欲殉文貞解以立孤難始慣然收淚苦志訓子立業年四十餘有疾不藥而歿舊志入本朝

周氏適馬文翰文翰登崇禎丁卯武科任樂安參將卒於官周截髮守志孝養舅姑撫孤悉成立苦節四十三年子章玉任中牟令舊志

俞氏庠生胡琛妻琛好學攻苦嘔血而逝俞矢志守節事舅姑純孝性成教子嚴毅有法卒年五十七舊志入本朝

朱氏年十八適陶其成婚八日夫隨其戚張焜芳之任未幾而張罹難陶不知所終朱煢煢孑立苦節終身里人有八日絲蘿百年松柏之譽舊志入本朝

王氏州判諸允元妻年二十九夫亡三子俱幼時值明季兵亂多方保護後子晉銓任楚有賢聲卒年八十一

金氏戶科給事中張焜芳妻崇禎十六年詔起焜芳官舟次臨清死節金聞之赴井死妾瑞氏從之老嫗抱幼子豹匿頹牆下五日夜不死越殉義傳

張氏都司吳有成妻妾劉氏成早卒張年二十七無子劉年十二十一有一子嫡庶同心撫孤成立府志

徐氏崇禎時八年十七適吳允登二十七夫亡子大經大綬方襁褓養其夫父母若繼父母以孝聞遭夫喪服衰十餘年大經夫婦早亡遺孤麟起又撫之成立麟起子振鎬成進士守節至七十四歲卒以下呈報

陳氏年十六字董光明光明以病瞽父母欲改字之泣不承卒歸之年二十九而寡撫孤成立苦節四十年巳旌

國朝

潘氏二烈婦潘兌卿妻朱氏實卿妻沈氏也順治初年相率避土賊亂適與兵值朱謂沈曰事亟矣不死將辱遂投於河沈亦從溺大學士王杰督學時爲書勁節幽芳四字匾其閭府志一作允卿

陸氏渭南縣尉順之女家鄰海崇禎時海溢順之身墮水中陸

年甫六歲手攀父頸浮沉十餘里至塗山麓始獲無恙時稱爲孝女適儒士朱達事舅姑克盡孝道順治初萑蒲嘯聚達弟被擒陸脱簪鬻幣百計救歸有烈丈夫風子三培圯均俱縣合贈孺人舊志

張氏胡一言妻夫亾張年十九有娠五月生子拱樞身紡績以課子順治間拱樞任兵馬司孫兆龍官吏部侍郎年七十六卒建坊　旌府志

徐貞女許字趙應奎爲繼室應奎客死粵東女入門祭拜撫棺慟絶矢死守志時年十九撫前妻子友善成立姑病貧不得醫藥徐刲股籲天乃瘳守節五十餘年順治間　旌舊志

繆氏適薛維瀾維瀾早卒繆矢志甚堅朝夕誨子卒年七十八子昌榮廩生中順治辛卯副榜

潘氏庠生陳其才妻其才苦讀病羸卒潘年二十六備嘗荼苦教子成材守節七十載其孫可畏舉順治壬辰進士猶親見之〔舊志府志作其升〕

許氏鄖陽副將胡廷聘妻順治四年九月楚寇亂被掠許不屈抱石投於金魚河死丙申疏題建坊旌〔府志〕

鍾氏事親以孝聞性聰慧通經史動止以禮人皆以女士目之年十六適李藩先三載夫亡育一子甫週家貧至不能繼饔飧堅持貞節五十五歲卒順治丁酉旌〔舊志〕

沈氏鍾萬傑妻夫早世教子嚴厲長子鎬邑庠生次子國儀順治進士武選司主事〔舊志一作義儀〕

周氏字王錫輿未嫁而錫輿卒女易服拜姑撫屍大慟父母強披以行終不從服闋謂家人曰可以下報泉壤矣不食而卒年

二十一時順治己亥五月二十七日也巡撫以下俱有褒錫進
士劉明孝爲之誄舊志
錢氏何嘉仍妻年二十夫卒投繯者三力救乃免時值兵燹利
刃自衛以誓必死三十八年如一日府志
薛氏幼善事其父母及歸胡明憲孝事舅姑有賢婦稱子德潤
甫成童補弟子員薛竟早逝繼配李氏父任都指揮罹不測李
效緹縈故事伏闕申救父還原職順治朝以子昇猷貴並封太
恭人以下舊志
陳氏王艮臣妻年二十六寡子幼家貧績紡度日娶媳陳氏生
孫方晬子又殀姑媳俱誓節堅守媳年四十八而終姑年至九
十餘順治年　旌
徐氏金大經妻事姑有孝行年二十八稱寡撫孤子三人暨諸

孫克成儒業壽至九十六康熙壬寅上官旌節太史陳景仁爲之傳

謝氏陳廷傑妻年二十一而寡子㸌甫二歲紡績奉姑育子康熙甲辰卒年八旬上官扁其閭曰褒崇節壽㸌入杭州府庠

吳氏都督周方蘇妻明季登州城陷與方蘇失散時年二十九子襃緒生纔九月負之航海居遼陽身歷艱險二十餘年百折不回完節以歿康熙戊申年　旌表建坊

戚氏年二十適董如珪六載夫歿家貧針紉度日未幾子又殀依姪苦節終其身康熙年　旌呈報

王氏世家女年十八歸劉禍生七年而寡時明季兵亂屢遭艱險子啟煇方在襁褓親課之讀後子以例授州同康熙年　旌呈報

陳氏施瑞霖妻年二十孀居遺四歲孤必信成立能孝養其母未幾亡媳王氏同姑守志俱以壽終康熙辛亥郡守張三異表其閭曰鶴齡松節舊志參考府志

朱氏金榮禮妻年二十九未殁遺子際燦際泰米食貧茹苦歷遭喪亂百折不磨孀居二十三載康熙壬子上官旌其閭以下舊志

商氏黃良翰妻年二十五夫亡矢節自守嘗刲股以療姑疾撫撫孤有芳長任垣曲縣令康熙癸丑請　旌建坊

酈氏幼以孝聞年十四適庠生潘世式十載夫卒酈矢志守貞禮事堂上康熙壬戌卒年八十嗣婿奕蕃以軍功授府佐

朱氏葉廷筌妻歸葉一載生一女夫游粵西卒於途朱抱女投河急拯乃免有親欲奪其志輒引刀毀容兩遇鄰火抱女哀叩即返風康熙丙寅　旌

王氏庠生余焯文繼妻年二十六夫故孝事慈育艱苦備嘗守節三十五年康熙丁丑 旌

吳氏盛國賢妻年二十四國賢卒吳觸階碎頭顱欲殉姑護之謹得不死以女紅自給撫二子成立康熙戊寅 旌府志

吳氏丁珏妾任雲南揚武壩巡檢管青龍廠事思曾叛珏陣亾吳爲賊所擄不從被殺事聞 賜祭葬浙江通志

一門三節者劉源遠妻王氏其弟源通妻陳氏源濬妻沈氏皆少寡遺孫子數人無生產可事舅姑老矣三婦操井臼慘淡焦勞然志堅甚意氣亦相得王無子撫陳氏子爲嗣康熙壬辰旌舊志

楊氏應藻女幼字庠生高其序未婚而其序死楊衰絰往弔哭畢入拜舅姑不復歸苦節四十餘年以處女終康熙癸巳 旌

以下府志

劉氏王時履妻年二十七夫歿撫兩孤子濟世元暹成立濟世府庠生孫霖乙酉舉人八十四歲卒康熙癸巳題 旌

鄒氏贈文林郎張汝緯妻二十五寡長子文達官知縣次子文選以西安府佐殉節

史氏任朝縉妻餘姚副榜孝咸女孫諸生起魯女也父子並誌儒林史年二十八夫故性賢孝姑患瘻疾不可近史侍湯藥無怠容遺孤中宜貧不能備脩脯自課之讀歷官兵部員外郎康熙乙未年 旌 舊志

王氏庠生趙懷吉妻年十八壻贅旬日而死王奔喪歸葬畢仍就食母家持身端潔以女紅自給族無可繼乃營兆於所建坊前遷其舅姑與夫之柩并葬焉雍正壬子 旌

錢氏陳元會妻夫死京邸姑令改適誓不從勤十指養姑及叔而自食糠粃以叔子爲後府志及浙江通志

單氏王錦妻年二十九夫亡貧無以殮遺腹生子撫以成立五十二歲卒雍正甲寅年題　旌呈報

丁氏吳麟生妻無子夫弟欲奪其志毀容誓死乃止繼姪斌爲嗣斌客游不返撫媳及孫備極荼苦從姪吳振霍早殀妻潘亦矢志守貞丁復收養於家浙江通志

沈氏胡藎臣妻年二十夫亡姑得癱疾扶掖左右數十年無倦色長姒孀居所繼嗣遠客沈命其子事之後卒武林沈渡江殯殮姒所繼姪歸目雙瞽養於家如已子守節六十五年雍正甲寅　旌府志及浙江通志

朱氏適庠生胡世賢家徒四壁勤紡績以供孀姑姑歿盡哀盡

孀二十九歲世賢卒獨居一小樓奉姑教子歷三十二年卒雍
正間　旌府志舊志載次子上達丙午舉人無考
王氏縣丞職周廷遷繼妻年二十七夫故守志孝事衰翁撫孤
子之炯之煌成立炯授縣丞煌任縣尉卒年六十九乾隆丙辰
旌呈報
焦氏尚書胡昇猷妾昇猷任漢中道時爲吳逆所囚焦同繫五
年備嘗辛苦以子仁濟官贈孺人昇猷文有妾楊氏二十四歲
守節乾隆丙辰　旌以下府志
趙氏臺灣副總兵國銓女適平奎敘年二十三夫歿子方四歲
忍死存孤以子貴封孺人並獲　特旌
金氏徐鶴妻二十二寡翁老子幼毋議再婚引刀自割其鼻乾
隆初　旌

錢氏庠生王基貞妻守節五十七年撫孤立業以勤苦成家乾
隆庚申　旌
葉氏沈茂如妻舅姑與夫相繼逝竭歷三喪忍死存孤戚里知
其貧稍以疏布餽峻不受曰非力出不可享也年八十卒乾隆
庚申　旌
傅氏王子和妻年二十八夫故紡績事翁姑子孫皆成立壽九
十六不疾而終
俞氏傅瑞有妻年十六歸傅未逾年夫卒無子翁姑病刲股投
藥侍寢滌穢七載不倦及翁姑亡絕粒三旬死有白鹿至靈几
前衆逐之忽不見乾隆壬戌　旌
孫氏謝楫妻未嫁夫病危諷令他字女曰分定矣死且守況未
死乎婚數日夫卒奩豐甚悉屏不御持行嚴峻家人呼為鐵面

娘子終年八十五乾隆壬戌　旌

謝氏孫希賢妻歸時夫已𤸪瘵謝籲天求代百計療之罔效夫亡無後繼從子爲嗣守苦節者六十年乾隆癸亥　旌呈報

嚴氏贈同知史宗垣媳庠生任鑾妻以國變毀家夫歿益困時年二十七歲大祲奉姑必精鑿而自齕糠粃其後長子綸次繼遷皆入仕然終身蔬布八十四卒今後嗣蕃衍曾孫魯璠爲知府來孫致光狀元授修撰現官知府餘亦多科目僉謂苦節之報乾隆丙寅題　旌以下府志

朱氏錢景銘繼妻景銘道死前妻子纔六歲家貧事繼祖姑及孀姑陸家燬於火朱以救姑遲出墜樓額顱流血成瘡奉姑寄食母家以終乾隆丁卯　旌

胡氏陶彥直妻未婚而彥直卒胡誓不他適族人爲笄於廟立

嗣以後之乾隆丁卯旌

徐氏張俊妻上有耄姑家徒四壁撫六月孤肅樞及長娶何氏兩載肅樞卒一孤亦甫六月姑媳苦守徐八十一卒何八十五卒乾隆年　旌

汪氏蕭山人孫昌周妻昌周病瘵婦入門交拜未畢夫咯血升許暈絶臥牀家故貧汪典賣奩物以供醫藥卒不救繼子大鵲復早殀汪與媳袁撫三歲孫守節五十二年乾隆已巳　旌

王氏年二十二適李允玉四載夫亡事舅姑以孝稱撫三月孤則仁成立入邑庠乾隆已巳請　旌建坊金雞山麓年六十五卒謹按府志作李瑜

高氏孫汝燦妻已請期而汝燦病危有謀緩期以待變者高與父母講古節義事父母知其意遂歸孫入門五載而夫卒自誓

守節與邁姑同寢處繼子以延夫祀乾隆壬申　旌以下府志

范氏七姑會稽人字俞炳未婚炳卒范年十九欲過門終志不得遂投河死殯時有異香家人於脂盒中得片楮書云吞金不死又投河七字蓋絶命詞也葬處時見有鹿至前稽拜如人狀乾隆壬申　旌

朱氏雲亭女事繼母孝喜臨書字徐沛未娶而沛死父母不以聞數月召媒氏至女聞大慟舉刀截其指父母知志不可回遂令墨衰赴徐一時觀者唏嘘泣下既歸徐事舅姑孝逾十年而卒

丁氏洪敦仁繼室婚三月夫客死於紡績之餘迎柩歸葬孝事舅姑撫前妻子濤成立乾隆丙辰舉人乙亥年　旌呈報

丁氏貢生裴光漢妻年十七于歸事姑十四年備得歡心舅病

夏月泣禱烈日中叩頭出血夜靜刲股以進病遂瘥媳周氏守節六十年孫媳胡氏守節五十四年乾隆丁丑　旌表雙節以下府志

聞人氏字劉文爔未嫁文爔卒女年二十一在母家縞素終身忽一日家皆聞異香女無疾而逝乾隆年　旌

祁氏字上虞鍾受之未婚受之卒父母欲再字堅不允侍父母以終年五十五取針黹所積買田二畝付叔作祭產身後歸柩於鍾合葬上虞北門外乾隆己卯　旌

單四姑幼字周大榆大榆染瘵迷之疾請解婚四姑矢不二夫榆旋卒四姑自經死年二十乾隆壬午正月事也是年請　旌大榆家迎櫬合葬爲立繼嗣焉

徐氏丁漢佩妻幼以孝聞二十一歲寡娣王氏綸言妻侍母亦

多孝行二十二而寡並力女紅以養姑而已飫糠覈苦節以終乾隆甲申並旌

王氏儒士朱亢年妻年二十五夫客亡譌所有迎柩歸業鍼黹以養其舅撫孤成立見孫涤成進士入翰林改官工部己酉請旌建坊年九十二卒呈報

王氏年十六妻楊廷璟夫亡自縊以救免又從樓墜下四肢斷折鄰家失火舅姑殯在堂王號泣呼天願與俱焚遂大雨如注年七十二卒

周氏郡庠生吳理禎妻明甲申殉難庶子謚文忠鳳翔女年十八夫亡撫姪爲嗣壽至八十曾孫侍講壽昌貤贈宜人府志

徐氏北來女年十九歸韓岳齡三歲夫卒徐奉翁姑撫子備嘗艱苦又念北來無嗣乃以紡紅之積置田若干以供享祀乾隆

丙戌　旌呈報
翁氏王偉妻順治戊子土寇焚刼鄉村偉逃匿翁不受辱與族人王萬衿妻陳氏同時投河死乾隆丙戌　旌以下府志
吳氏監生張芳妻蕭山吳爆女幼時爲毋吮癰年十九適張氏二十四寡子甫週歲辛勤撫育事姑孝謹會姑病劇禱以身代尋愈乾隆丙戌　旌年六十八
陳氏沈懋業妻事邁姑撫幼叔夫故矢志自守女弟配其叔懋謨懋謨亦卒兩孀相對子女俱無乾隆辛卯　旌
成氏錢塘人適陸世貴一年而寡子在襁褓撫以成立年六十二卒
沈氏金璐妻將婚璐病革父母難其遺而亦難於辭沈曰命也遂婚九日璐卒沈年十九家貧勤十指以養翁姑守節至七十

歲卒乾隆辛卯 旌
王三姑鴻棨女性至孝父母老病女終身不嫁以養親及親卒
撫養幼弟尤有恩
王氏雍正乙卯科武舉人馮彪妻年二十一夫沒京師家貧甚
孝養邁翁甘旨無缺撫二子成立素服糲食足不出戶外守節
四十三年乾隆壬辰 旌
王氏孔毓正妻二十七夫故撫孤子傳家成舉人官知縣壽八
十三乾隆癸巳請 旌
傅氏鍾家莊處士鍾世德妻年二十三夫卒孝養舅姑撫四齡
孤子商三成立補邑庠生年五十六卒乾隆癸巳學使給額曰
閨壼完人 呈報
陸氏張遵訓妻嫁三載夫沒矢志欲殉越半載縊死乾隆甲午

旌

史氏皃家相妻子寧靜早逝媳沈氏守志最稱貞正五十歲以前不下樓事寡姑極孝繼姪爲嗣七十一歲卒乾隆乙未並

旌

陳淑旂字繡莊上虞陳志學女能詩工小楷適藏學連兩年而寡繼姪爲嗣苦志自矢究心内典尤善針灸其術傳女弟子會稽潘嘉言女恒貞女母早亡立志不嫁事父終身亦能詩

余氏周道沖妻年二十四而寡遺一子有諷其改適者余截髮自誓歸依其母紡績自給昆弟餽餉之皆不受乾隆丙申年

旌

魯氏秦肇陞妻二載夫卒於晉日夕悲泣忽夢人告曰某日旅櫬至矣及期果至舟子情狀悉符所夢事公姑皆登耄耋終年

七十一府志　一統志又有秦肇階妻曾氏守節三十四年

周氏陳汝爲妻幼以孝聞既嫁姑病甚以兩稺女屬之而瞑目十年汝爲卒遺腹生子太初後以子貴封宜人乾隆丙申年旌府志

王氏李建勳妻嫁半載夫亡奉姑得歡心撫叔子爲嗣矢志四十餘年乾隆丙申請　旌建坊呈報

沈氏張霦妻通詩書霦死遺孤五歲其舅游寓金臺歲時服用必遙寄焉舅殁沈傾篋迎翁姑兩柩歸葬乾隆年　旌以下府志

余氏施廷賢妻年十九夫故無子翁姑老且病余日勤織績夜糊冥鏹以營養有叔因貧與他姓爲子後取其叔之子歸宗爲夫後

鄭氏沈子韶妻年二十九而寡家亦貧斷指誓志撫遺腹孤國

美成立極有孝行後家計漸豐力賙親族每多義舉孫清棟中甲寅科舉人乾隆戊戌　旌

趙氏韓三懷妻年二十九寡家無擔石勤操作事舅二十年滫瀡靡缺撫諸子義等成立義中乾隆壬午舉人官廣東海陽令封太孺人庚子年　旌三懷弟君範早世妻金氏亦以節著

王大姑父豐玉早世偕幼弟隨母氏史攻書稍暇以女紅易薪水母病兩刲股以進終身倚母年七十一而終乾隆戊申年

旌

劉貞女字會稽庠生商奕瑜未婚而卒女年十七歸商守志侍夫弟授室後始歸寧以姪元森嗣焉卒年八十九乾隆庚戌

旌

張氏沈檮妻年十九而寡無嗣家極貧勤針黹積有餘貲爲翁

妾踰年翁舉一子張病革其翁許以得孫即立爲後目瞑而逝
乾隆庚戌　旌
陳氏浦陽陳震遠女幼事孀母以孝聞甫及笄鄰火及寢冒火
救母獲免年二十適同里方思沛半載夫卒孝事舅姑撫孤成
立苦節三十年乾隆庚戌　旌
陶氏張懋政妻二十一歲寡撫遺孤承烈年十七爲諸生旋歿
妻吳氏撫孤守志乾隆庚戌　旌
洪氏歸王齊霞未幾而寡矢志不貳事舅姑養葬盡禮撫孤成
立乾隆辛亥請　旌
黄氏少俊慧恪遵母訓及笄適陳光泰井臼任勞姑嫜德之夫
歿後尤勤家政撫子成立完節以終乾隆辛亥　旌
樊氏適王銘三一年而寡家貧依母氏以居遺孤良際素醇謹

娶董氏舉三孫而董卒樊撫諸孫成立冬夜指殭手皴猶紡績不休乾隆甲寅郡守高三畏表其閭卒年七十九次孫元卿官湖北典史以下呈報

周氏沈德揚妻知縣開緒女幼慧知書年二十五夫卒遺子女二鬻簪珥奉翁兼支門戶令子女坐燈下取古賢格言及列女傳口爲講誦年五十九卒己　旌

王氏年十九適李元如三載夫故以叔子爲嗣苦節四十六年從姒黃氏子明妻年二十二寡繼姪承祀妯娌貞操共勵各奉姑服勞盡歡年六十八卒　旌曰雙節流芳

陳氏居畫橋夫李某力農而貧丙戌六月兵至陳率女行至青田湖畔聞擾攘聲泣曰及今不死後將有求死不得者乃密縫衣裾同女赴水越數日得尸於故沈處色不變乾隆年　旌府志

胡氏年二十適夏某夫故守節年九十卒叔姒倪亦早寡遺腹孤顯之爲庠生娶孟氏夫沒無子俱乾隆年　旌以下呈報

徐氏諸君秀妻年二十九夫故誓守家故貧復燬於火竭力以奉高堂撫遺腹子成立嘉慶丁巳　旌

金氏年十七字孫大源大源客皖江十餘年病瘵歸尩然待盡女請於母往省拜姑成婦禮治湯藥盡兩晝夜而大源死年八十餘卒嘉慶己未請　旌

馬氏大雲坊王淇學妻年二十二夫故毀容自矢事衰姑十三載歲荒自食糠粃而甘旨不缺營葬舅姑夫三喪撫孤成立歿年八十二嘉慶庚申請　旌

王氏生員胡德坤妻年十九而寡亦貧無子苦節四十年嘉慶年　旌

馬氏孝廉鑠女弟年二十歸史廷樹三載夫卒家貧績紡養翁撫子成立守節三十餘年嘉慶辛酉　旌

蔣氏諸暨貢生五紀女年二十一歸余國艮事舅姑先意承志結褵半載夫亡遺腹生孤壽寧姑病典衣飾以供藥餌孝事衰翁撫贅叔爲之完娶守志三十一年嘉慶壬戌　旌

以上已旌

案貞孝節烈以得邀朝命旌褒爲重間有經上官及有司給額表揚者或以子孫貴別邀封贈亦與奉旨専旌貞節者不同但又與泯沒不彰者微異載入已旌示區

別也又縣册彙載每年請旌之人止有某某氏三字既無夫名可稽而舊案亦難徧檢惟與現報姓氏核對相符故俱類入已旌尚恐不免舛漏即現在呈報亦有一人作數次任意牽報者亦恐偶有重複無從細核各家後裔自必了然也

徐氏周振躬妻順治初土寇出没徐避匿水鄉兵至曰事急矣名節爲重抱兒赴水死次早屍浮出猶堅抱其兒府志

郁氏適朱爾平蚤寡白頭兵亂郁亟避鄰村西屒賊追及之跳身入河賊倒縛利又於長竿以鉤之郁就及自剄西屒八出其屍衣袴皆縫紉相屬葬之塗山時順治乙酉也府志

翁氏二女居江塘村及笄未嫁一婢相隨順治丙戌秋忽兵至不及避挾之以行其姊乘間奮躍赴水兵方駭愕妹與婢相繼

而墮時河流深廣兵度不可拯乃引矢射之悉中肩而沉次日父母往覓三屍貌如生合葬之里人稱三烈女墓舊志

斗門三烈者顧英奇妻石氏英奇從弟未婚妻姚氏姚幼育於顧同居一室英奇卒石氏奉翁以居與姚甚得蔡氏者名秋桂顧宗之娣也才而知義二人常重之石氏年十八姚纔十四順治丙戌土寇掠境秋桂導二人南奔至江口路絕賊鋒逼姚曰逼深矣得死爲幸與蔡石同赴磨心潭潭當四水之交恆深五六丈三人死後水東徙潭廼成大阜府志

余氏年十九歸峽山何光衛丙戌六月游騎至村落光衛謂余曰汝有娠且挈幼女爲累柰何余曰君急去毋慮我是夕遍紉衣裾抱女僉匿吳家塢港口土賊至急廼投港水死時隔河有匿者竊見之年二十有三光衛從兄光有女適本村唐氏子同

日抱子投港水死年二十八人稱雙烈府志

祝氏劉聖功妻丙戌六月兵至祝出投門外之新河河涸伏淤潦死而不稍污觀者異之年甫二十府志

楊氏王朝恩妻伯成母也丙戌兵變楊泣謂吾以孀婦遭多難將從汝父於地下矣伯成侍惟謹越日夜出赴水端坐死三日殮酷暑面如生府志

施氏嫁峽山張某丙戌六月兵至偶出汲見隔河一騎倉皇抱兒赴水死隣婦奔救而騎適至亦赴水死府志

象山婦兵掠至錢清馬會橋赴水死居人獲屍衣袂盡皆縫紉具棺葬之姓氏不詳題爲象山烈婦云婁江吳記云兵登岸婦乘間死兵懼無以復命乃斷髮去後有象山李生訪至曰吾婦也將擕棺歸居人不許慟哭而返

俞氏吳大節妻丙戌六月遇兵恐相犯同母沈氏並沉於龍華

潭母年三十六女年十七大節終身不娶府志

何氏字杜文達順治丙戌年十六山寇至琶山懼爲所汚投河死府志作杜文達通志

胡氏庠生翁嘉允妻嘉允贅胡及朞省親京邸病卒胡年二十毀容不食父母多方慰之乃繼姪之亮爲嗣母病籲天刲股暈絶復甦舅卒扶舅喪及夫櫬歸葬舊志

徐氏何家婦土寇發徐攜女避山中賊至欲辱之徐罵賊賊以刀刺其腋不屈賊抱女以去徐疾呼曰有死而已毋被辱女應聲曰必不負母也賊亦刺之俱不受辱而死以下府志

潘氏胡百朗妻年十九被寇執躍入水中撈之不得射之遂卒翌日殮屍中三矢拔不得出乃帶鏃而葬

周氏丁瑞南妻順治丙戌流寇入村落攜周去周躍入水拯之

起須臾復溺如是者三卒死於水年二十三後人立碑表其地案府志瑞南福巖村人

薛氏趙三泉妻三泉篤學善文無子早卒薛年二十順治戊子山寇嘯聚薛隨姑避難行至甘溪村賊勢猖獗姑艱於徒步薛負之以行得免於難後惟鬻針線以奉養姑年七十二卒舊志

嚴氏未笄字王長元王漸衰落嚴父有悔志欲改適嚴年十五矢志投繯姆氏救之斷髮自誓卒歸王府志

楊氏適王某夫遠出不返家甚貧楊事舅姑至孝順治戊子山寇掠烏石村楊偕鄰婦避古塜中遭寇搜過衆婦皆出楊獨堅拒及以刃脅五指迎刃而落口罵賊刃絕遂斃殺之越數日姊錫王子偉備櫬收殮屍顔色如生舊志

金貞女庠生金鎔女名滿願七歲能讀父書鄰[illegible]項登請婚許

之白頭兵起燔登家登故繪扇度日會女父死女亦繪扇養母許有納娉者女受其金行有期矣登責以幡言女曰非金無以養母子毋慮吾固有以處之是夕經死年十七府志

何氏指揮朱壽宜妾順治戊子土寇擾白洋村何年三十懼辱溺於河以下舊志

朱文姐名菊秋年十五順治戊子土寇掠倪家鋪恐爲所污赴水死三日屍浮水面顏色如生陽羨徐徵麟爲立貞女傳

姚氏適陳錫琳克盡婦道宗族賢之舅病瀕死姚籲天刲股以進疾遂痊年二十六夫歿忍死撫孤紡績度日以苦節終年五十一進士呂廷雲爲之傳

魯氏庠生周之尹妻二十五歲孀居勤針黹養翁姑撫幼嗣順治戊子山寇竊發魯偕姑避難棲鳧村晷裹乾餱悉以奉姑而

已忍餓同行者莫不歎服壽至八十三而終

魏氏羅紹南妻居盛塘順治戊子土寇蜂起魏矢志貞烈抱幼子共沉於河時女甫九歲見母溺亦赴水死紹南守義不再娶遺一子君友娶張氏君友殁張苦志守節錢維藩撰節烈傳

王氏虞蒼吾妻家盛塘順治戊子山寇嘯聚王懼爲所汚遂沉水死蒼吾哀之終身不復娶

章慧字慈雲幼聰穎四子書外兼能博洽經史十五歸金熙生三子一女相夫課子責已恕人年三十一而卒謚勤順

陳氏邑庠生沈雲驤妻雲驤苦學賫志以殁陳年二十八性至孝養舅姑以終餘年孀幃十餘載而陳亦殁陳某仁爲之傳

倪氏庠生茹芳妻芳與武弁有隙以兵至芳遁掠倪去倪與姑訣曰身惟一死斷不貽清白玷弁迫脅之騙空房房臨龐公池

倪越隗投河而死府志

楊氏庠生劉宗祺妻奉舅姑以孝稱年二十五夫死遺孤七歲家貧歲歉以糠粃作食課子讀篤後子一龍爲邑諸生楊以壽終舊志

謝氏年十八歸庠生沈翼范事舅姑孝姑卒撫幼叔幼姑夫亡子方週苦節七十餘年娣朱氏沈鼎范妻年十七歸沈未踰年刲股療夫疾竟不效繼伯子五樂爲嗣守節四十餘年稱雙節府志

余氏趙玉良妻幼多智有鄰婦將棄子他適余乃藏利刃故爲理髮竟截婦髮婦遂止及歸趙踰年夫故生子閱月忍死以事舅撫孤治紡績不怠夫弟遺无妄災竟傾產援之使得脫自是家益窘守苦節以終其身以下舊志

任氏年十六歸孫一經一經以中府經歷建言不行遂罷歸而卒舅如濂州守卒於任貧不能返柩任攜孤扶柩還葬孀居四十餘年課三子成立仲揚任漳州守季揄鄉貢士

劉氏庠生沈銘新妻能孝事舅姑及夫客死粵東遺二女繼叔子爲子以苦節終

張氏朱振伯妻家貧有廝卒慕張顏色誘其夫貸金後無以償遂勸書賣妻劵劵成即來舁婦婦紿卒去至晚抱乳幼兒拜辭姑於門外束髮縫衣赴水死明日浮屍水面停七日面如生府志

魯氏朱振宗妻二十三歲寡子寧纔二歲魯食貧撫之娶婦俞氏五年而寧夭俞年二十七遺孤三歲人勸改適對曰吾不敢辱吾姑也終弗聽府志

鄭氏虞室妻事姑曲盡孝道課子敬賢敬道成立壽至七十五

屠氏敬道妻敬道任尤溪令娶妾從署自罰事覲繼二姑各盡誠敬鬻簪珥以周三黨貧乏力行育嬰掩骼諸事亦以壽終以下舊志

周氏庠生黃懋齡妻事舅姑及庶姑曲盡孝敬病則仰天祈祝願以身代當事給匾褒之

周氏適俞應衡二載夫故躬紡紅以養翁姑撫遺腹子綸成立爲邑庠生壽八十四上官表其閭

金氏適副車趙自成自成卒於京金誓以身殉因親老子幼拔淚苦守舅姑病刲股投糜朝夕虔禱課二子嚴肅守節四十餘年長子容以軍功授左都督次子寧長汀令

惠氏康熙丁巳 恩科舉人詹宏仁妻年二十五夫卒無子資縫紉以撫嫡出之子若孫至於成立八十五歲卒呈報

傅氏適柴明盛年二十寡家困甚孝事耄姑勤課諸子後子應時爲邑諸生以上舊志

何氏幼以孝稱適徐愼蚤寡遺姑在堂孝養無間撫孤子成立年二十三守節至六十九而終

魯氏年十七適孫萬化三載而寡無所出立志守節孝事舅姑卒年五十舊志府志萬化軼其姓

傅氏王三重繼室結褵三載夫卒傅年十九矢志堅貞孝養舅姑至六十一歲而終女偁母疾籲天刲股鄉里賢之舊志

諸氏年十八歸廩生陳廷禮僉都御史允恭其兄公也廷禮力學早世子齊孟齊管皆幼齊東尚在妊諸乃茹苦撫諸孤成立齊孟聘林氏未娶而殀林年二十八門守貞代供子職凡若干歲卒及將合窆舊墓磚石忽開貞魂之感召若是呈報

陸氏謝啟文妻啟文卒陸年二十九妾朱氏年二十七共守貞節侍後姑盡孝陸年至八十四朱年七十九舊志

謝氏徐聲宏妻夫客死粵東家極貧撫子廣仁成立滴血歸裝七十七歲卒呈報

金氏未生時與王姓割襟爲聘王子昭之年二十八力不克娶金母議另配金諫不從乃預縫襟袂夜開門赴水被覺遂至麓湖尼庵前夜方半投水沒頂適王某驚救之時紳士虞敬道令暫止尼庵翌日送至母家代聘完姻生一子不數年而金卒以下舊志

薛氏陳允正妻年二十八守節教子能立未幾子若媳相繼亡撫育兩孫及授室而次孫復歿孫婦金氏年十八克嗣祖姑志繼伯子爲後其妹爲從姒亦二十歲喪偶守貞完節如其姊

王氏夏思忠妻夙嫺內則善事舅姑媳程氏克繼其孝姑疾刲股爲禱子蜮英任天柱令有聲名

龔氏庠生王錫爵繼室夫歿撫庶孤倍憐愛之族中有覬其所有者幾致破巢之禍龔多方保護夫祀獲存有夫異母弟錫懋少孤龔撫之成人以禮畢姻而心鬱力瘁齎志蚤亡

陳氏郡庠生楊之梯妻夫患瘵早世家貧紡績度日矢志不貳孝事翁姑宗族無間言以姪可仕爲嗣撫養成立守節三十九年住涇墟村呈報

薛氏劉廷輔妻生子承考二歲廷輔卒薛苦鞠之承考長以行誼文章聞於時然坎壈不遇薛亦齎志老死久之承考亦死婦年二十五至五十二而終府志

施氏周大漢妻年二十六夫故撫姪廷槐娶詹氏生子煜而殞

姑媳守志施年六十卒詹年七十三卒呈報

孫氏王邦妻夫卒獨居小樓壽至九十餘鄰火延燒子天五年七十奔樓救母梯折俱焚死次日得屍燼中子猶負母不解府志

龐氏胡德隆妻娶未一載而寡年二十四無子家貧姑疾割股療之以下舊志

倪氏年十五適沈毓秀越十四年毓秀父子俱客死薊邱倪謀歸兩櫬安葬矢志守貞女適通判施堯佐迎養盡孝舊志軼其姓今補入

胡氏嫁朱某家貧失業嘗爲友貸武弁金弁覬其婦姿日夜需索至折券相從胡夜半密縫其衣襦抱石沉於望江樓之河時年二十三

邵氏幼字朱煥章邵年十八煥章未婚卒即往守志孝事翁姑撫猶子承祧呈報

潘氏胡奇妻繼室年二十五寡辛苦備嘗六十五歲卒子啓賢亦早亡媳周氏年二十餘甘貧守節撫子成立舊志

吳氏張聖任妻十六而字五載而寡善事嫡庶二姑及老舅多病尤喜其孝敬課子若孫嚴而有禮府志

詹氏庠生王大祐妻年二十八嫠居二子幼家貧卒完其節子元杰登武科以下舊志

石氏年十六適陳慈慈故貧又多疾石紡績供鷄食及卒石年二十八二子俱幼終身苦節九十五歲終

徐氏胡伯正妻伯正卒守志教子終年七十二以子宮宣貴累受　封典

童氏適何天如恪事嫡姑與夫姊同居姑諳撫間言天如卒於京章長齋禮佛終稱完節

趙氏陳永妻永蚤卒趙年三十妾翁氏年十九同紡績度日翁無子宗人欲奪其志乃艱守不渝六十餘年如一日

包氏王汝華妻十七于歸十九而寡家徒四壁紉衣易粟孝養耄姑至百歲擇宗人業滙爲嗣撫養成立子亦以孝稱以下府志

章氏陸坦如妻早寡事繼姑盡婦道紡績訓子苦節三十餘年

陸氏胡之紀妻年二十五寡子方二歲家酷貧舅姑老陸孝養備至茹苦四十餘年

詹八姑樾昭女年十六母病癱症奉事無缺有執柯者必峻拒之母又病疽八姑口吮其毒孝養備至越四年母卒一慟幾絕因父慰稍解然已成痼疾泣曰女應蘭死將事吾母於地下矣遂卒

周氏錢岦妻笄而嫁一載夫亡繼姪爲嗣事姑以孝聞四十年

足不踰閾無疾而終以下舊志

余氏魯日京妻年二十三夫卒一子甫晬守節撫孤年八十一歲

徐氏章啟烇妻啟烇嘗刲股療父及卒遺腹生振彥徐矢節撫孤夫婦兩全節孝

胡氏庠生錢士球妻士球早世繼姪華親課之讀書年入庠鄉黨有急不惜傾貲以助年七十沐浴端坐卒

談氏厲大縉妻年十九大縉卒紡績自給撫育遺孤後子美任淇縣令不甘從逆竟殉於難

毛氏庠生孔允偉妻年二十三夫故時耄姑在堂遺嬰在抱且家燬於火艱辛備歷年踰七十終子興周仕吉州

張氏適庠生倪尚鵬事姑盡孝年二十四寡遺四子一女艱苦

撫育至七十歲卒

胡氏通翰罌以孝聞年十七歸沈世法九年而世法死遺子妾各一年五十六而終子亮功登仕籍

某氏趙瑋妻瑋父楫爲延綏中路兵憲瑋以孝聞比卒婦殉之里中爲立節孝祠府志

李氏周一濂妻誕子九日一濂卒或勸之嫁李正色曰天佑周氏此兒必無恙勤苦數十年俾得成立府志

胡氏年十六適庠生姜承勳事舅姑以孝越二載夫亡嗣姪之琳壬戌進士之琦之弟卒年六十以下舊志

薛氏年十七歸張紹埤及期夫亡嗣姪期綜亦早殁婦陶氏撫子養姑堅貞自守至六十歲卒薛年八十六

相氏諸盤如妻夫病刲股療之終不起家貧甚且無後其兄勸

歸養相曰豈有守節不在夫家者遂終身不出戶庭卒年五十

三進士滕達爲之傳

胡氏幼以孝謹聞長適陳澍年二十七夫故撫遺孤有械訓以

義方已嘗長齋守素喜施捨無德色飲千金築漁後堤以便鄉

人捐田五十畝歲收所入以周恤宗黨之孤苦者并延師立義

學培植貧寒人頌其德

金氏年十六適學正姜垚事舅姑孝二十二寡撫一子一女子

公銓登賢書

高氏庶常王自懋妻自懋卒高年二十八撫子永綏亦早殀育

諸孫成立卒六十四

堵氏王學進妻年二十七孀居一女未踰月後適庠生婁維侯

隨女終養婿家卒年六十八

劉氏適庠生沈道錦蚤寡事舅姑孝撫遺孤成立入仕守志五十餘年

周氏文忠公鳳翔女孫少有淑德歸太學生金熫事舅姑祖姑俱以孝稱祖姑及母卒周哀毀而卒年二十三

朱氏傅雲章妻十九夫歿姑疾刲股療之卒年五十一次孫汝馮妻陳氏二十三歲寡亦苦節府志

趙氏王煜妻煜因事至裕州占籍爲諸生有文名時趙父任河南召縣令見而奇之以女贅焉越歲而煜卒趙以頭觸釘流血死而復蘇者數四父勸之趙曰若返夫骨於故里吾得事邁姑吾乃生煜弟炯往迎喪盡出衣飾付佐路費柩歸時貽趙亦病卒年二十三雙櫬歸葬以弟子爲之後府志

吳娥錢賁生埈女幼以孝聞父病刲股藥之而痊因以此致疾

歸王鴻舒四十九日卒年二十一以下舊志

吳氏張有梅妻年二十三有梅卒有欲奪其志者輒投繯以絕之遺腹生子復殀其弟子犇迎歸膳養守志四十餘年

朱氏潘鳳林妻十九歲寡姪爲嗣守志四十餘年魏氏毓吾妻孀居四十餘載嘗捐金修朱公橋石塘建造茶亭馮氏仰亭妻撫孤守志年八十縣令范其鑄旌其門

陳氏吳應龍妻事舅姑備盡孝養姑病劇陳籲天刲股願以身代竟獲痊且享高年媳張氏孝敬一如其姑人稱世德

吳氏癸未進士俞璧繼室璧任宣城崔蒲告警吳與夫誓願同殉民社既而力戰完城夫疾篤吳刲股籲天卒不效扶柩歸以終其節女適太史張星之子庠生愷

金鎬字松友左布政應鳳女孫年十九適吳錫祉事親以孝著

夫從粵西歿鈞哀毀神傷亦相繼殞年三十三鈞少讀書知大義工韻語著有涵湖閣詩集

金誠字德貞母疾革誠刲股者再年十六適庠生朱世衍鬻簪珥以奉舅姑孝行爲鄉里所推重年二十九卒

鄭氏王大道妻早寡妾陳氏性淑慎育子慶元教之成立並守苦節以詩終

秦氏十九歲適俞懋昭甫匝月夫卒無子家貧秦斷髮毀容誓無他志終年五十三

嚴氏年十六歸沈鼎猷七載夫殞家甚貧有勸改適者峻拒之夜不戒於火驚起衣履盡然亟攜其子至門外謂曰吾不徹體而生何如死遂焚其身時年二十五

金氏適葉本奇年二十六守節至六十六而終子秉緣入邑庠

媳爲金女姪年未三十亦寡恪奉孀姑年五十五終奉天府丞姜希轍爲之傳

陳氏年二十適馮應震未一載夫以游學卒於途夫兄某自北來詭言弟在逼陳鬻產借往意圖誘賣他方陳嚴詰之得實遂號慟斷髮毀容以死自誓年八十七卒

潘美姑適邱秉忠孝事繼姑夫病痼諸苦備歷十年無慍色夫卒美姑痛心嘔血旋卒親黨欽其節孝

厲氏其父與陳洪濛之子仲枚指腹爲婚生數歲父母見背歸陳之日即不見禮於其夫三日夫浪游不知所終厲孝事舅姑恃十指以供甘旨祭葬盡禮艱苦備嘗終身一處子也年五十餘卒舊志　案府志厲氏字陳洪濛娖誤

潘氏蕭山人十七適丁元勲孝事舅姑越二載歲大祲元勲自

武林歸爲盜所害數旬始覺潘大慟嘔血欲絶遂破面斷指以節自許嗣姪承祀卒年五十五舊志

舒氏適虞生王士騧士騧以好學蚤世舒年二十四堅持守志侍舅姑孝撫二孤成立艱辛備歷以苦節終府志子熺巳酉舉人舊志載長無攷

吳氏歸金明宇以賢德稱二十五歲夫故遺孤四家甚貧老姑奉養無缺課子成立年至九十一其曾元讀書入庠猶及見之以下舊志

胡氏庠生廼宗業妻姑疾禱天割股肉大如掌流血仆地泣謂夫曰恐略取膚未無濟於事故深及骨耳聞者莫不嗟歎胡旋卒太史陳景仁爲之傳

魯氏沈庠妻年二十夫卒無子一女適潘亦早寡與母同守年

十七卒

王氏楊大津妻大津病篤語楊曰家貧無後莫苦守也楊以死誓守節四十餘年

朱氏適詹大賓二十九歲寡撫孤守節孝養舅姑年六十五而終

堵氏適邵世承祖二十而寡家貧無子苦節終身女適錢允臧以孝聞

王氏年十八適許耀明結褵四載夫亡守節孝侍舅姑卒年六十八歲撫姪爲嗣任江油令

單氏姚宗虞妻二十而寡家貧守志撫孤文炳亦早夭媳張氏苦節同於姑人稱兩世雙貞

胡氏適王烑早孀罄奩資爲翁及夫營葬事孝養姑田同宗苦

節女適孫昌運有孝行

陳氏姚應運妻年二十四爲未亡人家徒四壁煢煢守志育二子志龍志鳳成材鄰有一婺貧謀再適陳婉諭之且分鏹米以給不足鄰婦藉以完貞是并能全人之節者鄉里遵之

嚴氏幼讀書年十六適鄒雲來雲來餉刀就傅嚴刺紡佐膏火未幾夫病革百計療之不效將卒嚴盥櫛更衣徐步登樓家人竊怪之往視已服鹵矣急救曰毋苦我翁姑顧我傷情是速其亡也吾將從夫子矣同時氣絕葬墓前植兩椿樹藤蘿纏結竟成連理(府志以下)

潘貞女字諸來章爲繼室未婚來章亡女請往執喪母止之袖出利刃欲自裁乃聽歸諸易衣毀容凡殮事皆手治之既殯依娣姒操作惟謹不苟言笑足不踰閾卒年六十有九

朱慧姑早字薛姓父棄其貧欲背約改許富室姑知媒將成語鄰女曰菱花開候吾有樂郊矣一日夜起嚴妝㓗衣履至菱蕩赴水死時康熙甲子五月也

王全姑王繼思女事親以孝開精女紅習詞翰吟成即焚其稿故人莫之知年十八受俞姓之聘明年俞殁於疫姑飲泣不語父母反覆勸慰終不出一聲遂以所聘素帛自經死繫頭遺絕命詩以別父母親族悲之

何貞女字朱氏子未嫁而朱殁貞女歸朱服喪立從子爲後又十八年卒年三十四

沈大姑幼字朱謙穆朱母龔少寡哲節撫孤以貧故未能娶也無何謙穆病篤大姑聞自誓歸朱脫夫有不諱願奉孀姑即日入門居五日夫死大姑一慟而絕年十九

莫氏王雲妻雲父久客無耗娶半載雲出尋父父不遠返雲又往兩廣販鹽獲資遣人迎父比父歸雲已客死家仍四壁莫年二十八孝養迺翁撫姪爲嗣守節五十年

王氏傳胡烽妻二十六而寡嗣姪綜貧紡織以撫之綜性至孝與婦王同割股以療母疾後綜死復無子王又撫兄公之孫汝璣爲孫姑婦相繼矢志姑年七十三卒婦守節亦三十年浙江通志

鍾氏年十七歸車安三月安游京師逾年卒或勸改適泣曰翁老無後誰供子職家赤貧勤十指以奉菽水翁歿鬻居殯殮身無所歸依其夫之寡姊以苦節終以下府志

朱氏王武衡繼室于歸之日翁病革未終制武衡往京謀食越七載夫客死王年二十九守貞三十餘年終其身一處子也

黄氏年十六歸東浦余樑越三載夫估南京遇盜死黄奔覓夫

骸扶櫬歸葬紡績度日卒年六十二舊志府志作金樑又作余子梁

朱氏庠生何熺繼室熺家澄灣世濟隱德聘朱逾年而熺病劇父母以無嗣故勉爲結褵不兩月而熺歿朱年十七以死誓守盡鬻衣飾爲翁納妾及翁姑歿撫幼叔畢婚娶嗣其子以爲夫後年七十二卒舊志

馬氏幼以孝聞母疾輒不飲食既歿潛出赴水急救得不死及歸趙天章姑老且病困牀褥者數年馬躬侍湯藥夜十數起無怠容且好周親黨之急里人胡天游撰傳以下府志

吳氏州山人適周某期年而寡誓不獨生或於酷暑時握火曝烈日中或窮冬著單衣擲氷雪沃其背如是數年竟死死之夕有鸜鵒自幃帟間出繞其牀數匝乃飛去張麟錫撰傳

呂氏平煜繼妻賢而有守煜以訓蒙自給呂縫紉佐之風雨拒

門樵蘇不爨未嘗向人乞貸夫卒無嗣殮訖服滷以殉急救乃甦既而貧不能存依甥陳氏以居

趙氏王朝俊妻夫卒無子殮畢自縊於牀救甦姑曰婦活吾得生矣趙張目强起長號一聲嘔血盈地遂長齋事姑極盡孝敬姑傷足扶掖十餘年不倦姑卒越三日趙亦逝年五十七家傳

季節婦松林人夫陳姓耕漁爲業早亡無子或諷令再適堅不從棲身尼庵疊遭艱苦自傷所因非人恐玷清白遂抱石往龍王亭側沉河死邑人咸周助有傳呈報

潘烈女潘公調女年十四字袁氏子袁輕薄無行將别求婚欲渝盟而不得遣作穢語以污之女聞遂投井死時炎天屍久不腐里人神之醵金立祠浙江通志

吳氏俞言績妻舅嚴厲言績學不中程輒苛撻之呵遣及吳吳

無憾邑凡八年夫死無子吳盡鬻衣飾買田五畝收租自活既而舅姑殁仍棄田治喪力貧以終其身以下府志

陳氏王元捷妻王先埸爲里豪所侵爭不勝繼以鬬負重創死陳誓志守節以織紝長其二孤痛夫讎不復沒齒無笑容

方烈婦余乙妻一年夫殁勺漿不進姑泣諭之乃供婦職鄰媪諷其改適不應從之舅姑亦勸涕泣以謝是夕服毒死

朱氏婁廷學繼妻家清苦舅好施與朱每鬻衣飾以進以此益窶廷學卒遺腹生鳳恩朱矢志立孤依父以居終其身苦節

王氏字静姝姑蘇人觀察姚陶妾讀書知義年十七歸陶後陶以事至京病篤寄書與家人訣王禱於神乞以身代遂自刎年二十三陶臥京邸一夕恍惚見王翼日病瘳計期卽絶命日也楊守知撰傳徐氏亦陶妾年十五歸陶三子皆育於嫡陶殁嫡

欲嫁之徐泣曰此後無須公家絲粟費惟乞季子我自教養之撫孤守志備歷艱辛乾隆庚辰季子繼祖舉於鄉令貴池擢宿州牧封太宜人孫烝登進士

何氏莆田人王萬里妾嫡嫌無出萬里客莆田納何舉二子夫卒何年二十七向父哭求歸計乃護喪及二子歸山陰見韓郎謀鬻器服營窀穸而自教里中女子刺繡以活逾四十餘年以長子宗閔貴封孺人

貞女余三姑增祚女幼失恃及笄失怙兄游幕不歸嫂早夭女以鍼線資辦兩喪或勸之嫁不從遂矢指誓志兒子甫五齡親課之讀余氏之存皆貞女之力也卒年二十一

丁氏庠生張德溶妻夫客死粵東丁悉鬻衣飾托族人攜柩歸葬畢告於墓曰吾上下無依生何爲歸整衣補自縊死年二十

三

王氏徐克正妻夫亡遺一子越四年又亡苦志守貞宗族無可繼繼一元孫名岐山娶蕭山任氏生子華玉岐山外出不復歸五代三人饔飧不繼王歿任殯殮之又連遭水火災年七十二而終

汪氏王繡麟妻蕭山人年二十寡嗣從子赤章既授室而赤章蕩游不顧養汪與其婦茹苦相依惟悔不能教子無以慰地下已身飢寒迫切卒無怨言

譚氏余聖可妻夫卒譚年二十三勵志撫孤歷十五年孤殤繼從子匡時娶徐氏以孝謹著生子王禕而匡時死徐年二十捐簪飾爲夫殮殯織以佐甘旨養姑終老課子成人世稱一節云

章氏胡其淵妻會稽人工部主事酌先女年二十四夫歿子生

始四月家故貧然不名母家一錢謹凜苦守雖老不踰戶閾

陳氏余樞妻年二十二夫死安貧勵節舅姑歿貧士成墳以夫祔焉

傅氏庠生楊綍妻錢塘人年十八歸綍夫客死二子桂森一女俱幼傅扶柩歸葬歲屢歉累日不食處之怡然森素服賈因兄桂入庠後旅歿廣東仍改攻儒業久之入會稽學女適庠生孔傳習亦早寡以節著

朱氏年十八歸沈敬承敬承方免喪未葬朱即捐衣珥助之未幾敬承死貸錢治殮子又殤債家勸他適朱晝夜紡績卒償所貸時或兩日一食志不少挫

李氏王元度妻夫多病盡賣箱篋療之及歿並無長物女生未晬撫從子甚慈女長織作所入皆以給嗣子比嫁簪珥裙布而

已

施氏余尊之妻蕭山人嫁二年夫亡撫五月孤成立舅姑歿苦力營葬

趙氏王聖符繼妻其姊嫁聖符而夭趙繼焉歸二年夫死年十九撫育姊子又七年子殤家益窘作苦不少休積二十餘年葬聖符及前室而虛其右壙以自待

李貞女幼字滕文俊未婚文俊死女素服請往父母不許遂懷中出利刃欲自刺父度不能阻送之往憑屍一慟屍目忽張婦曰子以吾不終事乎可弗慮言訖瞑如初遂拜姑姑包氏亦守節二十餘年嘉其志擇猶子元棟爲文俊後家貧甚敬事其姑以壽終爲子娶婦年亦七十五卒

王氏李郊占妻生子未晬夫客易州旋死先是夫兄亦客雲南

姒早卒子女弱小王撫如已出至是夫兄亦以喪歸王爲之殯葬數十年間娶婦擇壻皆王任之

周氏俞淡未婚妻聞夫故隨父母往弔至則號慟幾絶誓死不去父母不能奪柩停三載周陪奉如禮及葬孝杖插於墓門旋長枝葉至今倚竹亭亭無出墳牆外者案舊志及府志並載周氏俞某妻孝杖變竹成林事與此畧相似但軼其名目入明傳姑兩存之

沈氏黄文祉妻家業農夫故膺養翁姑惟敬課子力耕以成家業

莊氏南寧典史楊清妻長洲人年十六歸清未一年夫卒於官無子以節自矢娣陳氏植妻杭人植亦蚤世有子三以長子爲清後妯娌協志撫孤稱雙節

沈氏胡廷瑞妻夫亡伯叔相繼死家酷貧娣姒皆歸母家沈獨

醫事姑畢甚謹姑卒撫從子及子成立

茹氏二節與人茹孔壽及弟監生孔照皆娶於朱孔照歿孔壽慟而病殛四月亦卒俱無子二婦同居一室靠十指以生

韓氏歸周遂生子應芳遂生入海不返其父初官漢陽同知廬折庭錢牒追到浙乃下應芳於獄旋卒韓年十四棄葬城隅乞食以活彌月之孤茹苦十餘年子廷桂稍長能讀書工文章而韓死矣年二十九

陳氏會稽人父熊舟為業適安城楊承恩家貧甚為人佃隙卒勤佐饔夫卒甚計殯厝有諷其改適者堅拒之奉舅姑不缺於供晝夜操作撫二子及孤姪女成立苦節三十年

王氏式玉女生而敏慧精女紅兼有至性祖母病篤刲股以進果瘳未幾父母相繼病兩兒皆在京女數月不伏枕僅存皮骨

已而病劇不能起抱母大慟而卒未字

俞貞女字陳奕思未婚奕思卒女請過門父母不許欲他字女截髮以誓不數年卒

朱孝女余兆璣妻居白洋母病痞瘰下醫曰盍嘗之苦則可治女嘗味甜大哭幾絶越數日母死一切喪葬費皆女十指所出其女坤英適胡應樞以孝聞遇父母病必歸侍湯藥稍亟即哭泣不止父死不食者累月以哀毀卒

全貞女年十七字孫龍蟠龍蟠弃喪大梁十餘年無音問謡言客死或勸改字女不肯又十年龍蟠歸自皖江病瘵尫然待盡女聞請往拜姑成禮入室治湯藥晝夜二日而夫死女自稱寡婦奉姑終老

吳氏字錢紹南未婚而紹南亡吳誓不他適以女紅資奉養迨

父母亡既年三十九乃往夫家守節又二十年卒

黃氏年十七適會稽章宗一宗一行賈不返黃與其妾紡績奉翁翁患風癱困牀褥者五六年黃奉侍飲食藥餌無倦容喪葬畢黃亦旋卒

丁氏周學灝妻夫故無嗣矢志守節娣林氏周學瀚妻亦早寡撫姪爲嗣年六十七卒以下呈報

二茹氏一適周學洲一適周學潛兄弟相繼歿妯娌皆年未三十各撫一子力田數十年年六十餘卒農家之婦能知禮守貞人稱雙節

杜氏李殿俊妻年十九夫亡遺一女撫伯子士安爲嗣娶婦曹氏舉二孫士安復卒家被鄰火延燒貧至絕炊姑媳茹苦守志女適柯鎮陳豐山亦早寡守貞撫孤人稱三節

潘氏父澄病嘗割股和藥適庠生李田玉婚半載夫外出訛傳已死竟飲滷卒年二十五

曹氏金洪源妻適洪源十三年而寡無子家貧孝事老姑或有勸其改適者乃毀容誓守八年姑歿殯畢掩戶投繯死

陳氏監生鍾克明妻夫病瀕危以兩世單傳舅姑衰病刺血書疏禱神誓以身代夫病瘳忽自言神許我矣語畢怡然而逝時乾隆庚辰七月二十六日也

姜氏錢進思妻夫客外十餘年家貧事病姑得歡心年二十八夫故無子苦節三十年

陳氏朱家塔村儒士朱兆豈妻守節奉姑撫一孤成立家兩厄於回祿子復先後病亡孑然貧苦依女爲活卒年七十二歲族人議以從孫爲其長子廷秀後

袁氏父早喪母臨販爲業年十一歸高某世居陡亹姑不悅於族出居西灣婦勸之歸姑恚罵辱之袁年十三母病馳歸號慟禱神割左股以進立愈事姑甚謹不得姑歡姑病劇復割右股療之遭歲歉家益困袁丐給之不繼乃出爲人傭以奉姑及卒哭甚哀死而復蘇者數四府志

韓氏年十五許字鄭得智逾年得智卒父母欲爲擇壻女不食事乃寢女布衣蔬食悲哀三年病將死囑兄買舟迎姑至泣請合葬許之遂卒年十九以下呈報

繆氏父亮翁官粵東許字同官武林張氏子未娶而亮翁卒女隨櫬歸嫂薄遇之越數年張氏子故嫂欲令改適女悲哭自矢削髮入庵清修三十六年年七十餘卒

鄭二姑幼字與史高大銓子曰瓓曰瓓久客粵東音信杳然女

家故貧堅守以待卒年六十四日瓓究不知所終

倪氏歸孟承遠數日而夫卒苦志守節履不出戶外繼從姪爲嗣年六十卒府志

樊大姑仕祥女字張也先也先之廣始貧不能娶旣則他娶焉竟歿於廣大姑本農家紡績度日後兄弟俱死髮白齒落朝夜勤作以撫幼姪成家立業許報

朱氏馮法謙妻年二十四夫故遺一女家極貧紡績以營葬事繼姑欲嫁之堅持不屈撫女稍長自戕以死府志以下

陳女幼字龐雅昭陳父老病惟女是賴女不忍去龐父亦年老惟一子爲別娶陶氏越十年雅昭父子相繼卒陳父亦殁陳誓不他適陶感其賢請過門共守未幾陳卒年六十餘

陶氏適梁仕欽事翁姑竭誠盡敬夫亡時年二十二繼姪世浩

爲子後子媳相繼亡又撫三孫一女孫成立年七十四卒

林氏事母至孝及笄歸孟維四甫三日維四去不知所之家甚貧勤織紉以供菽水姑死哀毀骨立依母氏居迄五十餘年

趙氏徐大受妻娣陳氏大勇妻年皆二十餘而寡趙撫三歲孤娣姒共勞苦守節四十年

倪氏周子疇妻夫故撫遺腹子守志三十餘年

陳氏年十八歸沈某五載夫卒家貧父諷其他適但淚下不語嗣是遂茹素或連日不食後竟以飢餓死

何氏庠生俞覺世妻夫死斷一指置棺中誓曰先以是爲報見長吾歸泉下矣屏居一室人罕見其面病劇不肯延醫曰死固吾志也

方氏高吟嘯妻夫以事充軍陝西臨別謂方曰吾行死生未卜

汝年少且無子宜自爲計方嗚咽流涕不能答獨居無依乞族中兒爲嗣撫之成立遺命備夫衣冠合葬焉呈報

謝氏善針黹工吟咏年二十三歸周俊三舉二子夫卒家漸耗翁姑勸再嫁謝大泣引刀自刺其面血下霑襟無何家益貧諸季咸利其資因以淫言撼於外謝曰吾何顏再居人世因作絕命詩十首七日不食死以下府志

東氏吳式夏妻歸未半載夫客死貧無子習女紅佐薪水姑性悍厲奪其志誓不從閉戶自經鄰人救之甦事終無怨言侍奉盡孝嫠居五十八年卒

胡氏年十七歸柄成瑞逾年生子士球而成瑞卒家赤貧鬻衣營葬矢志靡他卒年七十六

馮氏適高雲樓未幾夫卒姑沈早寡性卞急馮承順顔色靡不

畢至姑病焚香祈代刲股投藥以進霍然起無從子晉爲夫後呈報

周氏浦陽人余楚賢繼妻楚賢初娶其姊生子桂林女福姑逾十一載而卒妹繼之後楚賢客粤死母憫其少謀再適堅不從因攜子女僦居余氏家廟旁以紡績營生會病歎曰夫柩未獲歸葬吾死不瞑目遂怏怏不食卒府志

王氏稟生高鳳川妻夫病刲左股進乃瘥姑復病劇王無計更操刀以割右股昏暈仆地得救方甦未幾鳳川卒姑亦旋逝守節以終呈報

孫氏趙子尚妻嫁一載夫亡無子有憐其貧以粟米餽皆不受守節三十餘年卒以下府志

陸氏余體常妻年二十三寡無子夫弟佐臣在襁褓越三月姑

亦卒翁舜階續娶陳氏陸事繼姑惟謹未三年翁亡陳年二十七與陸同撫佐臣及授室佐臣具湯藥却不飲曰今叔已長吾何生爲遂卒年三十六陳殁十年卒年五十八

謝氏高光岳繼妻年十九寡家貧翁姑欲嫁之謝截髮泣曰願長侍膝下保此呱呱者遂止卒年六十四

王氏事繼母以孝聞年十七歸趙淳奉姑盡孝病侍藥餌飲膳無少懈淳攜家寓粵之龍川生子元杰方七歲淳子甫四月而卒王年二十四躬針黹以撫育之守節二十餘年元杰遵遺命歸山陰留其弟豎二子守番禺墓

余氏韓肇熊妻夫故時年二十一遺孤僅六月家貧翁姑皆老勤紡織以供甘旨其母亦老且貧余供給之年六十一卒

胡氏張天瑞妻天瑞省親郴州死胡年二十二忍哀自守以壽

終

沈氏唐廷林妻父嘗患疽割股以療夫卒遺腹生子或勸改適截髮自誓奉孀姑二十餘年

劉氏庠生唐樂善妻二十歲而寡奉舅姑盡禮矢志苦守以終其身

蔣氏庠生馬利謙妻年二十二寡撫遺腹孤教育有法時值墓祭見牛踐毀夫塚慟哭嘔血數日卒

蔡氏王遂宗妻將娶遂宗病請緩期蔡不可歸四月夫卒父母難之蔡泣曰所以腼顏敢請者欲生見夫面耳遂斷髮自誓族子邦振抱哺爲嗣守節二十六年

金氏庠生王瀏繼妻善女紅通經史歸十月而夫逝時年二十五姑耄多病殷勤孝養得姑歡心姑殁孤煢無依以績紡卒

陳氏田謙妻諸暨人夫客死子幼家貧鬻手積資迎夫櫬歸葬洎二子成立合掌誦佛不疾而逝年六十八

吳氏監生張錫綸妻幼通詞翰年十七歸張未幾夫客死泗城姑老奉侍惟謹姑卒既葬親赴粵西往返三年扶柩還葬畢即鍵戶不食積十四日而終將死出舊稿悉焚之惟往泗城時手裂存稿爲招魂七律二七絕十二其甥某錄之傳（案吳氏居蔡堰錫綸一作天錫疑即其字）

謝二姑嘉魚典史震女字石頭巡檢崔天樞子烜烜以事繫獄二姑日夜痛哭未幾得凶耗絕食七日卒時年二十一

何氏年十七適崑山徐家鼎徐家無一椽以贅壻苦志勵學旋死於路何哀痛自誓後四夕以剪刀劙頸而死

姚氏錢鳴崗妻二十四歲寡嫡姑馬妒鳴崗生母避居尼院馬

死始迎歸事之並以孝聞繼姪潮寧爲嗣卒年六十
王氏奉母多孝行年十七歸張培家故貧王以針黹供膳養三
載夫亡無子立猶子鳳昌爲之後勵苦節者二十七年呈報
以上待
旌
明

烈
周鳳翔妾甲申之變與周同縊
邵二姑字張某張留京不歸家人欲更嫁之絕粒死

孝
王氏章冠冕妻紡績贍姑撫孤姑年八十有二病危刲股救甦
來氏孫有聞妻

貞
繆氏字徐鳴元鳴元卒繆年十五守節立嗣事翁姑克盡婦道
俞氏字沈允恭

節無子
周氏吳拔妻已旌
秦柏珍金伯瑱妻成化初旌
蔡氏王鑑妻貧

節立嗣
劉氏董奇才妻年二十八夫卒已旌
胡氏朱濤妻以弟滇子森爲嗣
金氏陳鑰妻子

節撫孤
孫氏董承德妻二十歲寡苦節四十年已旌
王氏董邦彥妻年三十夫故已旌

姑老且病來方產棄兒乳姑以終餘年

幼讀書能詩年二十允恭亡過門守節以孝聞繼姪爲嗣

無子嘉靖九年旌

丁氏胡明試妻家貧守節卒年七十九

柳氏吳橋妻

滋妻吳氏無子以族子爲後

錢氏吳濟妻年二十二夫亡撫姪守節年八十八卒嘉靖年旌

邵氏吳翼妻撫姪八十八歲卒

曾氏吳深妻撫姪守節

汪氏吳諄妻撫姪守節

金氏庠生董正仁妻年五十卒已旌

濮氏董起遐妻已旌

徐氏董文忠妻年二十四寡撫妾子成立已旌

俞氏董奇計妻已旌

嚴氏余國政妻年十九寡

葉氏吳壁妻撫

節

王氏彭敏妻青年守志成化二年旌

嚴氏徐良生妻

何氏徐良輔妻

朱氏庠生姚宏俊妻年二十九寡以壽終

吳氏周逢甲妻

節

沈節婦見江橋烈女祠

王氏謝應京妻

沈氏吳士鰲妻

黃氏金一龍妻

胡氏吳世祿妻

諸氏許應遴妻一作應麟

節

徐氏金應宿妻年二十一寡孝事孀姑

蔣氏鄧鈿妻

朱氏葉某妻

姚氏周振玉妻

李氏周廷栻妻

王氏胡某妻

節

謝氏庠生吳有成妻年二十夫亡七十歲卒

祁氏吳有憑妻年十七夫亡六十九歲卒

丁氏周鶴妻二十六歲寡孝事舅姑

節

陳氏周繼光妻二十四歲寡自教子潮成立任泉州司獄卒年八十八

某氏馬華妻守節四十餘年子文正和平知縣

吳氏茹守臣妻

遺腹孤守節

郁氏鍾良妻撫遺腹孤啟泉

節

汪氏萬歷巳卯舉人雲南大理府推官陳學明繼妻二十五歲守節

沈氏周用範妻青年守節六十歲卒巳旌

汪氏周之泰妻

年二十二寡九十歲卒

陳氏金亢鈁妻

年二十七寡七十歲卒

徐氏王資德妻

馮氏高萬善妻

朱氏陸偉之母以孝節著

朱氏陳道約妻

沈氏陳士鏧妻一作子鏧

陳氏孫才禎妻

徐氏部奎妻妻

田氏陳學忠妻

馬氏陳奇英妻

潘氏孫士修妻

王氏吳安仁妻

萬歷間旌

任妙英俞思

卒年九十二

沈氏吳有祥妻

李氏吳有漸妻

章氏何嘉琳妻

守節二十一年

郁氏孫世震妻

朱氏孫德俊妻

守臣遇盜死不得其屍吳服喪三十五年

朱氏吳岱鍾妻

韓氏沈袞妻

周氏陳應瑞妻

李氏高應科妻

崇禎間旌子岡妻趙氏有傳

年二十九守節七十卒已旋

宋氏吳文審妻

龔氏朱鉞妻

國朝

烈

嚴氏鄭寵山妻夫亡服滿以殉

孝

朱氏劉士茂妻年二十一孀居姑王

貞

吳氏幼字劉曉垣年十六截髮毀容

節　無子

徐氏丁勝千妻奉姑尤謹

節　立嗣

周氏朱佝士妻姑兩目瞽侍奉尤謹

節　撫孤

俞氏庠生駱元裕妻幼嫻詩書年二

張氏陳天錫妻天錫官雲南司獄烏蒙叛張氏同夫死之天錫本姓麗以上雍正年旌

周氏丁邑南妻見一統志

章氏周國梓妻葬夫畢從容投繯死以上乾隆年旌

老而孤朱奉養甚謹鄉黨稱之康熙年旌

王氏王大俊女兄游粵東不返王勤十指養親撫姪截髮明心終身不字

徐氏陳朝宗妻年十五封股療母疾二十五而寡撫遺孤成立以上雍正年旌

過門守志二十七歲卒入節孝祠

王氏澧州人字陳聖道成服守制足不下樓以哀毀成疾歿年二十有六

沈氏字吳思耐過門守志姑患目沈以舌舐之紡績供甘旨以堂姪爲嗣

嚴貞女字吳懷瑾年二十三過門

裘氏劉昌嗣妻年二十三喪夫以針黹奉公姑以上雍正年旌

葉氏周景交妻

沈氏周禹甸妻

孫氏徐汝璜妻紡績置田入家廟以縣祀

吳氏滕在公妻年十九夫亡依母以守節

余氏朱式孟妻二十一歲守節

俞氏張綵如妻孝養翁姑四十一歲卒以上雍正年旌

李氏朱子範妻未數月寡

張氏俞錦妻一載夫亡紡績以供舅姑極盡孝敬

王氏陳廷綸妻

十五而發子復旦甫五月親課之

范氏胡世寶妻

諸氏樊良勲妻

盛氏王學獻妻

章氏張徵錫妻年十九寡閉戶苦守飲食必祭夫像

王氏貢生張經文妻撫二孤既長授室而二子歿更撫五孫

守節

沈貞女字金成彪依母以居母亦孀苦恬然處之

袁貞女字曹渭

杜貞女幼字蔣彬依母家守志七十八歲卒

吳貞女字金璿

王貞女字龔嶽高

王氏適泰肇培事尊嫜孝

王氏錢子昭妻十九歲寡紡績奉翁姑

張氏生員劉紹檪妻年二十四夫亡母家欲奪其志閉門不食幾死劉氏聞之迎歸

沈氏徐文達妻早寡出奩資爲舅置側室得男

陳氏孫德鳳妻

俞氏陳文學妻

施氏劉景梁妻年十七而寡事公姑十餘年卒

劉氏潘澭川妻女紅養姑二十餘年以孝稱

陶氏胡世細妻

周氏恩貢生張遲妻事公姑孝撫三月遺孤成立

胡氏陳士顯妻

沈氏金一麟繼室年二十七寡遺一子無力延師親授章句

王氏監生朱國禎妻

以上康熙年旌

司馬氏胡廷

沈氏字李承奎

陳氏周鳳聘妻守節四十二年

陳氏陳文俟女字周某年十八矢志守貞

黃氏字傳金如過門守志苦節四十一年庠生民輔女以上雍正年旌

馬氏朱方恒妻年二十四寡

裘氏趙德謦妻六十一歲卒以上乾隆年旌

葉氏金五臣妻婚一月夫亡時年二十守節五十年

王氏庠生胡德坤妻年十九寡赤貧苦節四十年以上嘉慶年旌

事翁姑孝終身不衣帛茹葷

孫氏陳念慈妻

余氏俞貞吉妻孝事公姑

童氏謝世德妻母患目舐之而愈十九守節以上乾隆年旌

銓妻

馮氏施恒妻事舅姑孝

柯氏周敏公妻訓四子有成守節五十五年

薛氏劉遠逵妻子爆過歲夫歿爆娶施氏生一子亦卒姑媳同守

朱氏馮國義妻撫遺腹子以上雍正年旌

節撫孤　孫氏徐汝檜妻養公姑撫孤

節撫孤　沈氏王文後妻事公姑撫子文

節撫孤　樊氏王聖歷妻事翁孝

節撫孤　姜氏陳思孔妻撫遺腹子事祖姑舅姑極孝

節撫孤　陶氏會稽人庠生王柱繼妻二十九寡七十五歲卒

節撫孤　李氏劉光君妻撫三子子驪早亡媳曾氏亦能繼姑志

賈氏王克仁妻事繼姑撫孤子兼撫幼叔艱苦備嘗

沈氏貢生陸元燧妻奉姑教子守節六十五年以上雍正年旌

曹氏庠生陳應魁妻十八寡一子在襁褓教之成立守節六十餘年以上雍正年旌

祝氏胡之桂妻事翁姑撫子以上雍正年旌

呂氏駱禹庭妻撫遺腹子以上雍正年旌

繆氏陳揚妻撫遺腹子以上雍正年旌

李氏劉正勳妻以上雍正年旌

節立嗣　蔣氏唐偉人妻　單氏王維械妻　杜氏袁爲樸妻

節撫孤　張氏朱衣蘇妻子肇信妻王氏孫標妻吳氏三世孀居並

節撫孤　全氏陳公愷妻二十三而夫殁養舅姑孝

節撫孤　金氏增生章蔵妻事舅姑撫三孤　[illegible]氏馮松年妻

節撫孤　楊氏庠生王紹羲妻撫孤三人成立　張氏金培元妻

節撫孤　周氏王廷勳妻　鄧氏俞士英妻事姑至孝撫三幼子

侍翁姑克盡婦道守節六十一年

周氏孫艮材妻繼子入庠

屠氏王威遠妻

鈕氏胡廷栻妻

邵氏華必發妻十九而寡孝事舅姑

厲氏華必聽妻十八而寡

國氏俞其群妻年二十一夫亡

撫孤成立

朱氏蔡體寧妻翁姑老遺孤三歲守節四十八年卒

王氏庠生金汝元妻十九而寡事舅姑撫三歲孤守節五十七載

張氏朱書逝妻

胡氏陳紹聖妻

王氏武生李登淇妻

孫氏周潞妻養舅姑撫孤成立

徐氏陳學海妻事二老撫孤

徐氏沈應泰妻守節二十四年

潘氏壽永鑑妻

壽氏陳枝秀妻事舅姑苦節三十餘年卒

張氏陳毓化妻撫遺腹事翁姑守節

王氏周文成妻事姑撫子成立守節三十一年卒

章氏劉章泳妻家貧侍姑撫孤足不出戶備歷艱辛

樊氏諸生磁鍔甲妻二十七而寡

吳氏孫英妻撫遺腹子成立

施氏周金相繼妻撫前室子杞沅成

夫柩在殯鄰火將及張即扶姑攜子出屬於族人自入撫棺大慟欲與俱燼未幾反風火熄

吳氏張湖妻

史氏吳晨臣妻夫亡痛哭喪明

沈氏謝君達妻奉姑撫子各盡孝慈

周氏庠生莫拱照妻事翁姑撫孤成

成立

丁氏胡輝先妻

朱氏徐躍如妻事舅姑撫孤

王氏沈宗緒妻守節五十八年

劉氏朱啟周妻事姑撫子四十五年

岑氏陳士伸妻

金氏樊家鑾妻二十四歲寡

翁氏錢光祖妻

田氏俞富有妻十九歲寡
丁氏莫繼洋妻僅遺二女
錢氏洪升傑妻守節至六十一歲繼子栻
姚氏孫續賢妻夫客死丕數千里攜極歸苦節五十餘年
張氏黄繼曾妻年二十一而寡

張氏陳如玉妻茹苦守節卒年八十一
劉氏董正木妻子僅三齡零丁孤苦卒年八十二孫曾林立
朱氏章錫猷妻
韓氏孫俊達妻子幼姑老慈孝兼盡
潘氏徐冠倫妻撫孤五十餘年卒

四十四年
鍾氏王歷山妻事翁姑孝謹
應氏王啟禮妻事舅姑守節四十餘年
陳氏王遠道妻二十二寡守節三十七年
沈氏張樵妻夫亡年二十九養公姑撫幼子敬愛備至

立
朱氏潘國耀妻撫遺腹孤成立年八十七卒
賈氏王心全妻年二十三夫卒撫四齡孤成立貧至啖糠六十九歲卒
吳氏嚴國秀妻撫幼孤成立苦節三十三年
錢氏庠生諸灉

立
朱氏盛維清妻
謝氏許燿義妻守節至八十歲卒
章氏張廷一妻守節四十三年
王氏胡敬思妻
陸氏許燿達妻
施氏錢瓚璜妻即錢朱氏之子婦家因火燬抱七日子從火中遄出歸母家寄

陳氏李鎧妻
陳氏許法義妻紡績營葬公姑
張氏庠生王秉衡妻年二十五撫四歲孤文濬入庠
馬氏潘世經妻守節三十四年
高氏謝錦妻守節五十一年卒
俞氏徐文盛妻六十六歲卒媳周氏

妻夫亡繼姪爲嗣
食明年夫卒養其祖
成蛟妻夫故奉姑教

李氏陳良瓚妻縞素三十六年

陳氏姚有序妻事翁姑撫幼子成立

趙氏謝炳文妻家貧奉養姑嫜極敬

李氏吳璨國妻會諸姑各盡孝敬子年六十一歿

朱氏薛杜妻二十一而寡

蔡氏徐育才妻二十一而寡子甫一事翁姑撫二子守節三十餘年

錢氏王維鉉妻撫遺腹子奉翁姑二十餘年

周氏施恒爵妻孝事兩代翁姑撫遺子繩武甫六月成立

朱氏楊元泰妻撫彌月孤廷仁成立

謝氏劉文光妻守節閏十二年遇變截髮毀容敬事舅姑卒年九十有三

劉氏朱鴻業繼妻撫前配子如巳出

倪氏周中錫妻撫二歲遺孤鉞成立

韓氏趙全五妻

姚氏孫遠妾年十八而寡撫子昌緒

沈氏監生余海之妻撫姪棟成立入庠

駱氏貢生喻敬泉妻卒年九十有四

胡氏張有序妻年餘夫歿事舅撫孤

周氏田宇平繼室年十九寡誓以死徇前室子牽衣哭屍仰事俯育極盡報卒

趙氏周立誠妻

周氏莫光轅妻家貧誓守子媳俱亡撫孫大杰年逾七十景卒

華氏喻采臣妻

朱氏丁惠稱妻事舅惟謹足不踰閾不食子亦不食翁姑苦勸之乃止年四十三卒

周氏朱文昭妻事姑訓子卒年八十

余氏劉昇勤妻二十三歲夫亡紡績養孫成立

周氏李謨林繼妻嫁年十五及聘夫

杜氏陳肖上妻年九十而終

黃氏周堯臣妻

馮氏蔣奕山妻

孟氏張元臣妻

汪氏周士鎮妻

亡備歷艱辛王氏監生事舅姑教金成子成立俞氏陳允文妻王氏馮德撫孤學鴻三妻年七十二

俞氏王祖元妻守節訓妻五十六年章氏劉文濤妻陶氏王大守節四十卒振妻三年事舅以上乾隆

撫姪宗堯為嗣陳氏部義楷妻余氏韓文事翁撫孤姑以孝聞年旌卜妻教二子成

胡氏沈孔二十二寡遺一子名木妻事遺姑撫其綱竭力孫氏祝有立八歲稱祥妻之黃氏厲敬時妻

夫與舅姑二子孝慈課讀撫之生子甫週早逝為八兼至成立孝養舅姑陳氏周聖年二十三心妻夫亡撫孤

紡績以養祖翁姑陳氏朱浩文妻盧氏壽履豐妻錢氏王之遠妻吳氏周合成立殁年聞妻八十二

馬氏孫才赤貧上事年二十三事姑如母渭妻姑嫜下撫夫亡撫孤苦志食貧徐氏傳廣行妻柳氏王主敬妻

以上乾藐孤各盡事姑隆年旌其道以上乾隆孫氏于汝姪華來妻夫亡家貧祉妻蔣氏並侍撫孤成立

高氏王煥章妻吳氏高聚年旌先妻以上乾病姑養邁子婦相繼隆年旌翁撫幼子又亡撫兩

年二十三夫卒事舅夫亡姑盡禮傅氏俞兆先妻丁氏潘國校妻以上乾孫年七十隆年旌一卒

吳氏周於以上乾隆夫故家無夫亡撫孤蔡妻年旌詹石勳女慶凱成立黃氏東浦以上嘉慶陳士年旌

嫁半載夫故時年二駱氏朱成紅以給饔任直隸深庄孫殮撫孤成澤典史良妻夫故撫數月孤

十三繼叔子升堂

王氏曾漢雲繼妻年二十四夫亡守志歿年五十七嗣子維均

丁氏庠生陳登雲妻夫故時年二十一撫嗣子汝立

薛氏張繼桂妻年十九夫亡歿年六十七

施氏朱源[illegible]

廷顯妻年二十二夫亡苦節五十四年

陸氏張序恩妻守節四十一年撫子成八

以上嘉慶年旌

立年六十七卒

王氏貫爾繁妻

丁氏余東瞻妻夫故時年二十一撫孤成立

以上嘉慶年旌

貞女續報

補登

朱氏字徐沛沛溺死女至徐家守志

祁六姑上字虞鍾受之

以上乾旌

朱氏朱士夔妻夫故撫子垂成成立

金氏盧泳恩妻夫故教子邦彥成立入庠

以上嘉慶年旌

成立苦節四十年卒

沈氏朱枝繁妻夫故子又亡撫孫大淦

以上嘉慶年旌

以上嘉慶年旌

節

陳氏董士英妻夫故撫孤守志順治年旌

馮氏俞一和妻

王氏劉之祐妻年二十五寡七十四歲卒

陸氏張鈞孫妻勤十指以養舅姑

何氏沈奕世妻

節

汪氏胡恂存妻

沈氏陳邦殿妻守節至八十七卒

陳氏謝恭達妻住菖蒲漊

周氏胡聖一妻夫故截髮誓守

來氏孫烈三妻

劉氏庠生杜嘉謨妻

節

胡氏白石塲大使周堂繼室夫亡守節至七十三卒

田氏周宗溪妻守節三十年卒

王氏周紹濂妻守節四十年卒

黃氏孫大成妻

李氏王趦扈妻

王氏陳堯仁妻

節

蔣氏吳大典妻年二十五夫亡七十六卒

來氏吳弼元妻年二十七夫亡六十九卒

黃氏吳大成妻夫故守節至七十七卒

宋氏典史吳斌

節

朱氏吳子法妻

潘氏吳汝成妻媳徐氏子邇揆妻

俞氏周文典妻守節至七十四歲卒

胡氏史積善妻

張氏柴維周妻

袁氏王文明妻

吳氏朱士玉妻

楊氏孫思魁妻

節

朱氏沈正元繼妻守節四十一年

陶氏劉育萬繼妻

高氏范鴻寶妻

許氏李文芳繼妻

章氏王聖玉妻

李氏王宗斌妻

胡氏王元禮妻

謝氏祝宏載妻　談氏胡日濟妻　柴氏丁文妻年八十奎妻三卒　李氏金龍文妻　孫氏張汝淮妻

秋氏黃天毓妻　莫氏范微遠妻　吳氏何經亮妻　王氏監生吳大　曾氏王上偉妻　陳氏全五妻

陳氏韠珙妻　張氏傅濟妻　曾氏運丁職妻媳章劉文氏武生亓　周氏李茂長妻　鍾氏畢如炳妻

朱氏吳乾復妻　定氏王經啟妻熙妻妻　馮氏汪應泰妻　李氏葉孟霖妻

以上康熙年旌　胡氏馬逖禮妻　吳氏婁美錩妻　全氏吳魁三妻　何氏庠生祁曜　宋氏王國相妻

陶氏毛鳳麟妻　朱氏徐顯妻　金氏陳穎年八十二徵繼妻事舅姑孝達妻二十四夫

王氏胡懋賞妻　陳氏馬國亮妻　高氏陸禹潘妻　徐氏武生三文　周氏傅全故家無立信妻雖寄居母

周氏張賓如妻　張氏運丁劉天　郭氏陳佐鳴妻夫故二十六歲家紡績度泉妻晳節四十守節七十日

喻氏包鎮楷妻服妻年二十六夫卒或諷他適喻拒絕之勤十指葬三世七棺　何氏賞新年卒四卒賢妻　葉氏金大奎妻

丁氏楊立生妻　馬氏柴文格妻　俞氏陳際清妻　張氏庠生王貽　陳氏祝爾發繼

陳氏裘居敬妻　王氏庠生夫故守節格妻妻謝乘三十作

胡氏壽濂生妻垣妻　張氏全廷賓妻　沈氏茹開文妻　陳氏高懋秀妻

丁氏唐日著妻子四人使各執一業守節四十六年子孫同居兩世不分
徐氏李應登妻
沈氏吳伯宗妻
王氏朱散勝妻
陳氏李仲彪妻
孫氏庠生王龔乘妻
陶氏韓璜妻
丁氏沈子揚繼

章氏丁錫恩妻
李氏庠生劉德明妻
傅氏王茂鼎妻
潘氏王錫勳妻
沈氏鄭文宗妻
王氏陸紹恒妻
章氏吳廷傑妻
高氏謝謂玉妻
裘氏劉履揆妻
馬氏陳泰恒妻
邵氏陳申之妻

陳氏俞璜妻二十三歲守節
邵氏翰林金泰來妻金應作余
孫氏陳日誼妻
錢氏鄭良序妻苦守孝養余一作金
王氏高孝恒妻
勞氏庠生徐栻妻
徐氏王茂齡妻
何氏俞良誠妻
潘氏徐燮妻
孫氏謝濟民妻

陳氏李祖銓妻矢志守節事姑盡孝
姚氏余文彩妻
許氏俞鶴齡妻守節四十六年
何氏塔維藩妻無子守節三十年
劉氏黃芝三妻二十五夫亡年六十二卒

陳氏鈕鎔妻
包氏朱子鍔妻
濮氏庠生王錫模妻
胡氏庠生田自遠妻
孫氏諸君球妻
沈氏王嘉定妻
錢氏庠生婁泓妻
吳氏庠生錢之璋繼妻

周氏庠生李德潛妻
張氏繆嘉方妻
沈氏章世錡妻
趙氏庠生鍾國禮妻
胡氏徐元震妻
蔣氏樊習仁妻
秦氏劉子照妻
劉氏張世鑄妻
茅氏鄭聖相妻
吳氏余行遠妻

妻妾馬氏青年同守俱至八旬而終
商氏監生王法信妻
以上雍正年旌
嚴氏高耀先妻
胡氏毛鳳卜妻
俞氏言臨章妻
徐氏孫鼎新妻
狄氏胡鶴安妻
陳氏李浩文妻
宋氏錢千瑞妻

譚氏王子美妻
高氏陳景韓妻
韓氏金廷光妻
沈氏胡述祖妻
陶氏徐昌謂妻
陶氏庠生金臺妻
妻
項氏王一桂妻
沈氏馮紹美妻
鍾氏陳其華妻
繆氏俞斌儒妻
趙氏何宋妻

邵氏沈士翰妻
葛氏周士龍妻年二十三守節至六十三卒
單氏李倫欒妻
王氏劉克昭妻
陶氏陳安世繼
沈氏馮又夔妻
鍾氏諸述軾妻
陳氏孫後秀妻
方氏毛克勤妻
李氏凌四游妻
劉氏金世魁妻

胡氏孔傳基妻
厲氏庠生陳國翰妻
鄭氏陳必颺繼妻
孟氏庠生陳淑曾妻
田氏陳三重妻
方氏陳三俊妻
胡氏孔宗洛妻

楊氏張德渙妻
葉氏許自詢妻
丁氏鈕天麟妻
婁氏張元標妻
周氏宋妾妻
莫氏王德賢妻
朱氏許耀廉妻
倪氏許高妻
張氏詹子瑜妻
徐氏劉漪文妻
胡氏張文懋妻
王氏秦肇堅妻

夏氏周金城妻
朱氏俞秀昇妻
傅氏孫孟照妻
潘氏郭大惜妻
高氏厲奎光妻
勞氏仇培若妻
吳氏馬驥妻
沈氏妾夏聲妻
莘氏趙煥妻
姚氏孫書王妻
馬氏潘世繼妻
樊氏丁九如妻

王氏孫其正妻
徐氏趙慶聖妻
謝氏楊元璉妻
周氏繆雲昇妻
婁氏張文興妻
施氏章天輿妻
高氏姚再周妻
鄒氏李根蟠妻
李氏劉世韶妻
潘氏馮會元妻
吳氏章聚升妻
汪氏錢景妻

湯氏孫鼎華妻
高氏王世榮妻
夏氏張德誠妻
王氏葛文憲妻
金氏陳大生妻
沈氏董明侯妻
余氏朱應煜妻
丁氏韓道一妻
范氏劉以堡妻
柴氏樊聲元妻
金氏嚴美中妻
嚴氏邵調鼎妻

王氏陳曰夏妻守節六十六年
柳氏張懋禮妻
沈氏祝穎選妻青年守節紡績終身
全氏陳兆愷妻
丁氏韓之忠妻守節六十三年
謝氏婁麟衡妻
王氏馬光珂妻以子墟官知州封宜人
李氏丁榮妻
李氏孫東乾妻
傅氏章世平妻二十五歲夫亡守節四十餘年卒
呂氏胡鶴妻
張氏婁美鉞妻

邵氏徐虞諧妻
沈氏諸元公妻
鄺氏姚宗儒妻
朱氏李汝源妻
樊氏典史楊斑

錢氏張啟斌妻
何氏陳在寬妻
陳氏孫光漢妻
陸氏徐子安妻
倪氏孫涵周妻
王氏嚴立三妻
馬氏朱光衡妻
徐氏俞應憲妻
胡氏王世法妻
李氏徐大章妻
魯氏胡濟孫妻
祁氏王敬緒妻

茅氏朱衣錦妻
夏氏周肇汴妻
胡氏陳紹堅妻
龔氏王士鳳妻
陳氏何聖如妻
李氏陳世則妻
王氏莫鄰桂妻
陶氏莫祖望妻
張氏王天傑妻
孫氏王友章妻
徐氏沈廷策妻
孫氏陳耀仁妻

王氏胡必顯妻
金氏王文衿妻
畢氏劉兆傑妻
章氏董景苑妻
李氏章紹曾妻
潘氏姚周愛妻
錢氏朱光牆妻
朱氏王萬象妻
孫氏朱聖遠妻
周氏嚴存倫妻
汪氏胡心存妻
夏氏仇兼三妻

朱氏胡卓士妻
沈氏陸景文妻
王氏潘克濟妻
仇氏程天育妻
陳氏張子修妻
金氏謝武稷妻
唐氏楊鈞妻
金氏范士澄妻
馬氏王士豸妻
張氏喻學道妻
陳氏孫德彬妻
趙氏葉德功妻

凌氏王佐妻妻孀居四十七載卒
徐氏錢有徵妻年六十九歲
嚴氏金彪妻
陳氏謝朝貴妻
沈氏柳大俊妻
趙氏余起蛟妻
潘氏孫道賢妻
陳氏王文和妻
莫氏王學仁妻
華氏喻光祖妻
金氏余鶴妻余一作徐

董氏廣東新會縣丞張士寧妻暨弟士宜妻陳氏同守志
徐氏丁洪妻守節至八十四歲卒
沈氏貢生王可履繼妻
朱氏典史麗澤榮妾
周氏庠生柴敦

陳氏許公望妻
任氏堵維起妻
勞氏姚維儼妻
許氏駱載奇妻
宋氏黃國相妻
倪氏譚哲文妻
梁氏吳延鍾妻
潘氏李友妻
章氏呂唐公妻
沈氏李紹鍔妻
吳氏楊殿卿妻
徐氏趙維東妻

沈氏馮渭川妻
余氏沈介遠妻
趙氏周茹誠妻
馮氏王彥萃妻
朱氏孫克生妻
傅氏庠生王億華妻守節三十餘年
莫氏沈之果妻
董氏王世產妻
茹氏俞敬全妻
胡氏張廷瑄妻
王氏朱桂繼妻

王氏胡思敬妻疑卽敬思之誤
王氏詹克縉妻
趙氏徐元新繼妻早寡苦節
王氏葉連生妻
傅氏樊與憲妻
毛氏胡其位妻
黃氏張澍妻
傅氏金士元妻
陳氏丁以方妻
范氏茅泰寧妻

朱氏陳嘉文妻
任氏黃君燮妻
孫氏程汝美繼妻苦志守節
周氏俞蒼岩妻
陳氏葉期生妻
王氏朱君鶴妻
戚氏沈士傑妻
胡氏婁在藻妻
沈氏婁應遠妻
沈氏茅太寧妻
馮氏監生沈丞

胡氏陳士蟠妻
錢氏樊道源妻
黃氏樊又敍妻
楊氏何友忱妻
倪氏金思言妻
沈氏楊可贊妻
項氏馬爲鉽妻
淩氏嚴綱妻
王氏沈兆熊妻
沈氏徐學延妻
周氏馮履道妻
蕭氏朱應燧妻

本妻告節餘年以歿
金氏監生余承勳妻十八歲寡守節以終
龔氏李士元妻守節三十三年而歿
王氏壽光祺妻二十四而寡守節至九十三歲卒
徐氏沈應後妻年十九夫死有遺腹後其舅姑子婦及孫

陳氏壽夏如妻
吳氏王汝霖妻
嚴氏俞廣文妻
俞氏蔣發磬妻
吳氏劉鵬九妻
封氏金伯棨妻
周氏婁賦穀繼妻
滕氏李之璧妻
陳氏戴介先妻
周氏陳廷翰妻
茹氏張文龍妻

王氏杜肓妻
呂氏鄭劍石妻
李氏劉兆基繼妻
葉氏庠生王琳妻
吳氏沈文敍妻
袁氏許惟義妻
朱氏沈聖木妻
戚氏沈伯英妻
邱氏陳樑木妻
蔡氏包敬大妻

周氏徐君仁妻麟妻
王氏朱維興妻
張氏章祿妻
張氏周維城妻
丁氏胡燿顯妻守節三十三年
林氏何所仁妻
沈氏宋士化妻
張氏葉川溥妻
李氏嚴大任妻
陳氏孟行之妻
章氏孫宗桐妻
沈氏趙漢章妻

葉氏王瀠妻
章氏劉宏侯妻
葉氏李士元妻
倪氏趙興宗妻
曹氏張彙占妻
麥氏陳學恕妻
徐氏宋宏妻
章氏陳玻妻
柯氏朱元相妻
余氏孫大榮妻

俞氏朱文淇妻
葉氏潘允中妻相繼死節婦遂盲越數年復能鍼綴
錢氏張文濤妻
王氏孫望可妻
潘氏莫成傑妻守節六十年
龔氏丁世振妻
姑氏庠生高廷
章氏韓昆燧妻扶妻
譚氏徐大錦妻
沈氏徐文玉繼
沈氏王光妻旦妻
朱氏潘國棪妻
全氏金家採繼
朱氏諸廷妻佐妻
黄氏周堯臣妻
楊氏武生史紹
周氏宋霖勞妻妻

汪氏周士鎮妻
徐氏王子和妻
沈氏張世章妻
王氏謝廷位妻
李氏孫鉅妻
陶氏王昆淳妻
林氏沈某妻
方氏何朝儒妻
張氏董大材妻
韓氏黄樾妻
徐氏杜公錫妻
張氏王裕昆妻

王氏倪光麟妻
潘氏何汝翌妻
潘氏朱靜涵妻
陳氏周綸言妻
龔氏鄭思禮妻
沈氏趙天榮妻
胡氏楊雲功妻
陳氏傅宸安妻
張氏陳受之妻
沈氏陳士龍妻
余氏周漢佩妻
章氏沈永林妻

王氏潘宏堯妻
丁氏莫繼洋妻
張氏丁世安妻
沈氏婁應達妻守節五十年
丁氏楊兆本妻
唐氏俞貞稷妻
李氏范德正妻
沈氏朱元美妻
王氏沈昌裔妻
湯氏羅宗岳妻
胡氏邵公堂妻
陶氏王某妻

莫氏王恩介妻
任氏茹祥宇妻
蕭氏張其義妻
全氏吳某妻
倪氏謝浚妻
胡氏沈宏德妻
余氏孫大宗妻
姚氏李尚卿妻
王氏陳子駿妻
王氏謝某妻
陳氏項某妻

張氏潘光烈妻
王氏陶國榮妻守節五十年
吳氏楊一璋妻
王氏胡正揆妻年二十二寡守節三十五年
田氏周拱元妻
婁氏朱贊文妻
徐氏顧可成妻守節五十四年
李氏莫某妻
胡氏邵某妻守節四十年
王氏袁某妻
陳氏潘國標妻守節二十九年
沈氏樊階妻

金氏胡伯華妻
俞氏鄭劍銘妻
倪氏高兆憲妻
徐氏王運治妻守節二十八年
陳氏陶乘國妻守節三十六年
黃氏監生王裕

高氏陳鈺妻
傅氏單炘妻
趙氏姚再周妻
鄒氏李與參妻守節五十七年
胡氏王師召妻
陳氏周可鈞妻
蔣氏王艮弼妻
金氏丁傳彪妻
丁氏何有光妻年二十一寡守志四十餘年
張氏諸念祖妻

王氏袁善照妻
施氏孫乾一妻
陳氏王巨言妻
沈氏張源妻
丁氏高大爵妻
章氏朱兆顯妻
胡氏夏鳳瑞妻
章氏俞善孝妻
余氏胡承三妻

蔡氏包某妻　沈氏陸宗文妻　孫氏張汝淮妻　李氏羅可光妻　王氏陶克仁妻　胡氏俞漢宗妻　陳氏王承曾妻　沈氏張槐妻　張氏沈時妻　周氏田國泰繼妻　包氏龐桂元妻

許氏高曰瑞妻　余氏王大佐妻　陶氏錢奕範妻　王氏呂某妻　胡氏沈士駿妻　何氏王邦紀妻　胡氏李瑞龍妻　沈氏李大榮妻　邵氏沈繼曾妻　射權一妻王氏　吳氏章林茂妻　守節四十九年

孫氏錢履亨妻　李氏許某妻　張氏錢國泰妻　韓氏陶尚德妻　胡氏俞犮孝妻　胡氏徐孟瑞妻　馮氏俞洪漢妻　謝氏李大林妻　章氏潘大科妻　王氏周元城妻　金氏沈鳳友妻　謝氏傅聖位妻

珍妾　鄭氏劉世种妻　守節五十八年　趙氏庠生李調元妻　汪氏原任兩廣督標副將耶風妾　俞氏吳縣典史莫斯德妻　陳氏丁夔妻　周氏賀國銓妻　吳氏蔡君瞻妻

王氏潘汝煥妻　王氏潘士雲妻　陳氏史紹龍妻　陶氏王天振妻　董氏唐國相妻　鈕氏周濬妻　李氏金友顯妻　阮氏金堅妻守節四十二年　倪氏陶思文妻　陶氏章伯衡妻　章氏周廣譽妻

守節四十三年　楊氏傅如得妻　許氏朱溥妻守　節四十五年　謝氏王文淵妻　任氏翁天麟妻　梁氏吳鴻業妾　守節四十七年　章氏施鳴遠妻　守節五十一年　沈氏姚若奇妻　胡氏謝士任妾

陳氏項聖卿妻守節五十一年　傅氏丁學周繼妻　劉氏陳維一妻　張氏祝靜一妻　沈氏徐文賢妻　嚴氏考職州同陳起麟妻　陳氏金維一妻　王氏姚堃佩妻　馮氏王章祚妻

陳氏酈君文妻守節五十八年卒　馮氏俞洪漢妻　鍾氏胡明玥妻　陳氏沈源遠妻　周氏童懷行繼妻　王氏嚴誠妻　范氏祝林玉妻　高氏王敬臨妻　余氏徐炘之妻　何氏張曾妻

守節四十年　林氏沈景昌妻守節四十五年　章氏張世鎬妻　胡氏全幼粢妻　周氏祝志瀛妻守節五十年　諸氏李玉階妻守節五十五年　陸氏范天祿妻　任氏林世璉妻　趙氏鍾端甫妻

朱氏兒允奇妻　沈氏王再呂妻　陶氏馮維熊妻一作維墉　趙氏許錢妻　葉氏趙德維繼妻　潘氏周以成繼妻　劉氏候選州同沈杲妻　王氏朱廣愛妻

馮氏戴商臣妻　鄭氏徐武周妻守節五十三年　王氏庠生祝孟鳳妻　王氏汪炯妻　周氏俞之梅妻　陶氏庠生劉視履妻守節五十三年　林氏莫照妻嫁僅三日夫故苦節四十餘年

守節三十八年　金氏謝伯友妻　朱氏韓鼎新妻　俞氏錢德禎妻　余氏蔣文宣妻　丁氏趙孔清妻　朱氏毛鳳儀妻　何氏孫武秉妻　以上乾隆年旌　王氏陳有彰妻　孫氏周伯榮妻守節四十年

馬氏沈南榮妻
謝氏陶學淵妻
王氏晏妻
張氏王翰妻
韓氏孫德明妻
陳氏鍾斯賢妻
王氏周兆逵妻
王氏張掄妻
王氏陳孔昭妻
高氏王朝正妻
曾氏朱顯公繼妻

茹氏張繼城妻
胡氏陳齊澄妻
余氏陳其音妻苦節自矢飽子女以脫粟而自饜糠粃
龔氏徐克彰妻
蔣氏沈壽民妻
孫氏潘德均妻
張氏章宗德妻妾馮氏同苦節以終
王氏李奇玉妻
戴氏沈觀妻十七歲夫故守節
魏氏馬強妻
王氏李元儒妻
姜氏言可復妻
黃氏李子明妻二十三夫歿守節三十九年
王氏沈宅三妻子庠生言是之妻楊氏
李氏潘爵五妻二十四歲
陳氏何嘉璠妻夫亡守節四十二年

袁氏贈州同許在謙妻
秦氏丁大楷繼妻
朱氏錢孝思繼妻
俞氏縣丞張德濂妾孝事翁姑撫三歲孤
陳氏錢師沈妻十六歲守志無子
沈氏庠生俞楙迪妻以上乾隆年旌
劉氏原任廣西住陶里村

高氏余大霑妻守節六十年
蔣氏黃丹羽妻守節四十五年
王氏孫明文妻
徐氏韓嶽齡妻
宅氏朱榮錫妾
王氏俞啟周妻媳謝氏景琇妻孫媳趙氏曾象妻同守節

陳氏俞士達妻
陶氏沈國柄妻
俞氏陸大元妻舊作余今改正
魏氏孫良忠妻
陳氏孫仁傑妻
沈氏施埰妻
沈氏王配君妻
胡氏鍾廷勳妻
邵氏沈元良妻

童氏倪廷謨妻
章氏李廷棟妻
孫氏丁楷松妻
章氏劉章豫妻
林氏張爾尊妻
陶氏屠宸剛妻
何氏祁世英妻
蔣氏劉曾均妻
孟氏章靜淵妻守節四十三年
沈氏陸維燦妻守節三十五年
張氏陳上瑾妻
傅氏俞量選妻潯州府知府錢宗周妾
金氏吏目徐肇芳妻二十歲而寡忍飢奉死事舅姑極孝
余氏蔣掄先妻
袁氏劉永欽妻
厲氏馬永謂妻守節三十五年
徐氏張君能妻
李氏莫楷妻守節三十八年
余氏屠繼燃妻
陸氏張爾昭妻
錢氏吳方美妻守節四十六年
錢氏王之達妻守節四十三年
沈氏周瑞玉妻守節四十一年
李氏章元標妻守節五十七年
李氏陶武功妻
傅氏徐可敬繼妻
陳氏劉又正妻
徐氏謝允中繼妻
朱氏劉遵翊妻
胡氏邵施霆妻守節四十五年
沈氏姚獻西妻守節四十二年
黃氏葉大年妻夫故守志五十一年
瓌氏孫連珠妻妾陳氏以上嘉慶年旌
曾氏馬有德妻
王氏朱豫章妻
詩氏馮日琮妻
詹氏何大元妻
任氏馮孝本妻
沈氏朱紹先妻住松林
仇氏謝德三妻住菖蒲溇
王氏諸浚妻居

吳氏趙明燁妻守節三十九年燁一作燭

沈氏潘翊禹妻守節四十一年

王氏吳方昭妻守節四十二年

朱氏丁承熙妻守節二十六年

以上乾隆年旌

湯氏羅宗泰妻守節三十二年

沈氏潘應發妻守節三十五年

莫氏王德賢妻守節三十二年

張氏王翰周妻守節三十六年

以上乾隆年旌

守節三十三年

錢氏張翰妻守節四十年

徐氏林仰山妻守節三十八年

王氏芳成章妻守節五十八年

繆氏鄭大義妻年二十四而寡事舅姑盡孝守節四十年

以上乾隆年旌

陳氏謝恭達妻守節三十五年

許氏陳鶴年妻守節五十六年

胡氏陳德建妻年二十四寡至八十四卒

倪氏金思言妻青年守志苦節受旌

葉氏許自論妻年二十三夫故守節

胡氏余家鳳妻

南和坊

潘氏仇萬青妻

李氏倪孔修妻

謝氏蔣鳴球妻年二十二寡六十卒

徐氏諸孟文妻守節至七十九歲卒

王氏周朝錧妻

以上嘉慶年旌

以上已旌

年十九守節媳韓氏子聲周妻亦十九守節以上乾隆年旌

烈　王文宇妻妾丙戌六月偕文宇投井死詳文宇傳　楊雲門妾丙戌六月偕雲門并挈子沉池水死詳雲門傳

孝　凌氏賀靖妻靖為衛輝守備卒於官氏事姑孝病則割股以進紡績課子守節四十六年　徐氏盧陞龍妻再病割股療之二十

孝　范氏名韞玉字會輝胡大行妻通文義翁病劇祈天割臂和藥得痊　姜氏胡國楷妻姑病嘗藥知凶割股和劑奉李氏相依四

貞　祝氏沈仲將妻方于歸夫即病卒以處女終　吳氏字庠生劉互毅吳年十六以處女守貞歸劉氏五年卒

節無子　謝氏陳學淵妻　孫氏金起雲妻早寡家貧苦節終身　徐氏蔡衍三妻二十五寡苦守三十餘年　黃氏徐德遠妻

節立嗣　沈氏楊霽妻婚八日而霽暴卒撫姪為嗣守節五十五年　章氏會稽人朱衍呂妻守節四十餘年　潘氏胡尚綱妻

胡氏王霑鄭妻夫死繈以殉

九寡遇孤二歲家貧舅姑老餘鬻手以給朝夕孝養備至傅氏程鈺妻翁病封股以進姑病書竇哀泣顯天子六四子霖登丁丑進士邵氏沈繼常繼妻二十四歲夫故割股療姑疾守節至六十四卒汪氏孫世埰妻

十餘年主翁主母病凡三割其股以進鍾氏唐立八繼妻夫亡無子姑病日夜禱祝願以身代姑愈鍾於是月卒龔氏陳東輝妻子繼過歲夫歿舅病封股以進遂愈子又卒撫孫孫氏趙鴻蔭妻姑病割股進之獲瘳

華氏字杭城徐氏子守志終身嚴氏張獻燦末婚妻年二十一夫卒素服往哭矢志守節孝事舅姑卒年五十三胡氏王十銓繼聘妻原聘張無出聘胡未娶卒胡過門撫叔士鈞子爲嗣守貞至八十六歲卒

沈氏金惠交妻高氏王十昭妻李氏韓永嘉妻舅姑在堂家無立雖馬氏張順之妻婚三月而寡楊氏庠生張玉佐妻夫卒於舅楊奉柩還葬苦守五十一年朱氏趙殿侯妻杜氏錢賢章妻

年十九寡苦守二十餘年李氏孫仲先妻四月而寡賞氏孫求清妻守節三十二年余氏孫世良妻六月夫亡叔儆九歲侯叔年長生子以嗣守節五十六年陳氏劉廷鎮妻事翁姑孝

事嫡姑庶姑能得其歡心

鈕氏陸維燦妻

倪氏俞學洙妻姑病割臂和藥以進遂愈

又有馮維宗妻張氏全名泗妻李氏並割股療疾

田氏庠生劉昌妻事父母翁姑以孝德稱子龍戊午副榜

陳貞女酈文洞原聘妻苦節四十二年

董氏吳世淮聘妻年十三聞夫故過門事舅姑砥節守貞

余氏朱禎先聘妻年二十禎先卒余誓不再字依兄以居

朱氏幼字劉肇圻未婚肇圻卒朱年十八過門守節事孀姑撫姪爲夫後

楊氏洪思謙妻貧苦砥節嗣姪

朱氏庠生王際盛妻嘗封股療父病夫卒於粵遺一子二女以針黹度日子卒無後

平氏潘聲先妻四月夫亡苦節五十六年

陳氏蔣達先妻

金氏胡大壎妻

方氏孫元莊妻

駱氏孫全璉妻

徐氏楊聖木妻

張氏王峻德妻

蕭氏余正本妻

俞氏莊學洲妻

高氏余柱妻

陳氏余棟妻

樊氏李國明妻

汪氏孫天玉妻

楊氏 高坎昇聘妻仲素女

孫氏 徐振翱未婚妻

朱氏 蘇州人雍清女許字山陰王承蕭承蕭卒女過門守志白首完貞

華氏 字徐瑞華瑞華殁女年十六矢志守貞卒年五十九

邵氏 幼字朱煥

苦節堅守卒年六十三

邵氏 武舉朱擎字妻夫道卒子暴亡矢志不二

華氏 金榮妻二十八歲寡六十七卒

婁氏 聞韶妻年二十二寡姊陳氏耀妻二十三寡皆無嗣同勵苦節

賀氏 程徐川妻

胡氏 高魁萼妻夫亡立嗣以守

周氏 張鵲妻夫亡嗣姪又殤以堂孫繼

汪氏 潘孟林妻

虞氏 陳紹倫妻

蕭氏 朱伯英妻夫亡繼姪士麟娶陳氏又寡撫士德子爲嗣士德妻金氏早寡長子繼士麒次子天

節無子　陳氏王國良妻　應氏樊嵩妻年二十寡立志苦守　金氏縣丞俞光祖妻年餘夫卒無可

節立嗣　胡氏潘秀峯妻　戴氏田圭敬妻　宣氏田文正妻　吳氏金致敬妻半載夫亡

節撫孤　吳氏夫亡遺孤六八教養有成孝事翁姑舊志失其夫名　金門三節曲江丞金廷瑞妻鄭

章未幾夫卒時年十八守志撫猶子以終身　童貞女幼字吳世准十八歲過門守志現年五十一歲

節撫孤　吳氏劉重妻二十七寡苦節三十餘年　張氏施延魁妻年二十三苦節終身

紡績自給苦節終身　翁氏監生唐學清妻二十一守節

節撫孤　沈氏國子生何光造妻年二十寡子甫九月　沈氏陳賢士妻早寡苦節五十餘年

沈氏徐域妻　王氏徐增繼室　胡氏徐境妻

節撫孤　丁氏言祚庚妻　周氏庠生吳克明妻課子成立　馮氏劉奇妻十九夫亡苦節四十餘

繼矢志守節王氏監生韓廷遂妻年二十二寡事翁姑孝沈氏謝純一妻年十九寡六十三卒任氏余澄妻澄卒塞外任年二十備嘗艱苦矢志靡他依母家四十餘年秦氏李廷國妻婚彌月夫卒翁姑老

潘氏馮高琬妻林氏郡庠生王裕嵩妻諸氏王上昌妻嚴氏庠生王魯山妻薛氏王芳妻屠氏庠生平啟辛妻余氏張世華妻包氏任仲良妻苦守四十餘年

氏金細妻譚氏為夫報仇殺賊金經妻朱氏俱早寡苦節撫孤陳氏楊琳妻一載夫亡守節五十年余氏陳九坦妻夫亡守節三十年洪氏李奇鳳妻年十八守節六十八年周氏胡三英妻張氏順天入趙

錢氏庠生吳振先妻早寡課子良駿成進士任提標驍騎金氏王萬壽妻曹氏徐楷妻孫氏馮文燭妻卒年九十六胡氏金騎妻傅氏俞兆先妻韓氏陳良鍾妻姚氏爽仙登妻苗氏王祥生妻

陳氏郡庠生唐瑾妻撫遺腹子陳氏胡國英妻撫遺腹子金氏張蓉妻妾潘氏潛舉一子同心鞠育汝渭中乾隆甲午科舉人朱昌祚母守志撫孤詳昌祚傳鄭氏孫本生妻張氏孫遂元妻

年胡氏潘鳳五妻遺孤六月撫之成立趙氏朱禹三妻邵氏柳德潤妻撫三子成立婁氏王廷棟繼妻二十而寡撫前妻子如已出張氏俞心芳繼妻飢寒勞瘁以終胡氏諸德承妻

苦節五十餘年
姜氏王懋英妻懋英卒王氏有四喪在燕湖姜盡鬻衣飾并夫柩歸葬時年二十八無子
唐氏茹應鳳妻守節三十六年
徐氏於昌期妻二十一歲苦節至七十八歲卒
施氏潘偉業妻

閩八氏余幹臣妻增
祚妻
朱氏吳邦奇妻
朱氏吳昭問妻
黃氏王心廣妻
王氏徐汝章繼
妻
栁氏張文達妻
孟氏李宗傳妻
周氏徐元泰妻
李氏王運芳妻
張氏俞瀛妻甫

奇貧守節
童氏向爾猷妻
韓氏陳光燮妻
祁氏王白源妻
趙氏張之蘭妻
倪氏程君正妻
陶氏王淳妻妻
胡氏王允文妻
馬氏王天賦妻
王氏陸光煥妻
章氏庠生陸宗

丁氏許燿昌妻
黃氏徐德凝妻
妻朱氏二十歲寡子甫三週撫之成立
梁氏吳繇社妻
許氏王光祚妻
張氏王瑞彪繼
妻
徐氏王方焜妻
俞氏楊在衡妻
王氏沈纘成妻
張氏王良弼妻

黃氏陳元貞妻
王氏茅克昌繼
妻
沈氏朱存忠妻
呂氏龔贊臣妻
奉翁育子
李氏王伯衡妻
二十二寡以死自潔
陳氏張董妻
朱氏韓鳳皋妻
二十四寡力作奉姑
安氏於則之妻

敘養二子成立
沈氏諸德顯妻
年二十而寡
韓氏徐德尚妻
年十九守志
沈氏徐奇嶷妻
曾孫玄檀妻亦早世王氏二十六歲守志
董氏周公臣妻
宋氏楊爾馨妻
金氏楊大魁妻
王氏章子與妻

家貧苦守
陳氏王楚材妻二十五寡
柴氏陳廣平妻遺女亦夭終身茹苦處之坦然
范氏陳嘉樂妻年二十二寡家貧無子
沈氏陳雲湖妻沈家涿州年二十夫卒於京扶柩回葬家

兩月瀛卒張年二十一守志
倪氏徐奇渭妻
韓氏吳樸存妻
范氏王達邦妻歸六月夫亡苦節終
湯氏徐恭栻妻
韓氏沈君瑞妻
胡氏全之坊妻
胡氏馬毓妻
雷氏王靜安妻
潘氏沈國治妻

基妻
王氏嚴一清妻
陳氏趙廷貴妻勵節事姑年四十二以勞瘁死
朱氏茅周木妻
屠氏桑乾明妻
高氏全之維妻二十六寡守節至九十一
周氏全公仁妻
何氏高華國妻

陳氏王光祖妻
沈氏俞宏德妻
余氏朱啟宗繼妻
周氏邢家椿妻家貧親老子僅數月
朱氏婁顯嘉繼妻撫遺腹孤
張氏陳汝迪妻
任氏陳敬惠繼妻撫庶子琮如已出
蔡氏陳兆鍾妻

二十三寡紡績教子卒年七十二
楊氏朱孔惠妻
孫氏朱君卿妻
裘氏田維善繼妻夫亡四十餘年足不踰閾
徐氏劉成詛妻
嚴氏張國英妻
倪氏陸茂公妻子亡撫孫
胡氏俞國瑞妻

胡氏章廷樞妻
沈氏張期德妻
章氏俞善友妻
包氏舉人劉敘繼妻
繆氏陳茂銓妻撫孤起汝守節四十年
王氏陳若禹妻
田氏李涵春妻撫孤子基爲諸生守節至七十一歲卒

貧無子

徐氏陳兆祿妻年二十一寡

韓氏陳士鉞妻

章氏陳邦錄妻夫卒京邸奔年二十五孤苦靡依矢志益堅

胡氏陳定謨妻年二十一寡

潘氏王世培妻年二十三寡

馮氏許載臣妻

王氏胡子堅妻以姪爲嗣

施氏趙術祿妻

丁氏章霖臣妻

平氏監生黃靜遠妻

沈氏陳茂才妻

孫氏陳東明妻以姪爲嗣苦歷二十餘年無疾而終

徐氏柳見三妻

沈氏凌子榮妻

余氏王安謙妻

何氏沈志孝妻撫二子備歷艱辛

杜氏孟學成妻

言氏沈景浩妻

陸氏馮聲有妻貧無可依以紡績糊口

茹氏劉爾韶妻撫三子

蔡氏楊自求妻

許氏徐殷周妻子早亡率媳撫孫

謝氏湯含英妻子甫週守志撫之

徐氏吳灝妻

樊氏王光新妻

魯氏王山甫妻

陳氏金衡繼妻

郭氏謝士謨妻撫遺腹子苦守四十二年

朱氏陳佑汝繼

王氏蔡忠漢妻

李氏蔡禮崖妻年十九寡

余氏全科耀妻

勞氏錢光祖妻有遺腹子茹苦一生

朱氏黃叔則妻守節教子

陳氏劉如坦妻

沈氏朱友山妻

胡氏王維金妻苦守至七十三卒

楊氏陳有栻妻撫孤之柄成立

詹氏李大紳妻撫孤期德爲邑庠生

陳氏錢士玕妻撫孤茁暨

邢氏章敢美妻子振達方五歲守貞存孤

章氏胡一安妻

徐氏章啟煬妻

王氏胡七十妻

周氏總兵末三月夫韓祖卒矢志終
靳妾二十身
八歲守節
潘氏亦祖
靳妾二十
金氏陳雄年二十二出年七十中妻施年二十五卒
一歲守節夫故撫姪一俱守節
無子奉土善言郭氏撫孤
母魏氏三經元妻夫
十餘年皆故撫姪嘉
窮老以死言張氏樞茹苦終老妻二十而
擢繼室夫寡
俞氏馬利故撫前妻明妻子殤旨八
年二十五稱一門三二子俱庠
夫死節生
金氏楊師聖妻子
孫氏監生韓誥
二十九歲妻夫卒哀十六歲守
守節年六毀幾絕以節
十一卒姪為嗣
朱氏楊士榮妻
吳氏周千義妻年踰七旬嫡子以其子聖功為

徐氏壽兆妻二十年寡晴妻事姑四十
施胡氏鍾綬餘年撫前妻七月而餘年妻胡妻子如已寡撫前妻
俞氏魯夔先妻
駱氏金璐妻夫
吳氏王寶詢妻
孫氏蔡慰堂繼立亡撫孤成極貧
何氏金煩妻遺
馬氏陶伯安妻寡年二十一艱辛歸
王氏陳習論妻
夏氏蕭再興妻
謝氏庠生敲泰
唐氏周五鼎妻子
項氏陳廷論妾征妻撫子翌康熙戊
徐氏何守約妻天亡子復午舉人
七旬嫡子以其鵑欲自盡
周氏桝東妻
夏氏諸文珩妻

章氏楊懷三年夫殞清繼苦節四十
沈氏王憘倫妻
李氏施𠂇侯妻
朱氏孟光墉妻
駱氏楊洪學妻
王氏金濂史妻
陳氏張秀茁妻
周氏方紹淥妻
周氏俞峙宗妻
葛氏胡用三妻

撫幼叔成人婚娶年八十卒

王氏李君則妻麻衣齋素四十年

朱氏馮絅尙妻二十八寡子女俱亡七十八卒

胡氏陳沆妻二十八歲寡

陳氏梁洪瑞妻年二十一守節

周氏馮士初妻

一載而寡

陳氏周克明妻

羅氏俞士良妻一載夫亡嗣姪文起

繆氏沈靜安妻

周氏監生沈德序繼妻夫卒於粵矢志自守

嚴氏錢挺妻

丁氏壽廷梅妻

張氏朱明遠妻守節三十餘年

孟氏夏秉鑑妻

吳氏王渭妻夫卒廣西攜子扶柩歸葬

黃氏金大有妻撫育二孤卒年六十

楊氏王成鳳妻七十四歲卒子應隆入仕孫天相幼齡刲股救親

金氏王資仁妻守節六十年

錢氏王元臣妻

奉祀孫

李氏陳學沅妻

金氏余承勳妻

沈氏周炳行妻子甫一歲苦志守貞

杜氏柳爾公妻

金氏酈國楨妻

陸氏余九區妻

壽氏王化秀妻

陳氏余闇若妻

孔氏錢廷校妻

陳氏柳成俊妻

田氏王濟之繼妻

朱氏吳大章妻

趙氏吳錫經妻

厲氏華子侯妻

馬氏宋超元妻

張氏單大成妻

沈氏盛德昕妻十八歲夫亡撫遺腹子

俞氏馮金玉妻

韓氏趙大成妻六年夫亡

湯氏徐達海妻年十七寡

龐氏諸宏恩妻事姑撫孤三十餘年

吳氏諸廷標妻夫死撫半月孤七十一卒

徐氏孫錫蓄妻二十一守節

龐氏繼集成妻

二十二歲守節

范氏張仁進妻二十一歲守節

周氏朱世明妻二十歲寡

范氏盛元文妻二十六歲守志

俞氏鄧思勉妻年三十而寡

楊氏陳聚五妻二十五歲寡

胡氏俞漢如妻

守節四十餘年

徐氏周然妻

俞氏胡裕陞妻

李氏戴學山妻二十五寡

金氏陳宗三妻

胡氏卞呈文妻

成氏王廷元妻

韓氏馮建超妻

倪氏胡仁履妻

周氏陳世源妻十七而寡

撫六月孤成立

徐氏柳大賢妻赤貧苦守

徐氏王培根妻撫幼孤

陳氏樓有高妻子楷甫二歲絕甘茹素積至三十餘年約二千餘金命子楷建宗祠以成先志

張氏王邦柱繼妻

年十九寡撫子文廣

王氏胡某妻夫亡撫子

俞氏陳昌嗣妻撫幼子

蔣氏郝聞野妻撫子女成立卒年六十二

陳氏余舜階繼妻撫前室子成立

樊氏金國標妻

韓氏余國仕妻

張氏錢文成妻家甚貧苦守以終

沈氏李有思妻三年夫卒奉姑撫孤廷孝成立年六十卒

汪氏鄭文燦妻年二十五夫故事舅姑盡禮撫二子一女爲畢婚嫁七十三歲卒

鄭氏庠生李偉妻夫亡勤織紡奉姑

潘氏趙禹廷妻卒年七十二

時氏陳景賢妻二十一歲寡苦節三十二年

凌氏包調元妻二十六寡

鄭氏李瑞徵妻二十九守志

莊氏馮家修妻二十二寡

張氏傅大德妻

高氏錢翰延妻貧莫與嗣
許氏張行康妻二十歲寡
韓氏於自南妻
傅氏朱學衡妻
楊氏朱學渭妻
邵氏周文相妻二十四寡
沈氏李承虞妻子媳皆亡守節四十四年

某氏劉殿臣妻婿未及月夫卒
陳氏李啟文妻
宋氏徐逵潢妻
吳氏嚴蒼霖妻
繆氏沈靜安妻
杜氏李廷秀妻繼姪又卒與媳曹氏撫孤孫
金氏杜紹興妻堅志守節
錢氏高承美繼

丁氏余東瞻妻夫卒遺女與子各一
何氏金鑛妻
丁氏華練美妻
陳氏杜允進妻
錢氏張天麟妻
俞氏陳廣晉妻
林氏王爾超妻子僅三歲苦節教子再娶朱氏三月後客游旋死朱年二十三無出或勸之嫁誓死

年十九守節
高氏陳孔昭繼妻夫卒撫前室子文壎如巳出
沈氏陳廷顯妻
鄭氏趙廷瑞妻姒王氏廷鈞妻共撫孤兒俱守志三十餘年
施氏李述妻殁年六十一
邵氏李祖仁妻

尤謹年七十九卒
賀氏監生裘直三繼妻年十八夫殁撫遺腹子文燦成立六十一歲卒
姜氏金紹棟繼室二十七寡撫前妻子成立
徐氏孫大宣妻十九歲寡
王氏沈禹世妻
應氏馮闇章妻

年二十五寡子八同媳徐氏亦蚤寡同守苦志
齊氏張其明妻二十五寡守節五十年長子大年妻馬氏二十而寡子女無所出誓與老姑同生死守節三十六年卒次子大榮妻錢氏二十八寡
王氏華禹臣妻

嚴氏金茂妻陵妻
陳氏胡國寧妻年十九寡
趙氏沈元撫妻
丁氏沈珝度妻事寡姑半載夫歿守節終身
楊氏丁啟泰妻夫亡一子殤家貧守節
沈氏蔡大元妻二十六寡

陳氏周沛妾二十二歲寡
柯氏周利、兆妻
丁氏邵功成妻
王氏駱元增妻
潘氏陳洪達妻二十歲夫故其弟洪禮妻朱氏守節無子
王氏李時昇妻二十一寡
王氏高漢三妻

不從
傅氏唐遐閭妻
方氏徐廸鳳妻
高氏丁壽繼妻撫前妻子及巳子三人足不踰閫
錢氏裘孔傳妻撫子成立
金氏夏英三妻
杜氏胡德栗妻子甫二歲家貧
鈕氏李應燿妻

撫孤守節六十二年
吳氏沈式會妻撫孤尚勳成立歿年七十一
錢氏王洪化繼室二十七夫故撫前妻子
陳氏金浩然妻年二十八寡
陳氏張文炳妻二十七寡
陳氏徐元貴妻

二十五寡
王氏唐國楝妻二十三寡
徐氏高汝渭妻二十四寡
戴氏沈某妻
趙氏朱效呂妻
呂氏姜聖麟妻年八十八卒
鄭氏陳國棟妾侍嫡撫孤守節至六十四歲卒

事翁姑撫孤子
孫氏韓世元妻二十八寡
楊氏郭瑞鄉妻年八十五卒
王氏成鉞妻
王氏徐兆顯妻
王氏徐文彪妻撫子子復亡遺孫五歲姑媳苦志同撫養之
陳氏楊兆熙妻

王氏胡祖猷妻夫亡年十九守節

趙氏畢如橚妻夫歿守節如橚弟如際妻莫氏二十六守節如槐子浦妻胡氏二十三守節三人皆無子

魯氏馬友德妻二十三寡家極貧

何氏韓星聚妻二十歲寡年六十卒

婁氏華三英妻撫姪子學爲嗣

諸氏陳天水妻

趙氏黃宗煜妻

洪氏陳禰遐妻

朱氏王大英妻

胡氏馮沼妻二十三寡

孫氏張長庚妻二十一守節其弟長發妻沈氏二十四守節以姪嗣

何氏俞聖元妻

金氏黃雲鳳妻夫故撫孤晟成立晟亦早卒妻錯氏撫二孤守節四十年

陳氏婁賦嘉繼妻夫亡同妾潘氏撫孤成立

丁氏婁光天妻

陳氏婁美鎬妻卒年八十一

范氏孫學誠妻貪而早寡事姑婢撫孤成立

王氏李應宣妻年二十一寡守節至八十四歲卒

王氏鄔德艮妻十九歲寡

金氏任元龍繼妻

王氏陳熙妻

鄭氏趙廷瑞妻二十三寡

鍾氏周錫黃妻

唐氏陳沅年妻撫子奕思成立年七十二卒

章氏庠生劉鳴閭妻夫故撫孤大成成立

章氏胡德松妻

葉氏駱聖學妻

陳氏張漢舒妻卒年八十

楊氏徐天章妻二十一寡

金氏何靜山妻二十九寡

錢氏王艮侯妻守節五十餘年

時氏沈森妻二十三寡家赤貧守節五十餘年

謝氏王又瑾妾二十五寡主母疑其不能守乃截髮以誓事主母撫孤子守節

王氏趙廷鈞妻

年二十

朱氏吳邦奇妻卒年七十八

余氏陸仁光妻

王氏楊某妻至五十餘年

年二十一夫卒卒年

陳氏謝仁德妻年二丁夫故六十一

周氏王尊之妻

陸氏胡士貴妻

王氏余位妻卒八十七撫孤及子歲卒娶婦子又六十九歲二十二寡卒

稱完節

朱氏吳昭問妻天同婦茹苦終身

高氏吳殿賓妻

章氏沈德洪妻

樊氏徐應學妻

黃氏婁擘杰妻年十七夫故守志

章氏馮存賢妻守節四十年二十八餘年寡

陶氏楊效仁妻

高氏王汝條妻

沈氏胡容大妻二十一寡

陳氏劉禹和妻

黃氏周顯姿年

王氏陳廷煌妻

吳氏徐燕寧妻

傅氏王士秀妻

趙氏張永隆妻

某氏傅啟人母二十四寡二十六歲撫孤厚墉守節至八

守節三十二年

茅氏蔡大續妻夫亡時年未詳夫名娶高氏厚十三歲終二十七及氏墉復天與

金氏負鑑妻

孫氏傅夢資妻

楊氏魯國治妻

繆氏蔡大臨妻媳同撫孫成立

沈氏夏仕安妻

龐氏鄭廷炡妻卒七十三歲二十四夫二十三寡殁養姑撫立志存孤

邢氏傅貢生妻二十八歲守志

撫數月孤又蚤卒

陳氏鮑子霓妻孤食貧不悔元豹妻二十九歲守

鍾氏金村繼妻夫亡撫子成立卒年

單氏楊金炳妻

蔡氏陳大知妻節五十餘年子承祖

趙氏金炡妻
王氏金作楫妻
祁氏何楙孔妻茹苦矢志年五十九卒
高氏胡鳴琳妻
吳氏陳文熉妻
何氏平廷溥繼妻夫亡遺腹生子旋卒
趙氏陳世榮妻年十八寡公姑屢誣

七十五
華氏黃承祖妻繼堂叔承熊之子爲後
陳氏鍾可成妻年七十七卒
徐氏胡澄一妻撫嗣子德芝成立
楊氏胡沛一妻撫嗣子德森成立
陳氏胡德森妻
王氏金尚愷妻

撫三子成立
沈氏魏纁文妻二十一寡
湯氏柳傳林妻二十七守節
孫氏馮曉輪妻二十歲寡

二十八歲夫亡
余氏趙季美妻二十四寡
周氏馮伯周妻年二十一寡
祁氏沈瀚二妻十四歲守節

妻柴氏二十八寡越十年先卒孤孫亦卒孫媳徐氏亦守志
蔣氏錢大俊妻二十四寡
虞氏屠廷甫妻年七十卒

改適不從翁姑喪畢以忍凍餓病死年三十六

趙氏武庠生詹鍾澳妻年二十七夫客死僅遺一女藉紡績糊口爲女畢嫁哀乞親友歸夫柩營葬遂終身依母六十三歲卒

許氏馮應鶴妻二十八歲夫死苦節

施氏金成錦妻

周氏朱庭葉妻

宋氏謝宗源妻繼子維城守節三十餘年

魏氏周邦瑩妻撫嗣子堯章成立

沈氏周國培妻撫孫子廷粥卒年六十一

平氏王鼒益妻撫姪漢廷爲子卒年

終身

七十五

王氏俞禹菴妻，年二十一夭亡，五十五歲卒

沈氏王國彪妻，年八十一終

徐氏高汝偉妻，二十四歲夭亡

節　錢氏諸生王士璉妻，年二十七寡，苦守三十餘年，舊志作

節　戴氏范楚翹妻　陳氏庠生孫鯉妻，守志二十七年而

節　壽氏章拱辰妻　朱氏胡成性妻，十九歲寡，九十三卒

節　童氏孫武卿妻，守節三十五年　周氏劉兆珏妻

節　鄒氏茹世道妻　趙氏剛宏猷妻　張氏邵銳妻五

節　孫氏全五倫繼妻，年二十四寡，紡績度日

士漣卒

夏氏周燮儀妻夫故守節四十年

沈氏胡焜妻夫歿家貧以苦節終

王氏馮光稹妻夫死家貧守節

魯氏庠生胡清妻夫故守節

徐氏茅伯澣妻

胡氏傳廷諤妻

張氏斐肇敏妻

韓氏鄭嘉謨妻夫亡守節自誓年八十二卒

王氏鈕元臣妻年二十六夫亡守節七十三歲卒

邵氏王縉繼妻二十八歲守志三十年

楊氏陳介臣妻年二十七寡母欲奪志投河以誓六十一歲卒

張氏闓八栗妻守志三十六年十二卒

王氏馮櫆妻二十六歲寡守節四十五年

馮氏平胄師妻守志五十七年

謝氏鼎化新妻

周氏鼎重琦妻

金氏孫顯祚妻子兆龍妻董氏兩世

丁氏周念裕妻守節三十四年

胡氏太和縣丞陳裴祖妻苦節五十三年

陳氏茹宗洛妻

周氏王先徵繼妻

朱氏潘璐妻

鄭氏黄鴻妻

胡氏郭元儒妻家貧苦節六十四卒

戚氏潘學乾妻七十六卒

周氏胡正道妻八十五卒

趙氏王存素妻六十四卒

倪氏俞孟耀妻二十七寡

韓氏楊應相妻

邵氏張貞幹妻

繆氏周發公妻居孀五年卒

丁氏陳瑞元妻

陸氏高再鎰妻

陳氏楊廷愷妻

陳氏丁成隆妻

孫氏張其卓妻

徐氏張士英妻年二十三寡矢志自守

黄氏王學傳妻

潘氏何宗文妻

吳氏黃士英妻守節七十二年

湯氏黃皓妻守節三十餘年

顧氏婁起龍妻守節四十二年

顧氏婁起蛟繼妻守節二十九年

俞氏譚勤和妻

魯氏張師栻妻

傅氏姚元道妻

王氏蕭明榮妻

金氏陸述妻守節

吳氏金國妻

徐氏陸瑞妻

王氏馮可信妻守節三十四年

俞氏年十六歸沈嗣騭未幾夫卒於京邸遺孕生女苦志守貞年踰七十卒

章氏陳嘉妻年二十寡兵燹後室廬俱燼矢志彌堅與燕

章氏俞孝善妻

屠氏陳慶元妻守志堅貞越數年遂卒

傅氏吳國祥妻年十九寡守節五十二年

朱氏謝廷和妻十九歲寡守節四十三年

張氏胡殿邦妻

楊氏金天行妻

韓氏沈堂妻

余氏沈培妻

徐氏謝昇明妻守節七十年

唐氏陳奕思妻夫客死扶柩歸葬苦節二十二年

方氏庠生金遜先妻少寡事翁姑孝

唐氏趙文位妻

蔣氏傅士元妻

戴氏章嗣藩妻卒年六十五

章氏何其正妻妾沈氏年二十七並砥節撫孤章年八十四卒沈年六十五卒

吳氏高邦泰妻年十七夫亡守節五十餘年

倪氏於德元妻二十歲寡守節終身

曾氏薛汝俊妻

鄭氏陳公輔妻夫亡守節三十年

徐氏薛廷鉅妻

胡氏陳蘭馨妻十七歲守節

朱氏陳文慧妻十七歲守節

胡氏俞廷珍妻

孫氏李承森妻

葉氏陳福忠妻

裘氏湯佔峯妻

范氏高大緯妻

王氏謝允元妻
金氏莘載綠妻
朱氏屠某妻
何氏李允國妻
陳氏裴邦憲妻
謝氏范某妻
諸氏宋興綠妻
吳氏庠生宋道式妻二十一寡七十七卒
沈氏宋國顯妻卒年七十

姑協志苦守後四十年卒年六十餘
齊氏余安美妻年二十五夫故內外辭侍甘心苦守
包氏庠生陸仁勇妻年二十五夫故家貧苦節自守
茹氏朱從素繼妻夫亡清貧苦節
沈氏高文宏妻十九而寡苦節終身

張氏陳公鎮妻
梁氏沈文榮妻守節五十四年
朱氏嚴瑞邦繼室守節四十七年
馬氏樊國侯妻
潘氏誥聖任妻守節六十年
余氏諸廣妻卒年七十四
金氏鄒世達妻
張氏斯宗妻守

徐氏庠生王心誼繼妻早寡年六十六卒
姜氏俞公範妻守志三十五年
周氏李洪傑妻守節三十三年
龐氏陳汝明妻
錢氏宋湄餘妻
陳氏高國英妻二十三寡
沈氏楊德仁妻

二十八守節
陸氏章誠發妻年二十八夫故茹苦守志
陳氏傳化鶴妻二十六寡
壽氏朱懷玉妻二十九寡姪媳車氏秀升繼妻二十歲寡
徐氏陳延邦妻二十四而寡
曹氏徐德傅妻

沈氏高瀾妻
金氏張宗範妻
宅氏朱榮錫妻
潘氏陳學俊妻
畢氏王學周妻二十五寡
李氏王鳳翁妻夫故守節
胡氏陳秉仁妻二十歲寡卒年五十
李氏庠生王肇祚妾二十七寡

杜氏劉近微妻

沈氏余寧妻孝事公姑堅操貞節

蕭氏全千祚妻年十八夫亡家貧苦守七十六歲卒

王氏全賡虞妻二十二歲夫故清貧苦守

蔣氏沈忠禹妻守節三十八年

王氏蔡禮定妻

程氏謝大湘妻守節四十年

錢氏謝鳳詔妻守節三十二年

汪氏趙又昂妻

章氏馮叔玉妻

李氏蔡貴先妻

某氏阮國安之母

凌氏馬某妻夫故時年二十矢志守節窮約終身卒年七

節三十六年

金氏周廷釗妻七十九歲卒

張氏王廷龍妻年十八守節

周氏胡三英妻

蔡氏沈思遠妻夫亡守節

柳氏陳國魁妻年二十二寡

陳氏全閑先妻

任氏趙連玠妻

二十二夫亡守節

沈氏張德宏妻二十八歲寡

沈氏楊一珩妻二十五寡

馬氏單如瑛妻十九歲夫故守志

沈氏周國正妻夫亡時年二十二

沈氏許友恒妻二十五寡

楊氏周若愍繼

苗氏言恒吉妻二十七歲寡其子學濂亦早世子婦沈氏甫十七歲無子守節茹苦以終

平氏黃靜遠妻夫歿守志年踰六十卒

沈氏朱豳羽妻夫卒時年二十七八十二歲卒

鄭氏李維屏妻

陳氏章鑑元妻二十九寡

孫氏陳鈞妻一十五寡

余氏胡述垣妻年二十四寡

胡氏俞漢赤妻二十八寡

宋氏陳大貴妻二十三歲夫歿

胡氏方漢清妻二十一寡

余氏單洪祚妻守貞四十八年
丁氏楊師仲繼妻
馬氏王士份繼妻二十八寡五十一卒妾張氏亦早寡
劉氏王與九妾年二十八寡
王氏陶進秀妻
張氏徐威遠妻
王氏薛汝信妻
十二
蔡氏陳廣通妻夫歿投繯者屢俱以救免
吳氏陳廣居妻
孫氏陳祖輝妻蚤寡家亦貧奉舅盡孝
方氏陳本信妻一載夫亡父母欲迎養之固辭不往
蔣氏王德予妻
沈氏蕭宏照妻
王氏包化鰲妻
施氏陳嵩源妻
潘氏陳又王妻
周氏陳禹平妻
朱氏周尚賢妻
謝氏戴天德妻繼妻李氏及天德長女俱早歲守貞
吳氏梁高聚妻妾兒巳旌梁八十六歲故求旌
妻二十七寡
龔氏趙宗儒繼妻二十八寡
趙氏沈曾象妻年二十三夫歿
胡氏孫全瑛妻二十四寡守節以終
陳氏王宗智妻二十七歲寡
裴氏孫吉八妻年十七夫亡苦節守貞
婚五月夫故侍庶姑盡禮中饋井臼獨任其勞年四十五卒
王氏李赤如妻三載夫亡卒年四十五
陳氏王敬思妻夫病癡二十三寡足不出戶鄉黨莫識其面
魏氏李浩妻
陳氏勞大全妻
朱氏王玉山妻二十六歲守節終身
黃氏楊則魏妻二十二夫亡
吳氏胡文若妻婚三載夫亡或勸他適吳截髮以誓撫孤成立卒稱完貞
徐氏馮居正妻青年守節
馮氏龔廷倍妻
裘氏洪金聲妻

以上待旌

節　孟氏李殿賓妻夫故撫孤成立娶媳舉孫而子亡又遭囘祿備歷艱辛現年八

節　龐氏陳廷灯妻年二十六夫亡現年六十九嘉慶戊午旌

節　梅氏徐廷賓繼妻二十四歲寡撫孤成立現年六十餘

王氏周灝妻年

節　陶氏陳可發妻夫故奉親撫孤現年五十五

沈氏胡周候妻

節　王氏吳渭玉妻年二十九寡現年五十

陳氏姚章成妻

楊氏宋摯增妻二十二歲夫亡守節年五十一卒

沈氏方思治妻年二十夫亡守節年四十一卒

石氏陳慈妻

節　王氏楊某妻年十七歸楊逾年夫卒遺幼孤坤時姑老雙目失明家赤貧勤紡

十四

徐氏高大德妻年二十四寡撫孤守志現年八十三住柯橋乾隆己亥旌

謝氏毛宗義妻年二十六夫故撫孤娶媳未幾俱亡繼姪爲嗣現年七十九

魯氏吳之煜妻家極貧以針黹撫孤成立現年七十八

鄭氏華啟貴妻撫幼孤七珍成立現年六十九

張氏吳谿華妻年十八夫亡家貧撫遺腹孤成立現年六十九

章氏張天恩妻年二十五夫亡矢志苦守現年六十七乾隆壬戌旌

莫氏沈思聰妻

二十二夫亡遺孤興祥生未兩月家貧自食其力節操凜然現年六十餘

王氏胡德梅妻年二十五寡繼姪爲嗣現年六十餘

李氏陳心一妻年二十四夫故守志撫子成立現年六十餘乾隆辛亥旌

姚氏沈之姚妻

二十五歲夫歿現年五十五

金氏徐琢如妻年二十五守志現年五十五孀沈氏德鍾妻夫故時年二十三現年五十三人稱雙節

胡氏徐世燒妻夫故守志撫姪爲嗣現年五十四

傅氏蔣士成妻

年二十三夫亡現年五十嘉慶己未旌

陳氏葛大觀妻二十七歲夫故撫孤鳳喈起元成立入庠現年五十

胡氏監生余雲駿妻年二十七夫亡曾刲股以療病姑撫孤成立現年五十

毛氏吳必達妻夫故撫姪成立現年

績以貲菽水不給進以乳終姑餘年

陳氏王紹遠妻撫孤成立守節四十年嘉慶年旌現存

潘氏華純妻湖北寧鄉知縣璜女孫歸純九載而寡年二十九撫孤詒成立入郡庠現年五十三

王氏杜元齡妻撫孤成立守節三十

葛氏鍾士標妻夫卒家貧攜幼子乞食以養姑現年七十八住鍾塢莊

詹氏趙有聖妻年二十七寡家貧無嗣矢志不渝現年七十七

陳氏余鴻文妻年二十五夫故現年七十六乾隆己酉旌

二十六歲夫故無子守節現年六十七居霞頭

毛氏張信鑑妻年二十七夫亡孝事耄姑撫幼孤楚芳成立現年六十六

劉氏沈鶴籌妻年二十四寡撫孤苦守現年六十四

朱氏杜文璪妻二十八歲守節現年

十九歲寡家貧孝事公姑現年六十餘

華氏柳作銘妻二十二歲守節現年六十餘

王氏徐懋德妻夫亡苦志守節撫孤應鰲成立現年六十

蔣氏俞兆龍妻年二十八夫故家極貧姑病刲股以進殁則喪葬盡禮撫二齡

夫故無子矢志不二以姪爲嗣現年五十四

陸氏庠生趙懋妻二十五歲夫卒撫從子有庚成立入庠現年五十四

郭氏趙維璜妻年二十五夫卒無子現年五十三

任氏金永義妻年二十寡現年五十

五十

鄭氏鈕廷榮妻年二十四夫卒與弱女紡績餬口無可繼現年五十五

黃氏許祖德妻年二十夫卒取刃劃面以自矢立堂叔之子爲嗣現年五十六

詹氏高奇妻二十二歲寡奉老撫孤備嘗艱苦未幾子復

餘年現存

余氏李允燮妻年十五父病危刲股療之夫卒時年二十二矢志守節無子撫姪爲嗣嘉慶壬戌旌現存

馮氏乾隆庚寅舉人冀城縣知縣李允炎妻年三十夫故守節現存

章氏高光泰妻

六十四

孤成立現年六十

三

天現年四十八

二十一歲夫故守節遺子文起撫養成立現存

胡氏吳志仁妻年十九夫亡撫姪成立現年七十五

陳氏徐元貴妻二十四歲寡現年七十四

邵氏朱公桂妻夫故嗣姪成家現年七十四嘉慶辛酉旌

李氏吳世緯妻年二十八夫亡家貧

徐氏李國棟妻年二十夫故守志卒年七十一其娣適張國英二十八歲寡現年六十四稱雙節

趙氏張永隆妻守志撫孤現年六十四嘉慶壬戌旌

葉氏吳又艮妻年二十五夫亡養親撫幼備歷艱辛現年

孫氏蔣星若妻年二十三寡現年六十

俞氏馮秘妻年二十一夫故撫孤成立並捐貲建祠現年六十嘉慶丙辰旌

姚氏謝南邑妻夫故守志現年五十九

沈氏高迎千妻

謝氏金汝繼妻年二十歸汝三月夫客粵東卒家赤貧至連日絕炊製冥鏹以自給撫遺腹子垂杞成立現年五十三

陸氏陳宗洛妻年二十二夫亡侍親訓子備歷艱辛現年五十三

戴氏王尊五妻

孟氏倪孝友妻年十八寡家貧女紅自給事翁姑十載撫嗣子成立現年四十六

包氏諸世武妻十九歲夫殁嗣姪承祧現年四十一

甯氏史廷宋妻郟州錡女歸甫匝月夫故無子矢志守節

陶氏高光耀妻二十歲夫故守節無子家貧侍繼姑至孝現存

張氏朱承詔妾夫故守志撫子文彬文彥守節近五十年住白洋村現存

徐氏張士英妻

撫子女成立現年七十三乾隆甲寅旌

徐氏周承然妻年二十七夫亡守節撫幼叔煒成立煒亡遺腹生子撫如已出宗黨稱賢現年七十三

陳氏張之銓妻二十七歲寡現年七十二

黃氏楊德堯妻

六十三

沈氏余琦妻二十六歲寡現年六十三

趙氏劉以壘妻年二十七夫故家貧無子紡績養姑逾十年姑卒殯殮皆身任之現年六十二

沈氏張廷棟妻年二十五夫亡無子現年六十一嘉慶巳

年二十七寡現年五十九

吳氏李文源妻二十五歲夫故卒年七十二子恒怨娶錢氏二十一寡撫孤守節現年五十九嘉慶戊午並旌

楊氏周維新妻二十四歲寡現年五十八

蔣氏華袞妻年

二十一歲寡現年五十二

王氏吳履道妻年二十八夫亡撫姪為嗣現年五十二

梁氏王嗣煐妻年二十一寡遺腹生子基撫幼叔小姑成立婚嫁完備妯娌無閒言現年五十一

裴氏盛士福妻二十八歲守志現年

現年三十八

鍾氏李顯達妻夫死守節現存

胡氏李楫妻守節現存

王氏詹尊三妻歸四載夫故撫孤成立嘉慶巳未旌現存

陳氏監生張聖傳妻二十六歲寡撫姪成立現存

夫亡遺孤金榜方週歲矢志守節住小步村現存

胡氏沈金堂妻母病嘗割股和藥療之

許氏周有望妻嫁未百日夫故家貧無子苦節四十餘年現存

俞氏潘家禮妻二十八歲守節現存

歸五年夫故無子家貧糊冥鏹以供甘旨堂上稱其孝以姪爲嗣現年七十二住淫墟村

邱氏 祝正心妻年二十八夫亡孝事公姑撫養孤子現年七十一乾隆壬戌旌案此年分疑悞

鄜氏 胡壖妻年十九適胡未十月夫

未 旌

陳氏 陸士望妻苦節撫孤現年六十一

謝氏 陳先惠妻十八歲夫故守志現年六十一

俞氏 張國烱妻年二十九夫故孝養舅姑繼營喪葬撫幼孤立本成立現年六十

二十一夫卒撫從子爲嗣現年五十七住壁家橋

婁氏 周大枝妻二十五歲夫亡守節現年五十七已旌

周氏 監生洪志忠妻三十歲夫故守節現年五十七

韓氏 王寧一繼妻二十七歲寡現年五十六嘉慶己未

五十一

朱氏 徐嘉俊妻夫故時年二十八矢志守節現年五十一

徐氏 謝鴻文妻二十一歲寡現年五十一

賀氏 劉世涂妻年二十四夫亡現年五十一嘉慶庚申旌

金氏 邵義賢妻

俞氏 鍾南珍妻夫故撫幼孤尚應成立現存

朱氏 張國賢妻年二十九夫殁撫孤世昌守節三十餘年現存

朱氏 宋開基妻二十二歲而寡無子守志現存

劉氏 俞星妻夫亡守志時年二十八

羅氏 潘拱辰妾夫故守志時年二十八現存

徐氏 姜國銓妻夫亡守節撫子滋成立滋年逾三十卒繼妻潘氏亦矢志苦守大柏躬自課讀三十年如一日潘現存

夏氏 鄭釧寓妻年二十夫殁撫三月孤成立現年五十一

故酈矢志守節撫嗣子事祖翁姑及翁姑至孝現年七十歲

宋氏 代州吏目陸朝錫妾苦節撫孤現年五十六

俞氏 金雪帆妻夫故守志現年六十

張氏 薛照妻年二十夫亡撫孤成立現年六十乾隆乙卯旌

旌

吳氏 湖北武昌府知府陳道耀妾二十八歲守節現年五十六

二十五歲寡撫姪成立現年五十一

張氏 鍾方儒妻年二十三夫故撫幼孤志剛成立現年五十一

撫二孤主燮成立燮入邑庠

俞氏 黃配和妻二十五歲夫故守志三十餘年現存

馮氏 宋映宸妻年十九守志現年五十

張氏 魏德彰妻二十歲夫亡守志現年五十已旌

以上現存

案表傳並行不宜相背如府志列女有傳有表傳詳而表畧甚法善矣但傳中事實有寥寥數語者表中細注又有累若干言者夫宜表而入傳可也至以紀傳之體襍入表中則表既蛇足而傳亦成贅疣於義例皆無當矣今此卷各表亦不免詳畧參差之弊積漸已久勢難盡改舊章蓋不能無望於後賢云

右列女

山陰縣志卷十八

人民志第二之十

七畧之目六藝者經也曰術數曰方伎子也神仙即在方伎中而無釋氏至七志始別立經典降藝於術數合而名之曰術藝七志而外又別立佛道二家佛道之見著錄自此始七錄之標題則曰佛法曰仙道其合而立傳名曰釋老以入正史者則始於後魏書蓋釋迦老子各舉其人之至與學之所始以立名較之佛道仙釋之稱爲允當矣今從舊志各依類錄其人而合爲一卷稱術藝者本於王儉稱釋老者法魏收也

陳音周　孔侃　謝藻晉以上　賀道養

孔靈產宋以上　徐熙齊　謝善勛梁　僧智永

僧智果陳以上　王叔文　沈七唐以上　陸經

陸升之　陸元長　鄭日新　莫起炎以上宋
王俁　王務道　尚雨　鮑敬
王廸簡　張德元　馮道助以上元　鐨恕
成希召　黃猷吉　劉世學　沈之法
沈襄　茅寵　張爾葆　劉雪湖
黃武　費傑　王朝煥　金輅
張景岦　馬勳　俞堯日　孫變和
張培　王元輔　張時龍　潘老儒
韓先生以上明　陸會熙　陳字　王崿
姜廷幹　金古良　馮仙湜　馬正信
韓㦸　沈五集嚴湛陸柴附　史顏節婁光軫張嶔附
邢嘉會　朱軫附朱嵩　黃純　陸振宗

章辰　宋梅　吳澐　施應期

錢象坰子廷選孫登穀附　葉葩　倪宗賢

周大倫孫宏謨附　周承新　陳士鐸　沈國柱

顧士聖　潘爾泉　鍾之模　傅瑜

姚大源　任越安　駱惟均以上國朝

周

陳音楚人善射范蠡進於越王因令教軍士習射於北郊外府志

晉

孔侃字敬思歷官至大司農有名江左善行書嘉泰志

謝藻字叔文官至中書侍郎述書賦云叔文法鍾繼薄精練用筆雖巧結字未善以漸陸之遲鴻等窺巢之乳燕嘉泰志宋舊志官至中書舍人

案此出南史隱逸傳林賀入陽傳界[illegible]陽傳中不載其事蔡某所纂理道養乃傳於精於[illegible]林唐人左侍臣第中所引亞說宜列傳中而刪此一條

宋

賀道養工卜筮經過工歌女人病死爲筮之曰此非死也天帝召之歌耳乃以土塊加其心上俄頃而蘇南史

孔靈產泰始中罷晉安太守有隱遁之志於禹井山立館事道精篤元徽中爲中散大夫頗解星文好術數齊高帝輔政沈攸之起兵靈產白高帝曰攸之兵雖强以天時冥數而觀無能爲也高帝驗其言擢遷光祿大夫以簏盛靈產上靈臺令其占候餉靈產白羽扇素隱几曰君有古人之風故贈君以古人之服子稚珪南史　稚珪自有傳入鄉賢

齊

徐熙東海人爲濮陽太守好黃老隱居秦望山有道士過求飲留一瓠瓟與之曰君子孫宜以道術救世當得二千石熙開之

乃扁鵲鏡經因精心學之遂名震海內子秋夫秋夫生道度叔嚮道度生文伯叔嚮生嗣伯世精其業南史

梁

謝善勛能爲八體六文爲湘東王府錄事參軍時顔協工草隸章仲善飛白府中以協優於仲而減於善勛飲酒數斗醉後槪張眼大罵貴賤親疎無所擇時謂之謝方眼而胸襟夷坦有士君子之操初齊末王融圖古今雜體有六十四書湘東遣韋仲定爲九十一種善勛增其九法合成百體其中以八卦書爲第一以大小爲兩法徑丈一字方寸千言南史并據府志兩浙名賢錄

陳

僧智永逸少七世孫於永欣寺樓上學書業成方下有禿筆頭十甕甕皆數石人來覓書戶限爲之穿穴用鐵裹之人謂鐵門

集外文事當為之洗雪入之列傳歷川范氏仲淹力闢我田氏宴陳氏祖范全氏祖望馮氏琛諸家集中語以前者一再僅存本傳有石棊付諸一段遂入術藝也

限後取筆頭瘞之號退筆冢自製銘誌臨寫真草千文八百本江南諸寺各留一本虞監云一字直五萬舊志

僧智果工書銘石甚瘦健煬帝善之果嘗謂永曰和尚得右軍肉智果得骨舊志

唐

王叔文德宗時以棊待詔頗讀書德宗詔直東宮陰結天下名士後廣陵王監國貶渝州司戶參軍明年誅死新唐書

沈七善卜李丹員外謂之曰聞消息李侍郎知政事某又得給事中如何沈七云李侍郎即被追不得社日肉喫後此無祿公亦未改不得給事中其時去社纔十四日果有勅追李侍郎去社兩日而上道至汴卒李亦不得給事中府志

宋

凡零星一二語見古書者皆宜彙爲一傳括之

陸經字子履官集賢殿修撰善眞行書當時與蘇舜欽爲輩流而筆法亦同前輩高文必求經書經之石刻殆徧天下歐陽修思頴諸詩得經書方喜多作正書以規矩自窘宣和書譜

陸升之字仲高詞翰俱妙王明清玉照新志

陸元長游之伯父病右臂以左手握筆而字法勁健過人老學庵筆記

鄭日新少善篆世號越竒府志

莫起炎號月鼎師靑城山徐無極及南豐鄒鐵壁傳斬勘雷書能召鬼神驅叱之寶祐六年浙東大旱紹興守馬纘迎致之起炎登壇瞑目按劍呼雷神役之卽陰霧四起震雷大雨理宗作詩賜之元初見世祖於內殿世祖曰雷可聞乎起炎卽取袖中核桃擲地雷應聲發又命請雨雨隨至府志

元

王俁不知何許人嘗僉浙東廉訪司事書蘭亭書院扁姓名乃與宋王俁書蘭亭扁者同（書史會要）

王務道字宏本古隸學孫叔敖碑（書史會要）

尚雨字仲彬善山水樵畫松石師郭熙墨竹瀟灑可愛（府志）

鮑敬字原禮善畫人物亦善花木禽魚嘗爲人畫牡丹姿態天然牛效李迪（兩浙名賢錄）

王迪簡字廷吉號蕺隱善畫水仙（圖繪寶鑑）

張德元不知何許人至正間嘗爲諸暨州吏目避亂居山陰有奇術善觀字知吉凶生一子名之曰槐忽謂是兒必死槐字木傍鬼非兆耶未幾果卒其友病以豐字示之德元曰死矣明日訃至或問其故曰豐字山墓所也兩丰封樹也豆祭器也墓既

成矣尚欲生乎或以命字揖德元使占人病德元曰已死君持命字以揖垂命之兆也已而果然嘗飲劉彥昭家曰今夕復有客已而客至問之德元曰吾聞滌器聲故耳府志

馮道助善幻術凡里中犬嚙人者道助指之則狂猘以死有村夫版築道側見行者偶妨其業則詈之道助摘草置其上已而所築邅堵皆潰三江戍卒侮之遜謝不與較但引之坐石橋上道助既去戍卒踰時不能起道助行三十里摘草與樵者曰某橋上有戍卒數人可以此草與之樵夫如言戍卒始能去嘗至丁壚呼農夫渡不得遂幻雙鯉躍田中見者取鯉不盡蹂躪又嘗暑行至顧埭乞瓜於圃人弗與蔓中忽走一白兔行者爭逐之瓜蔓亦盡傷後符籙事發覺有司遣人持牒往捕適與捕者過於途取捕者公牒去而捕者昏然不見後不知所終兩浙名賢錄

明

鐳恕字如心洪武間爲福建驛丞歸隱䟴山之西喜爲古文及篆隸章草明詩綜小傳

成希召三歲即能誦古人詩五六歲漸及書史屬文尚奇古工草書善鼓琴刑名術數無不通曉年十四卒府志

黃猷吉隆慶進士官至僉事善書大字舊志詹氏小辨云猷吉字仕貞

劉世學字石屏精鍾王書法泰昌登極以殊恩授職不仕禮部郎中張夬顏其廬曰字隱舊志

沈之法字漢章明末諸生隱居求志工吟咏書摹董米後從祁豸佳游盡得其筆意著有龍湖山房詩稿呈報

沈襄號小霞少卿鍊長子善畫梅幹隨筆生枯潤咸有天趣舊志

茅龍號赤川漁父爲欒城簿挂冠歸釣赤川上獨好畫畫佳山

水處輒欣然神移終日府志

張爾葆字葆生仕爲揚州郡司馬與朱石門多收藏古畫朝夕觀摹甫弱冠即有名畫苑以寫生入能品後喜松江一派遂與李長蘅董思白齊名埒陳洪綬自幼及門頗得其畫法舊志

劉雪湖善畫梅有梅譜二十餘篇舊志

黃武字維周越人療傷寒輒用麻黃耗劑武獨曰南人質本弱且世人情欲日滋本已撥而攻其表殺人多矣乃投以參芪輒取奇效所著有醫學綱目脈訣若干卷舊志

費傑字世彥曾大父子明爲元世醫宗至傑尤精患劇疾者雖百里外必迎傑傑至一二劑輒效性仁厚嘗設藥餌以周邑之煢獨者又葬疏遠無歸者數十人嫁外姓之孤者五人時僉憲使患熱症或誤投以桂附瀕死傑亟疏治之乃甦郡守戴琥尤

重之加賓禮焉所著有畏齋詩稿名醫抄經驗良方子愚登進士仕至郡守府志

王朝煥字文吾少攻舉子業檢藏書得祖素菴遺編遂潛心博覽凡所投圭七無不霍然槩不責報家僅中人產好施不倦云舊志

金輅字伯乘精脉學術不計財利不避寒暑不先富後貧年八十餘猶步行曰吾欲使貧家一稱受半錢惠耳遇有危症貧不能服參者竟自斷資投劑中或嘗受則償官錢即如數代償之卒時見黃衣童送額至署曰蓬萊元子孫蘭官太常卿舊志

張景岳名介賓別號通一子父為定西侯客介賓年十四從游京師時金夢石工醫介賓從之學盡得其傳為人治病沈思病原單方重劑莫不應手霍然一時謁請者輻輳沿邊大帥皆遣

金匱致之其所著類經綜覈百家剖析微義凡數十萬言歷四十年而後成著景岳全書六十四卷於醫之外象數星緯堪輿律呂皆能究其底蘊在遼陽道中聞御馬者歌聲聒耳介賓曰不出五年遼其亡矣介賓返越年五十八又二十年卒黃梨洲傳畧

馬勳字希周夢授祕方覺而不忘治毋疾良愈後占死生如燭照刀圭所施無不立起一時稱神醫孫燧萬歷甲午舉於鄉會稽陶奭齡喃喃錄云今年登第必馬某孫以其隱德厚也府志元孫維陛詳鄉賢卷中

俞堯日字子就以醫名明天啟中以例授太醫院右院判性友愛嘗自爲生壙適弟卒竟以葬焉蓋樂與同穴之云生平多義舉年八十七卒呈報

孫燮和字越陽精岐黃就醫者不論貧富詳審精密檢閱方書

幾廢食寢庚辰歲荒加以時疫副使鄭瑄奉常金蘭撫軍祁彪佳設立藥局延燮和主之全活無數又好施予周邮宗黨子姓化邑諸生宣化康熙丁未進士授曲陽令府志

張培字伯凝元忭曾孫生而岐嶷讀書過輒成誦性慷慨急處難揮千金無難色善醫以濟人爲急府志

王元輔字施仁少孤秉性仁慈適一老翁詣家與語岐黃精奥元輔敬禮之晨夕罔怠後辭去於倩間出祕錄授之曰可以壽世兼導以攝養之法自是以醫名遇貧乏孤寡必先診視歲多所存活子三長之翰舉於鄉次之俊亦以醫行世府志

張時龍以醫名終身不娶府志

潘老儒善決人科第其嘗儁者密名飲煮犬首以供饌四方來就決科者十不失一萬曆乙酉老儒至後馬村觀周氏諸生時

藝時有儒童周洪訓亦與焉數日後老儒致箇洪訓召食犬肉衆譁之以爲洪訓童生今秋尚不得與試安能雋已新例儒士得觀場遂舉於鄉府志

韓先生失其名善太乙奇門王遁之學萬歷末嘗游京師竟不遇一人而歸未幾中原寇大訌乃聚村童十餘人設村學於溪口順治五年假僧廬修淨土法暇輒爲故人子誦呂覽淮南及兩漢諸子並述其大意至涑水通鑑則地理糾錯年月穿互皆縷縷按之百不失一又設卜肆於東觀橋下故人子賃一廛於其左居焉時有哈提督標下兵橫於市故人子怒挺而起先生曰孺子勇哉乃能以瓦擲石雖然不值一錢矣曳杖出呵之爲好言謝兵去初爲里人占決取奇驗後悔之至是雖賣卜畧具休咎而已日得百錢輒閉門臥臥起誦佛書後終於東觀橋府志

國朝

陸曾熙字雝之書法瘦勁有名與陳洪綬同時畫亦宗其派特不作懸針細筆能以頓折見長府志

陳字字無名洪綬之子號小蓮書畫綽有父風性傲不諧於俗所至輒與人忤書畫譜

王崿善畫竹畫徵錄又有孟瓶光亦工畫

姜廷幹字綺季工寫生師吳人王勤中王奉常曰近代寫生率有畫院習獨勤中神韻生動當在妙品中畫徵錄

金古良名史以字行更字射堂人物名手也畫無雙譜二子可久可大世其學毛奇齡序曰南陵與予同學詩與徐仲山同學書未爲畫而畫精是譜名無雙而實具三絕有書有畫又有詩也府志

馮仙湜字沚鑑山水學郭河陽輕淡細秀有雅趣畫徵錄

馬正信字季友善畫疎淡閒遠至勾勒處氣力絕大

韓咸字無我好吟咏工畫人物多異裝大而尋丈小而尺幅精彩奕奕射人所居號青琳堂

沈五集字梵陵洪綬弟子人物花鳥橅臨殆徧今洪綬贋本多出其手又有嚴湛陸柴亦邑人皆游老蓮門恪循師範者

史顏節字睿容與子喻義俱工墨竹後有婁光彰亦工寫竹張敦兼善蘭竹

邢嘉會字汝禮居蕺山之麓畫法南宋喜游覽遇佳山水徜徉竟日

朱軫字禹山朱嵩字中峰並工畫有二朱之稱

黃純字偉然工畫人物氣韻清雅嘗渡錢江遇一人寄裝而行

其八迷失道遂守所寄裝於岐路數日歸其裝乃去

陸振宗字辛崖工畫山水邑司訓吳高增以爲董元范寬復作庚午歲仿吳道子畫本摹至聖先師并七十二賢像勒石學宫大成殿年八十一卒

章辰字麗江號雲龍官寧波守備能作水墨雲龍兼工寫意人物及畫馬間爲指墨亦有古致以上並據府志

宋梅字庭芳邑庠生能詩著有瓿剩詩鈔嘗自營生壙遍植梅花賦梅花墓詩和者甚衆呈報

吳濬號水雲居鑑湖南岸之芳草渡少孤力學工詩畫在直隸總督方觀承幕爲繪棉花圖冊進呈每幅

賜御題勒石蓮花書院呈報

施應期字廸遠精醫術人患劇疾投劑輒效又施藥餌砌道路

慷慨周急不辭推解著有醫學心傳數十篇
錢象坰字承懷以醫名錢氏自南宋以來代有名家至象坰而益萃先世精蘊聲遠播焉子廷選精治產好施與待其舉火者數十家孫登穀曾孫琦璠俱能紹先業
葉葩字正叔父仕道授守備爲人長厚鄉閭賢之正叔少補弟子員精治療著有傷寒數編輯註一書子瑞芳能世其業
倪宗賢字涵初世居柯亭後里許性孝友以醫著嘗歎曰醫有經世之術而學在其中素書内經參諸天德王道遂會講柯亭接證人之傳聞關中李中孚講學毗陵往執弟子禮宗賢名聞遠邇乞醫者不絕以所饋金助修百里塘螺山橋室無宿儲破衣敝屋終其身四十餘年知縣高登先尊爲上客
周大倫字禹臺精醫任京衛經歷擢武昌府同知有聲于士昌

由拔貢授東昌府通判清廉如大倫孫宏謙亦以醫名父疾刲股療之

周承新字子行性慷慨好義尊習岐黃凡嬰兒疹痘遇有危症療治無不獲痊貧者多不取利子琦以孝友聞（以上並據舊志）

陳士鐸邑諸生治病多奇中醫藥不受人謝年八十餘卒所著有內經素問尚論靈樞新編外經微言本草新編臟腑精鑑脈訣闡微石室祕錄辨症錄辨症玉函六氣新編外科洞天奧旨傷寒四條辨嬰孺症治傷風指迷歷代醫史濟世新方瓊笈祕錄黃庭經註梅花易數等書行世

沈國柱工醫術治病必理其本藥僅數種多直用古人傳方至其隨手之變則往往以意成之然初不勸人服藥曰毋寧不藥而得中醫乎著有青溪治驗五十淳安方燊如序之

顧士聖善傷科調筋接骨應手奏效子孫世其業

潘爾杲字旭初精於占卜隱居敎授著有竹齋卜筮要旨卒無子以上並府志

鍾之模康熙時諸生能詩善堪輿術有相地戒約八則云妥先意輕利後念重爲不孝拘執官位利己爲心不顧同氣爲不悌力小圖大非分干求爲不忠以耳爲目狃於成心爲不信不送關約專務虛文妄邀情面爲無禮越祖遷墳盜葬謀佔欺天理違王法爲無義貪得無厭或妄圖而停柩或既葬而輕移爲寡廉不力行善事培植根本輒思善地以求富貴爲鮮恥著有兩地編訂正賴布衣鉗記等書呈報

傅瑜字鷗里工畫蟹山水亦佳有鷗犁吟稿呈報

姚大源習天官占候及黃白諸術有書一帙以堪輿家形勢分

配星象名曰星影子元宗舉人善書畫以詩名呈報

任越安以醫濟世子雨辰行醫江左孫輩皆得眞傳凡遇奇症應手霍然人推爲三世良醫呈報

駱惟均迎恩坊人專心幼科精於理藥無異品怪症悉除而饋遺不計既卒人多稱焉呈報

右術藝

帛道猷　支遁　于法開　曇翼

曇彥　慧虔　宏明晉以上　慧基

道琳宋以上　惠舉梁　定光　洪偃陳以上

慧榮隋　大珠　海慧　澄觀唐以上

惟定　處良宋以上　文明　時習

歐境元以上　了眞　惟宗　性弼明以上

圓信　無量　智淵　海湛

寂定　智銓　戚方　淨敏

深理以上國朝

晉

帛道猷永和中居沃洲山又嘗居若耶山白樂天沃洲禪院記云羅漢僧天竺八馮惟訥詩紀云本姓馮山陰人少以篇牘著好丘壑一吟一咏有濠上之風又上虞志曇猷騎牛從西入太甾山牛步皆其故蹟過一嫗問途忽有負嫗投諸淵者猷飛錫救之水立涸今名乾溪方誦經有猛獸巨蟒交見猷不動後有神遜謝願他徙淩空而逝遂不見曇猷尊者即白道今以白道猷名嶺與潭白或作帛府志

支遁字道林河內林慮人風期高亮年二十五始釋形入道王

逸少處會稽遁往焉嘗論莊子逍遙游遁作數千言才藻新奇花爛映發逸少披襟解帶留連不已延住靈教寺府志作靈嘉已入沃洲小嶺建精舍嘗造卽色論示王中郎佛家滯義遁分判炳然而章句或有所遺時爲守文者所陋謝太傅聞而善之曰此乃九方歅之相馬畧驪黄而取駿逸晚至山陰講維摩許詢爲都講遁通一義四座莫不厭心詢送一難衆人莫不抃舞遁常養數匹馬曰重其神駿性好鶴有人遺鶴二隻遁曰凌霄之姿何肯爲人作耳目玩使飛去卒葬石城山舊志

于法開舊志作洪開游石城住元華寺舊志作華元又移白山靈鷲寺與支公爭色空義弟子法威最知名嘗使威出都當還山陰曰道林正講小品將無往見之耶威曰諾既至遁方挺麈威致難攻之遁曰君乃受人寄載來耶法開始與支公爭名後精漸歸支

意甚不分遂遁跡剡下名德沙門題目曰法開才辯從横以術數宏教府志法開居剡更學醫醫術明解嘗旅行暮投主人其家妻臨產而兒積日不墮開令殺一肥羊食十餘臠而針之須臾兒下羊膋裹兒出府志方伎

曇翼號飛雲晉義熙中誦法華經於秦望西北峰禪定三十年感普賢化現內史孟顗請於朝置法華寺舊志同游曇學者亦有奇操卽秦望之地爲庵號樂林精舍又有道敬者王右軍之後持律甚嚴府志

曇彥晉末時與許詢同創浮圖未成詢亡久之岳陽王至訪彥握手入室席地王忽悟前身造塔事舊志詳寺觀卷中

慧虔晉末居山陰嘉祥寺聚徒誦經謂衆曰願相講道用奉彌陀後刻期告終其夕有尼見觀音從空下異香經旬不絶府志

宏明山陰人止五雲門寺誦法華經瓶水自滿有童子自天而下供使虎無時入室自臥起嘗有小兒來聽經明爲說法俄」不見又有山精來指笑明捉得以帶繫之不得脫曰放我我不敢復來於是釋之後住永興紹元寺又住柏林寺嘉泰志

宋

慧基府志慧作惠自錢塘渡江棲山陰法華寺學者千人元徽初即龜山建寶林寺啓普賢懺法高士周顒劉瓛張融並摳衣問道焉嘉泰志

道琳山陰人少出家有戒行精禪理吳國張緒禮事之兩浙名賢錄

梁

惠舉隱法華山武帝徵之不至昭明太子以金縷木蘭袈裟遺之天衣寺名由此府志

陳

定光大建中居寶林寺耳過其頂擎銀像長立不臥時又有天竺僧甚神異死後形數見府志詳寺觀卷中

洪偃姓謝氏山陰人風神穎秀弱齡悟道會武帝發講重雲偃抗言高論精理入神齊使通和敕令統接賓禮偃才詞宏逸辯論旁馳潤以眞文引以慈寄帝嗟賞厚惠一無所納天嘉五年卒偃惟學是務弗事華縟而文采灑落罕有嗣者文集二十餘卷陳學士何儁尚之封於祕閣兩浙名賢錄

隋

慧榮姓顧氏山陰人梁大通初辭親出聽即盡清辨一衆歎嗟稱爲義虎乃大宏法席廣延緇素時梁儲在座素不識之令問講者何名乃抗聲曰禹穴慧榮江東獨步後與諸徒衆還歸故

邑衆以其博達矜尚乃合豐八十種好謂必不能誦持榮即部分上下以法繩持須臾牒數列名出體僉雖難激盡無成濟（兩浙名賢錄）

唐

大珠慧海禪師姓朱氏依越州大雲寺道智和尚受業至江西參馬祖於言下自識本心馬祖告衆云越有大珠圓明光透無遮障處也（嘉泰志）

海慧大師仲休越人精習天台教而禪寂頓悟不接人事李文靖公進以其名上得紫衣海慧之號有天衣十峰咏郡人錢易爲之序（嘉泰志）

澄觀山陰人住寶林寺將撰華嚴義疏夢中見一金人以手抱之咀嚼都盡自喜爲吞納光明徧照之徵及疏成二十軸堂前

池中開合歡蓮花五枝花皆三節德宗嘗召至京師命譯烏荼國所進華嚴經賜號清涼國師兩浙名賢錄

宋

惟定山陰人紹興中住景德寺講偈有野猿獻果於前一日謂其徒曰庭前桂樹花開吾將逝矣其徒視桂花忽開五色急返入戶定端坐暝目矣龕留十四日顏色如生府志

處良字遂翁山陰劉氏子甫九歲以童子得度英邁玉立能文辭善筆札渭南集

元

文明姓婁氏諸暨人母姙時夢神以白芙蕖授之乃生甫能言見母拜佛號卽隨聲和之及長客山陰靈壁寺嘆曰欲求出世間法非釋氏吾誰依大德九年投寺僧思窮祝髮受其戒益精

進一夕集衆謝曰吾將逝矣遂書偈而逝府志按舊志編歐兜下今攷年代更正時習山陰人延祐中以高麗王薦召至京令說法於南城寺頂門忽現異光縈結如蓋府志按舊志誤編入宋

歐兜祖師至正間賣菜傭也幼失父母嫂撫之如子每欲師娶妻師終日蒲團靜悟嫂恚之潛至藏王峰修道嫂勸之歸弗聽乃以筍及魚螺餉師悉吞之俄頃吐所食筍筍活吐魚螺亦活踰年無病端坐而化時盛暑色如生且有異香而鬚髮常長塗以漆至今趺跏如故峰上有篆刀竹其節上下相錯魚腹焦而無鱗螺無尾無靨卽師所吐者舊志

明

了眞天台人嘗寄跡山陰諸寺嗜酒落魄乞錢市中散與貧者冬月惟著單衣或敲氷而浴洪武二年大旱一夕留偈而逝燔

龕於五雲門外甘雨遂澍其偈曰平生只是呆說不知今朝弄訣諸人笑我癡顛依舊清風明月舊志

惟宗不知何許人嘗結亭於戴於山道左每盛暑烹茶以濟行客洪武十九年秋旱鄉人祈禱莫應惟宗自誓焚身禱天以濟兆民即日齋戒聚薪火其身大雨如澍鄉人祀之舊志

性彌字相乾明西蜀卭州葉氏子年十二祝髮徧游天台普陀渡錢清與新田里施紹川清修談禪常刺血書經復新寶林古刹呈報

國朝

圓信字雪嶠鄞人常游若耶秦望間見古雲門三字豁然大悟嗣法龍池後駐錫雲門大闡宗風順治丁亥秋將圓寂寫小詞示徒跏趺而逝瘞於寺之右隴順治十七年

詔賜帑金五百兩命修藏塔舊志

僧無量名明鏡蚤年悟道爲湛然高弟修復顯聖天花戒珠石佛彌陀阿育王大能仁等古刹七處曾攜數千金往閩海販木遇大盜刼其貲無量閉目不動合掌自懺盜遽還其貲護以入閩其接衆修寺費計鉅萬皆不募而自致生平盡得曹洞眞傳云舊志

智淵字三目別號潛叟秀州王氏子嗣法具老人傳臨濟正宗國初具老人移錫維揚廣孝虛席越人迎智淵卓錫焉道俗皈信爲捐貲營搆寺宇遂稱江南巨刹後靈隱之主因往住持閱兩載示寂弟子迎龕歸窆之雲門有語錄若干卷舊志

海洪字如如湖廣景陵人少讀四子書輒沈思欲竟其義隨父詣金蓮庵滄溟上人所聽講楞嚴遂啓懇出家父許之既而徧

叅諸講席造普陀禮大士返天童訪密雲老人復過越訪諸老宿卓庵於西龍山順治癸巳卜地於大雲坊西爲大悲道場平昔課儀雖造次不輟篤實踐履弗尚著述丙申季夏朔預示化期至日昇蒲團趺坐示法孫炤璽曰日出衆星收道俗乞示者惟言一心念佛遂逝葬於會稽石旗山謝宏儀有傳舊志

寂定字知止年十六偶聞僧誦經至一切有爲法四句有省適海湛自楚至乃祝髮授教偕入天童叅密雲老人又陟東山叅爾密僧至婺州禮傳大士像遂卓錫焉明崇禎甲申返越渡西泠叅具德老人既又返越晤大鼎師有性命相付語定云朝聞夕死可矣遂扃戶靜修康熙乙卯秋自爲龕繪像建塔工畢而作葬於石旗山湛墓之左法嗣炤璽字文隱歸安人恪奉師訓尤文雅舊志

智銓字内衡別號最勝子系出烏程張姓幼逼宿命依本郡飛英寺出家見如來涅槃像即省世幻決志了明大事初叅會城古德上八聽彌陀疏鈔至一心不亂句有省依蓮居新伊法師垂二十年盡獲心髓受衣鉢并戒法渡江寓會稽止風圖圖環四水八跡罕到智銓靜修水觀後見身與水合親證月光景界旣而閉關樊江廣教寺研究法華三昧見普賢大士乘白象王示現其前自後開禁應各剎講筵衆咸歎善卜隱於僊山資德寺右偏搜剔元微著唯識述義因明所緣緣及三支比量六離合楞嚴補註元籤證釋梵網義疏畧記若干卷流布諸方時有東西塘工浩繁力主其事越二年告成俄開講於興教院院故大金吾朱兆寧園捨爲僧藍兆寧配張氏及女雪照同夢神曰汝庵有應身菩薩說法利生曷往聽受遂皈禮懇請常住法席

甚盛同弟子唯圓始創殿宇越郡推爲教下第一稱檀林儆禍藜羹蕭然若寄後赴杭之靈山永福寺講南嶽止觀畢示微疾越二日坐化龕歸興教院移衖山建塔焉舊志

成方字唯圓智銓法嗣山陰陳氏子幼淡世味從父肄業於衖山資德寺値智銓菴道一見欽慕智銓知爲法器録之座次幾二十年繼主院事杜跡城市嚴肅律儀深造禪學年五旬而逝法嗣雯字雲章塔祔於衖山之隅舊志

淨敏字無迹麥浪法嗣蚤年悟道深究曹洞與旨後住顯聖寺弟子智紹字道容九齡出家十九歲大悟焚修於西龍山雲庵康熙壬子主彌陀寺法席棟宇一新甲寅歲羽書旁午寺處水陸孔道不以餽餉爲務秣爲艱累年水旱災黎接踵施藥餌救甦萬人僧俗景仰凡有所需多不募而自致焉舊志

深理字恒馨諸暨龎姓子年十六往廬山投師焚修明崇禎丁丑歸越辛巳大饑壬午瘟疫流行當道及鄉宦延其襄理賑事多所全活並建擊竹庵留深理在郡掩埋遺骸廣作功德垂四十年法嗣智益字圓行恪承師志曾修飛來塔遠近稱之曾志

右釋氏

葛元　葛洪晉以上　陶宏景梁　茵龍唐

何溥南唐　錢梗　翁子陵　蕭了翁明以上

晉

葛元字孝先丹陽句容人從左元放受九丹金液仙經常服餌求長生能絕穀連年不饑游會稽有賈人從海中還過神廟廟使主簿語賈人曰今欲寄一書與葛仙公因以函書擲賈人船頭如釘著板拔不可得還達會稽以報仙公自往取之即得公

語弟子張恭曰吾今尸解去八月十二日日中當發至期衣冠入室而臥弟子等燒香守之三日夜夜半忽大風起發屋折木聲如雷燭滅良久風止然燭失仙公但見衣在而帶不解今會稽有仙公釣磯及鍊丹井嘉泰志

葛洪字稚川仙公從孫以儒學知名性絕慾不好榮利閉門却掃究覽經籍尤好神仙導養之法初仙公以鍊丹祕術授弟子鄭君稚川就鄭君悉得其法咸和初選爲散騎常侍固辭聞交阯出丹砂求爲句漏令乃止羅浮山鍊丹優游閒養著內外篇凡一百一十六篇自號抱朴子因以名書年八十一卒舉尸入棺輕如空衣世以爲尸解得仙輿地志上虞縣蘭芎山葛稚川所棲隱也今會稽遺蹟至多稚川蓋亦嘗至焉嘉泰志

梁

陶宏景字通明丹陽秣陵人十歲得葛稚川神仙傳晝夜研尋便有養生之志齊高帝作相引爲諸王侍讀永明中上表辭祿許之敕所在月給茯苓白蜜以供服餌止於句容之句曲山立館號華陽隱居仙書云眼方者壽千歲宏景晚年一眼有時而方卒年八十五顔色不變香氣累日謚貞白先生案內傳言先生嘗遐遁東遊改名氏曰王整官稱外兵今會稽陶宴嶺有先生遺蹟嶺由此得名嘉泰志

唐

苗龍唐初人失其名能畫龍故呼苗龍後得道仙去今龍瑞宮東南一峰崛起相傳卽其上昇處府志

南唐

何溥越州人識雲氣善地理爲南唐僕射大夫貶休寧尉國亡

大哭嘔血隱芙蓉山剪髮爲頭陀而不談內典喜讀道德經每嘆曰老子眞聖人也居恒專煉火化後果以火得解脫兩浙名賢錄

明

錢楩號八山嘉靖五年進士官刑部郎中棄官歸越喜學長生築室秦望山半巖別婁子焚衣冠獨棲八角亭中八年冬大雪積丈餘家人開徑上視之已端然而逝或傳其得力導引尸解去徐渭有詩誄之後人呼其巖爲錢公巖舊志

裘子陵者天樂鄉人以孝稱相傳明嘉靖間入山仙去嘗因禱雨祈晴頗著顯應村人至今祀之呈報

蕭了翁不知何許人或傳家在漢陽嘗舉於鄉自云少遇劉邋遢授純陽至訣遂棄家蓬游明末避寇入越里人陳剛金機馬允瓚翟皆延致之翁不言禍福不言技術有叩以道要者曰無

思無爲至簡至易此大道也性嗜酒健啖惟不曉食終歲不眠非安坐卽徐行修髯至腹左手指爪長尺餘鬢髮垂垂覆耳和易近人時或大笑聲若出金石順治甲午有楚人王某云弱冠時晤翁於黃鶴樓有識翁者云年已八十今予年七十九翁貌如故計其壽當一百四十餘矣康熙癸卯襄陽劉執中解紹興司理見翁載與俱歸後入武當不知所終舊志

右老氏

山陰縣志卷十八

山陰縣志卷十九

政事志第三之一

政正也事職也厥義均焉爾而或者曰大爲政小爲事斯其的詁與然吾觀周官三百六十之掌政不必大虞廷正德利用厚生之目事亦無小酒漿絲枲潘瀾菱餘陳其殷而置其輔績緒采業服宜貫功聚亦別而散亦通書不盡言辭無害義要其絜土地娩人民而尊之重之以爲有國有家者之寶則固通乎百世不易其言者矣令長之職教養並稱我

朝厚澤深仁涵濡周浹於薄海内外者百數十餘年舊德親賢先疇樂利亦既庶且富矣是則維持振刷以容保於無疆者教爲尤要也矧此邦文物聲明素稱東南一都會乎茲故志政事而又以學校居首其他以次書方毋譏計簿縱不習爲吏亦可

以觀云

宋崇寧中山陰始建學於城西南隅以處多士在柴場坊陽[illegible]山東北今仍制嘉定十六年縣令趙汝駉重修詔捐緡錢三十萬以助其費元至正年間縣令賈棟達魯花赤定定君輔復增葺焉李孝光孔瀛劉基各有記季年燬於兵燹寓諸生於稽山書院明洪武二年詔重學校鑴設科分教令式於學降臥碑制書頒鄉射禮儀於學官時學舍廢不治十一年知縣撖都魯丁案府縣二志職官卷無此人俟攷始即故址大新之成化十一年郡守戴琥購民居以拓其制陸淵之李東陽各有記宏治九年知縣李良建明倫堂裒廣學基正德嘉靖間知縣顧鐸吳瀛復購民居以闢故址王守仁有記載藝文卷嘉靖十年知縣劉冕奉制創建啟聖祠戟門之前舊有鮑府君祠十八年知府湯紹恩移其祠拓地以開障塞隆慶元年知縣楊家相復加崇葺

見所撰記視昔誌宏敞矣萬歷二十四年縣令耿庭柏重修大學士朱賡撰記天啟五年山陰令馬如蛟修之

國朝順治四年啟聖宮傾頹署縣陳本厚增修之康熙二年殿廡明倫堂盡圮會稽學貢生劉匡之捐貲數百金本學廩生沈麟趾等力爲修復康熙七年山陰令高登先捐俸重修教諭高基重暨劉匡之沈麟趾再襄其事本學貢監虞卿助貲落成四十六年生員朱洪謐修之府志乾隆十九年訓導吳高增刻聖像四配東西廡先賢像并贊四十六年監生陸謙修啟聖宮聖座并諸賢神位四十七年大殿梁朽知縣莊文進易之學冊

先師廟居學宮之中左右爲兩廡前路之南爲戟門門外爲泮池又南爲櫺星門舊志明洪武四年國子司業宋濂上孔子廟堂議曰古者木主棲神今因開元八年之例摶土肖像失神而明

之之義嘉靖九年用大學士張孚敬議止用神主不設塑像續文獻通攷

案今惟曲阜聖廟仍奉聖像執鎮圭冕十二旒服十二章南向左右四配十二哲像執躬圭冕九旒服九章元衣纁裳東西向兩廡皆奉木主見闕里文獻攷其述云或曰塑像非古也自尸事廢而像設興自佛氏入中國始以異端之教上施於聖人不經孰甚顧佛入中國始於漢明帝而文翁石室已有孔子坐像國語云以艮金爲范蠡之像宋玉招魂云像設君室是周時已有此制也闕里廟之有像或云起自東魏李珽攷韓勅後碑有改畫聖像如古圖語又水經注云夫子舊廟有夫子像又云西北有顏毋廟廟像猶嚴是珽之前已有畫像珽更設塑像耳禮有其舉之莫敢廢也闕里爲孔氏家廟影堂之制先儒所不棄

後之子孫有以睹形容而致其愾聞僾見之誠亦聖人祭如在
之義云云附錄其畧以擴見聞
國朝順治二年定文廟謚號稱爲大成至聖文宣先師孔子十
四年議改謚號爲至聖先師孔子九年
頒臥碑於學宮康熙二十三年
御書萬世師表匾額恭懸大成殿雍正三年
御書生民未有匾額乾隆三年
御書與天地參匾額皆恭懸殿上府志嘉慶五年恭懸
御書聖集大成匾額新增
四配復聖顏子述聖子思子在殿內東旁西向宗聖曾子亞聖
孟子在殿內西旁東向
十一哲閔子損冉子雍端木子賜仲子由卜子商有子若在殿

內次東西向冉子耕宰子予冉子求言子偃顓孫子師朱子熹
在殿內次西東向
東廡先賢蘧子瑗澹臺子滅明原子憲南宮子适商子瞿漆雕
子開司馬子耕巫馬子施顏子辛曹子卹公孫子龍秦子商顏
子高壤駟子赤石作子蜀公夏子首后子處奚容子蒧顏子祖
句井子彊秦子祖縣子成公祖子句兹燕子伋樂子欬狄子黑
孔子忠公西子蒧顏子之僕施子之常申子棖左邱子明秦子
冉牧子皮公都子公孫子丑張子載程子頤先儒公羊子高孔
子安國毛子萇高堂生鄭子康成諸葛子亮王子通司馬子光
歐陽子修胡子安國尹子焞吕子祖謙蔡子沈陸子九淵陳子
淳魏子了翁王子柏許子衡許子謙吳子澄王子守仁薛子瑄
羅子欽舜

西廡先賢林子放宓子不齊公冶子長公晳子哀高子柴樊子須冉子孺伯子虔冉子季漆雕子徒父漆雕子哆公西子赤任子不齊公良子孺公肩子定鄡子單罕夫子黑榮子期左人子郢鄭子國原子亢廉子潔叔仲子會公西子輿如邽子巽陳子亢琴子張步叔子乘秦子非顏子噲顏子何縣子亶樂正子克萬子章周子敦頤程子灝邵子雍先儒穀梁子赤伏子勝后子蒼董子仲舒杜子子春范子甯韓子愈范子仲淹胡子瑗楊子時羅子從彥李子侗張子栻黃子榦眞子德秀何子基趙子復金子履祥陳子澔陳子獻章胡子居仁蔡子淸陸子隴其

案從祀諸賢歷朝罷復不一議論紛紜我
朝博採廷議斟酌參詳自七十子外從祀者凡六十八人特據府志詳載其中脫去梁子鱣商子澤二人謹据闕里文獻攷一

幷補正

崇聖祠在學門內折而東雍正元年奉

旨追封先師五世王爵其啟聖祠向係專祀叔梁公今

聖朝異數合祀五代統名爲崇聖祠正殿五主同室俱南向

昌聖王孔子之位伯夏公左之左

裕聖王孔子之位祈父公居左

肇聖王孔子之位木金父公居中

詒聖王孔子之位防叔公居右

啟聖王孔子之位叔梁公右之右

配位先賢顏氏無繇孔氏鯉在殿內東西向先賢曾氏點孟孫

氏激在殿內西東向

東廡先儒周氏輔成程氏珦蔡氏元定

西廡先儒張氏迪朱氏松

明倫堂在大成殿後再後爲會膳所歲久就圮堂之後左爲克巳齋後改富有齋西向由齋右折而東爲學倉堂之後右爲存心齋後改日新齋東向由齋左折而北爲射圃圃有亭三間左右列諸生號房教諭廨在明倫堂之東訓導廨一在崇聖祠後一在會膳堂右北各有門有廳有寢室舊志案前明有左右訓導今制惟一員署在崇聖祠後

敬一亭在崇聖祠後差北舊志

題名碑在大成殿後壁明萬歷四年教諭鄭蒙吉訓導余伯良李時春立舊志

文昌閣在集賢門內舊志

名宦鄉賢祠在戟門左舊志

案入祀名宦鄉賢姓名歷觀前志或詳於學校或詳於壇廟攷
本邑之祠不隸於學宮後復附入府庠矣今詳壇廟卷中
宋初建學時設學長學諭直學齋長齋諭各一人明初詔廢直
學齋諭諸職設教諭一人訓導二人吏一人舊志
國朝定制教諭一員復設訓導一員會典　案康熙三年訓導裁缺十五年復設故名
宋設生員五十八明廩膳生員二十八附學生員無定額舊志
國朝額進二十五名廩生二十名增生二十名二年一貢學政全書
案府學額進亦二十五名於各縣取入山邑文風較勝撥取者
亦較多又疊奉
恩旨郡邑庠在大學之列廣額五名
祭器曰銅爵杯銅和酒缸銅香爐銅燭臺錫簠錫簋錫香爐錫
燭臺錫犧尊錫象尊竹籩木豆大木方盤小木方盤木篚毛血

磁盤和羹碗香案桌牲匣祝版宰殺凳大牲桶毛血桶盛爵桶
焚帛鐵架木燭臺鐵香爐架鐵大鍋錫爵杯黃絹帳幔青絹帳
幔黃綾帳幔紅綾帳幔據舊志

祭之品物正位禮神帛一獻爵三牛一羊一豕一太羹實於登一和
羹實於鉶二黍稷實於簠各一稻粱實於簋各一形鹽槁魚鹿脯棗栗榛菱芡
黑餅白餅實於籩各一韭菹菁菹芹菹筍菹醓醢鹿醢兔醢魚醢脾
肵豚胉實於豆各一酒罇一　四配位每位帛一爵三羊一豕一和
羹實於鉶一黍稷實於簠各一稻粱實於簋各一形鹽槁魚鹿脯棗栗榛菱芡
實於籩各一　韭菹菁菹芹菹筍菹醓醢鹿醢兔醢魚醢實於豆各一　酒罇
一　十二哲東六位六案每案帛一爵一豕一和羹實於鉶一黍實於
簠一稻實於簋一形鹽棗栗槁魚實於籩各一　韭菹菁菹醓醢鹿醢實於豆各一
豕首一　西六位同　東廡帛一爵各一豕三每案黍實於簠一稻實於

簠一形鹽棗栗槀魚實於籩各一韭菹菁菹醓醢鹿醢實於豆各一西廡同據府志

崇聖祠正位五案每案帛一爵三羊一豕一鉶一簠二簋二籩八豆八實同上酒罇一　配位每案帛一豕首一爵三簠一簋一籩四豆四實同上豕肉一　兩廡每案帛一爵三簠一簋一籩四豆四實同上豕肉一以上據府志

春秋仲月上丁日祭每季額設祭祀銀二十五兩學冊

樂器曰麾曰金鐘曰玉磬曰鼓曰柷曰敔曰琴曰瑟曰排簫曰笙曰簫曰笛曰塤曰篪曰節曰羽曰籥曰干曰戚府志

存貯書籍計

聖訓四套

太祖高皇帝聖訓四卷一本

太宗文皇帝聖訓六卷一本
世祖章皇帝聖訓六卷一本
聖祖仁皇帝聖訓六十卷十五本
世宗憲皇帝聖訓三十六卷九本雍正十一年止
御纂經書六種周易折中十二部 尚書傳說十二部 詩經傳說十二部
春秋傳說十二部 朱子全書十二部 性理全書十二部
御批朱子通鑑綱目二部
聖諭廣訓一本
世宗聖諭四套共三十二本康熙六十一年十一月起至雍正十三年八月止 名教罪人詩二本
駁正呂留良四書講義二套十六本
御纂明紀資治通鑑綱目一部四本 新例學政攷試關防教職六年俸滿合一本 學政全書一部十二本 續增學政全書一部四本 又一部 三禮義疏一

部
御製樂善堂全集一部盛京賦一本
上諭二部四十本明史一部一百十二本
欽定四書文一部易書經合套十本詩經一套二十本禮記一套二十本
周禮一套十二本儀禮一套十一本春秋左傳一套二十本公羊傳一
套八本穀梁論語合套八本爾雅孝經孟子合套十本史記一套十六本
漢書二套二十本後漢書一套二十本三國志一套十本晉書二套三十
本宋書一套二十本南齊書一套十本梁陳書合套十四本隋書一套
十六本魏書一套四十二本周書一套六本北齊書一套八本南史二套十二
本北史三套三十二本唐書一部十四本五代史一部十本宏簡錄一部
八十本
[illegible]
[illegible]山[illegible]四畝四分七釐府志乾隆二十年會稽學生員陳曾梅

捐田十五畝助貧生膏火冊學並勒石詳記

蕺山書院在郡治東北三里戒珠寺後山巔舊有明中丞徐如翰書院以地多植竹名淇園時與劉忠介宗周會講於此名蕺山書院後爲優人所居於中供老郎神歲五月每日優人一部演戲娛神聚浮浪少年優襍游冶

國朝康熙五十五年知府俞卿檄令移去仍捐俸五十金購之乃創修爲書院延師聚徒復置田畝歲收以供餼廩沈王賓有記勒石今埋於地其規模南向臨街頭門三間有左右耳房沿山徑屈曲而上經儀門門西向乾隆閒郡守張廷柱以儀門內進東餘地爲生童讀書之所構屋十八間旁設廚房二間再上稍東爲蕺竹亭亭六面柱以石爲之爲郡守俞卿所建亭之西爲二門門內爲廳左側面南有題名匾額剝蝕院長魏晉錫取

乾隆己卯科以後姓名之可攷者屬教授俞姓重立自廳南折而西有門一重門左爲吏胥書寫之所門内南向堂五楹額曰劉念臺先生講堂上有樓五間皆俞郡守重建柱皆以石由堂内達左廂爲廚房右廂爲書室堂後歷石級而上可通清暉閣諸處其外自藂竹亭稍北歷級而上有門一區東向太守杜公重題曰證人講社再上築基廣數十丈近東樓三楹舊額曰清暉其上祀湯太守下側有井俞太守刻石曰翰墨香由樓西側上地稍平曠故老郎廟基東有來英閣以奉奎宿今圮正中獨院祠三間中奉念臺先生木主左右各有配食祠後一層向爲名宦鄉賢祠久圮乾隆乙巳邑人陸凱即廢址構堂三楹移戒珠寺前右軍塑像奉於中楹左爲名宦右爲鄉賢皆設木主府志

案忠介祠配享經院長鄞人全祖望定爲三十五人詳藝文卷

中距康熙時多五分之二今則并劉公子汋數之止十四主益損廢已多非復當時之舊矣名宦鄉賢祠木主姓名别詳壇廟卷庶展卷均可了然方志攷獻徵文此其大端也

附書院基地田畝 康熙五十五年給戲頭價銀五十兩贖羔字一百五十九號中地五畝一分五釐六毫康熙六十年給生監董念在董錬董相等價銀三十兩買羔字一百三十五號中地三畝三分五釐八毫俱收入山陰縣美政坊蕺山書院龍山戶完糧又康熙五十五年用價銀一百四十三兩零二分買壹字五千三百四十三號田七畝四分二釐七毫壹字五千三百四十四號田五畝七分八釐二毫共田十三畝二分九毫又康熙五十七年用價銀四十三兩七錢續買壹字五千三百八十一號田四畝六分六釐六毫又康熙五十九年用價銀五十兩續買伐字一千三百九十五號田一畝六分六釐六毫伐字一千三百九十七號田二畝七分三釐七毫伐字一千四百四十一號田五畝六分七釐九毫共田十一畝零八釐二毫又康熙六十年用價銀一百四十七兩續買伐字四百八十九號田二畝九分四釐四毫伐字一千六百六十二號田一畝零一釐七毫伐字一千六百六十三號田一畝三分六釐七毫成字一千七百七十二號田六畝七分五釐四毫成字一千八百二十五號田四畝二分七釐五毫成字三千四十五號田内折三畝四分六釐共田十九畝八分一釐七毫俱收入山

陰縣美政坊蕺山書院龍山戶完糧乾隆四十八年陸凱捐錢千緡以廣膏火五十七年紳士孫連玉續捐田十畝七分并置辦課桌若干件府志并呈報事實

舊稽山書院在縣治臥龍山西岡宋朱子嘗司本郡常平事講學敷政以倡多士三衢馬天驥建祠祀之其後九江吳革因請爲稽山書院元至正間廉訪副使王侯復增葺焉吳衍有記歲久湮廢正德間知縣張煥改建於故址之西麓有記嘉靖三年知府南大吉增建明德堂尊經閣王守仁有記入藝文後爲瑞泉精舍齋廬庖湢諸所咸備時試八邑諸生選其尤者升於書院月給廩餼舊志萬曆間奉例毀書院遂爲吳氏所佃吳尚書兌持之不遠毀十年知府蕭良幹來修復之改名朱文公祠又即瑞泉精舍址建一堂題曰仕學所明張元忭有朱文公祠記蕭良幹有仕學所記　府志

國朝康熙十年里人虞敬道柴世盛重建舊志

附書院基地實地九畝三分三釐零南至大街橫二弓四尺又二弓八尺西至張東至姜自西至東上二十八弓中三十一弓下三十弓北至城隍廟山自北至南長七十二弓零舊志

龍山書院在縣西北三里承恩坊北海池畔乾隆四十八年知縣莊文進撤桂屏庵址建前明時爲沈懋先讀書處顏曰桂屏懋先者字展伯明季諸生魯藩監國時授都水司主事殁後即其讀書之處肖像以祀報呈

附書院基址地畝入建字九十三號地二畝二分六釐三毫計房屋大小二十三間坐北朝南南北一十七丈一尺五寸東西一十二丈五尺五寸乾隆四十八年生員李世法捐建字地五弓爲丕路乾隆五十八年知縣汪長齡買建字九十二號地二分八釐七毫充書院基地　舊有田二十三畝二分七釐六毫爲院長脩脯乾隆四十八年知縣莊文進撥置田二十五畝七分四釐又撥置田九畝八分零六毫又撥置田八畝三分七釐五毫以充膏火各有案乾隆五十七年生員丁業等捐墾乃字號坍荒田四畝一分四釐四毫加備課卷乾隆五十七年監生孫進玉捐田十畝三分五釐八毫乾隆五十八年知縣汪長齡收荒廢資壽寺田地山池共六十二畝三分三釐七毫嘉慶元年知縣趙晨揚撥置田山一百一十一畝五釐

三毫以充膏火各有案

觀海書院在丈午村海塘上康熙五十六年建先是知府俞卿督治海塘月必四五至鄉民購書院為講所內立山陰海塘碑府志

蘭亭書院在城南二十五里即王右軍修禊之所元時置書院設山長今廢府志

陸太傅書院宋陸軫建在城西六十里牛峰寺側歲久廢明正德閒郎中周祕重建府志

陽和書院在卧龍山之陽與稽山書院上下相望明張元忭朱賡羅萬化讀書其中時有異瑞後二人狀元宰輔世稱盛事云府志

社學一在縣治東北一里許如坻倉西嘉靖四年知府南大吉

即倉之隙地爲之後知府洪珠既刱古小學隸會稽乃更其地爲射圃二十年御史王紳復改爲察院一在縣治北謝公橋南亦珠所建即越王故址一在西光相坊越王祠西舊志

鄉學明初隅都各置以教養鄉中蒙稚凡五十所歲久湮圯舊志

麗公祠義學知府李鐸改祠爲之府志

湖門義塾在城西北五十里元至正初邑人孫敏中建府志

周氏義學在錢清鎮邑人周廷澤刱明嘉靖十四年其子給事中祚復購廢驛地廣之有屋八閒田三十畝府志

春山義塾在十四都陽嘉龍前即水竹庵址乾隆四十八年紳士孫游孫渭等改建將庵田撥入龍山書院留田四畝零作義學之費董事孫廷錫等呈報立案府志

右學校

附

元至正二年重修縣學記略　孔瀛

山陰傳郡爲縣始未有學宋崇寧中肇度地於城之西南隅以處士子當玉笥之陰鏡湖之陽山川面勢衍曠秀鬱其弟子員恒數十而祁國貞獻杜公由是出焉然其規始闊陋又附於郡庠無崇大之規且力不能爲崇且大也故其殿堂無廡湫隘爲甚江南內附浙東憲使東萊王公撤而新之閱數十年漂剝蠹圮未有能起其廢者至元乙卯縣尹賈侯文秀重建講堂餘皆未竟俄而以代去再更尹而得今賈侯既謁拜先聖顧瞻咨嗟大懼失墜教基弗稱厥職乃命縣博士薛輝度庸掄材庀工稟稍不足則捐俸爲士民率先人咸樂助經始至正元年冬十月告成於明年夏五月禮殿論堂巍然翼然儀門泮橋以閑以宮

葺廡增廸庖湢具修繕以周垣樹以嘉木土田之歲入者疆理之汚萊者修闢之既訖事博士輝書來求記於余余謂縣附郡而郡既有學矣昔之人必縣爲之學豈不以守令爲民師帥而學校所以基化原不可諉諸郡既有學而縣可不務也今賈侯下車興廢補弊使邑之人士藏修有所廩膳有資相與陶冶率性道於其中而凡民亦皆使其趨慕不爲無學之俗其無愧乎師帥之職哉誠求允蹈以無負邑大夫興復之功期在乎士之自勵焉耳侯名棟字士隆眞定人廉明敏惠政事具有嘉績茲不得無書也

元至正五年修儒學記畧　李孝光

縣學在故縣南故宋時丞相衍少嘗受業其中及已貴一爲修樹至是始復廸其後有司歲修之尋卽摧圮至正五年監學縣

廉君從政來謁拜學宮周視歎曰我且修學校之政校室其可不修乎卽日率吏止廟門下鈎計功賦又出圭田之粟爲錢五百緡以倡教諭徐謙耆士趙由鏞使督其成謙亦捐所食粟五月計於是首孔廟爰及講堂大門東西廡次第以修凡神棲以及祭器列戟之物無不具更作垒廬以舍弟子又作亭泮水東以爲游息絃歌之地外匝垣墉以繚之縣尹趙思道至益趣其成乃議致文學之士助教其弟子事寖有緒耆艾屬爲記之

元至正年重修儒學碑記畧　劉基

山陰廟學與替靡常同知樂平州事定定以合選爲山陰縣達魯花赤君至首謁廟詢學事大畧亟圖治之適海淮冦迭發吏民方洶湧奔走供戎事不暇衆咸以爲難君曰學校所以明教化教化不明彝倫攸斁而後盜賊生焉植顛木者必築其根其

可以荊棘廢教化哉時教諭方鈇員乃詢於衆舉儒士黄本攝學官事出俸錢俾修飾其廟宇以及學舍自梁棟榱桷至於瓦甓之毁勿式者咸易新之於是傾者立衰者正隘者豁缺者完卑者增危者固檐甍牆壁丹堊有輝幃幔器用無不備具君曰此特觀美耳未及實效也乃擿豪右所占田悉歸而徵其入以爲弟子食擇老成以爲之師俾鄉黨之俊秀咸入學肄業越朔望相謁禮畢集生徒講經術論道理開陳孝弟忠信觀者莫不喜悅以爲教化之有成也定定君字君輔邑人氏黄君字中立紹興人

明成化十三年重修縣學文廟記畧　陸淵之

學當郡城西南偏湫隘甚郡侯淨梁戴公下車覽之興歎既二年適右方伯杜公提學憲副胡公至皆以是言命邑令廬陵蕭

君惠董其事初址僅四之二傍有民士從其願以價收之而士民尚義者相之方廣可以規畫於是乎次第鼎新焉經始於乙未春正月越二年丁酉仲冬落成禮殿四角以石柱與左右廡皆靜潔尊嚴神有所棲明倫堂兩齋諸號舍皆修好焉

又記畧　李東陽

成化乙未春正月知紹興府浮梁戴廷節重修山陰縣廟學越二年丁酉成先是學舍湫陋縣人周侯鈍倡於鄉士圖以私財修之既而有長沙之命未果也教諭嚴君彪實告於戴侯侯曰噫是惟我責其不可以緩乃取於官之贏者若干緡凡會財物而後從事分屬吏士而躬督戒之闢地崇址務加於昔殿廡庭陛堂室廨舍以及囷庾庖湢之類皆去舊規而增新觀既竣事乃大會僚士晏於其堂而落之周侯聞之喜曰是惟吾大夫之

德其在我者亦不可以後乃因國子生向君種貽書於余俾記成績刻石長沙沿江踰浙而至於山陰之學夫學校者凡以設興教化爲務學必有廟以尊顯聖道示教化之所自出士之所以感激趣向以成其學者亦於此乎繫紹興三學並置人才科目於此爲盛戴侯首舉鄉射禮於府學又拯縣學之缺壞而圖之左右經書汲汲若不暇此其爲政非簿書條格比也周侯吾賢大夫政教明肅嘗爲福州有遺愛在民又能先意鄉學不遺二郡侯之德皆可書也初戴侯圖鄉射於圃余用推官蔣君宗誼請爲記且於周侯猶侯之於戴侯也重爲感其義而書之

明萬歷二十六年重修儒學記畧　朱賡

山陰學宮在郡城之西南陬嘉隆以來日就傾圮歲祲用缺莫克修舉屬邑侯新城耿君庭柏視學慨然身任其責割俸以經

始之而侍御馮君應鳳捐橐裝爲鄉士人倡凡榱棟之蠹者易之甍甓之缺者補之丹堊之漫漶者飾之自禮殿堂室以迄廡廨庖湢坊垣之屬煜然改觀其爲費官處十四私處十六而侍御實處三焉

明儒學題名碑記畧　夏時正

高皇帝六龍初御甫息干戈卽詔建學興賢立師掄秀教以五經四書教以孝悌忠信禮義廉恥教以禮樂射御書數守令時其攷閱以要其成其取之也必以經明行修非此不取斥去浮文必求夫眞知實踐而於百司庶職之官非科舉士不用創制立法與成周以鄉三物教民而興其德行道義同一揆也山陰山川鍾秀人文代興以科目進者至我朝尤盛然於題名則未之前聞太守浮梁戴侯謂是政教所關不可使闕謀之賓窔若

同知黃侯通判齊侯推官蔣侯咸曰宜之於是稽之載籍採之
賢文通計若干人將以登之貞石乃來告曰代遠人更寧無遺
佚姑爲記之余惟士而明經修行孰不欲際所遭逢而孰有如
今日右文之盛者哉夫既登名薦書亦且錄行四方而茲復遇
賢守圖其不朽有如今日不亦榮哉

國朝康熙七年重修縣學記畧　高登光

山陰爲八邑首邦自
國朝以來人文蔚起科名鼎盛學校之爲功也如是第以閱歲
既久而宮殿牆廡漸次零落好義士劉子匡之虞子卿顧傾橐
貲相助余遂稍捐薄俸力興斯役而廣文高君基重文學沈子
麟趾朝夕董厥工焉始於康熙戊申八月落成於己酉二月堂
廡爛然視昔時規制又加矣又師舍向僦民居以處高君自出

鏹金郎訓導益基而稍葺之自此講席有寧居而絃誦無作輟多士涵泳其中日究月研將見教化以之日興人才以之日茂也

蕺山書院記畧　國朝俞卿

越城山與秦望爲主客者惟臥龍元微之所謂小蓬萊也其東北曰蕺山晉王内史卜居山椒嘗捨宅爲戒珠寺明季念臺劉公直諫放歸會講山堂學者咸稱蕺山先生而誌其地曰蕺里書院文教攸關非徒山陰道上供人觴詠閒游也余始至按圖索之輒歎爲盛事暇日陟其巔見殿宇中奉梨園土怪詢之僉曰歲例千秋節合郡伶工演劇稱慶獲禳子女謳唱數月嘻異哉霓裳羽衣爲歡幾何卒不免於漁陽鼙鼓其不足崇祀久矣今變讀書講道之所爲酣歌恒舞之塲非特此邦士大夫羞也責

實在守土者因究其由知書院曾爲王氏别業以耽情絲竹委諸游惰民余滇人也越宦境也當郡務叢集而囊底蕭然曷暇經營及此但念事有係於士習民風而勿力爲廓清實不遑寧處爰檄致仕人捐俸贖還令移置原像於他處隨修葺舊宇爲後堂增造前堂外軒兩廡共屋十四楹并置田十三畝選諸生有文行者十人輪收以贍祠事爰列鄉賢神主於後若謝文靖王右軍唐義士孫忠烈汪督學王文成沈光祿沈通政祁中丞倪文貞劉都憲志余心所景仰也前奉賢刺史馬茂陵劉東萊湯富順許遼陽順人情所公好也落成告覺重題其額曰蕺山書院公餘登眺之際民煙繡錯翠列清環洵一郡大觀哉所望賢士君子生長斯土者砥礪立名儀型後進繼蕺山一瓣香至嗣後宦游同人亦祈留心風教勤修飾而戒蕪穢又余所深幸

也夫

稽山書院記畧 元吳衍

越卧龍山之陽文公晦庵先生祠三衢馬天驥所建也稽山書院則九江吳華因文公之祠請之也蓋文公爲常平使者居越不一歲講明道學敷闡政化斯文一大興祀祠其職者所以景仰風厲每惓惓焉迨宋之季年相臣廣居第欲兼書院有之以先儒之祠不敢壞乃已至元辛卯浙東海右道肅政廉訪副使王侯分司於越朞月政成乃進教官孔君之熙陶君儀鳳議前祀大成殿以奉先聖後祀文公於明德堂繕書閣以崇講席搆齋廬以待來學之士議既定程役趣工踰月告成經搆之費陶君儀鳳董倡之士之來者咸樂輸無難色故一木不以病民既而丕書千里求爲文記余不得辭

重建稽山書院記畧 明張煥

稽山書院者祠先賢啟後學之地也詳見元人吳衍記中朝代屢更海桑俱化俎豆絃歌之所鞠鋤徧及瓦礫無遺可慨矣刑部尚書王公明仲楚府長史王公文冕與儒生王琥素懷興復唱鳴義舉煥特上疏當道得允所請遂得盡力所事庀材鳩工高者平之下者培之溺於民者捐金出而闢之凡構屋若干楹繪像於中講道於後左右有齋前有門甃四築繚垣蔭以佳木成之曰人心歸極道在是矣周覽形勝則雄據龍岡俯臨雉堞山拱三峯湖環一曲天開偉觀兆啟文明今年棘闈選士數協元愷豈非其應耶尚冀後之人景慕無射守職不忘無使求斯文於斯地者又增慨於榛莽中焉

龍山書院源流攷 陳栻

山邑人文甲於海內而書院之建自古缺如嘗攷自元迄明越中雖有稽山書院地隸於山乃郡守所設以養八邑之士至於蘭亭陸太傅兩院離城寫遠意不過如古之鄉學而已非邑宰育賢之所也

國朝康熙間前太守俞公始於武勳橋側以邪教入官之屋創山陰義學與言子祠合爲一所事載言祠碑記旋因言裔攘奪邑侯劉公晏請分義學言祠以杜紛爭上之大中丞宮傅嵇公曾鎔批司查議劉邑侯遂倡率闔邑紳士捐建倉帝祠於興龍山之陰古西園地而以書院附焉名曰龍山達諸方伯張公若震詳蒙盧大中丞倬報可但士僧襍處終不若專設之爲便遷延四十餘年乾隆癸卯晉江莊邑侯文進來宰茲邑乃以北海池畔之桂香庵改建焉書院乃有專所惟院移龍山三里而遥

而仍名龍山不忘其舊也或曰山名臥龍奉
聖祖勅改興龍實爲一邑主山故院可移而名不可更云
圖附後二一

山陰縣志卷十九

山陰縣志

學宮圖 附學署

號房
臥碑亭
明倫堂
大成殿
泮橋
櫺星門

蕺山書院圖
王家塔
蔡竹亭
湯公祠

山陰縣志　卷十九　學校

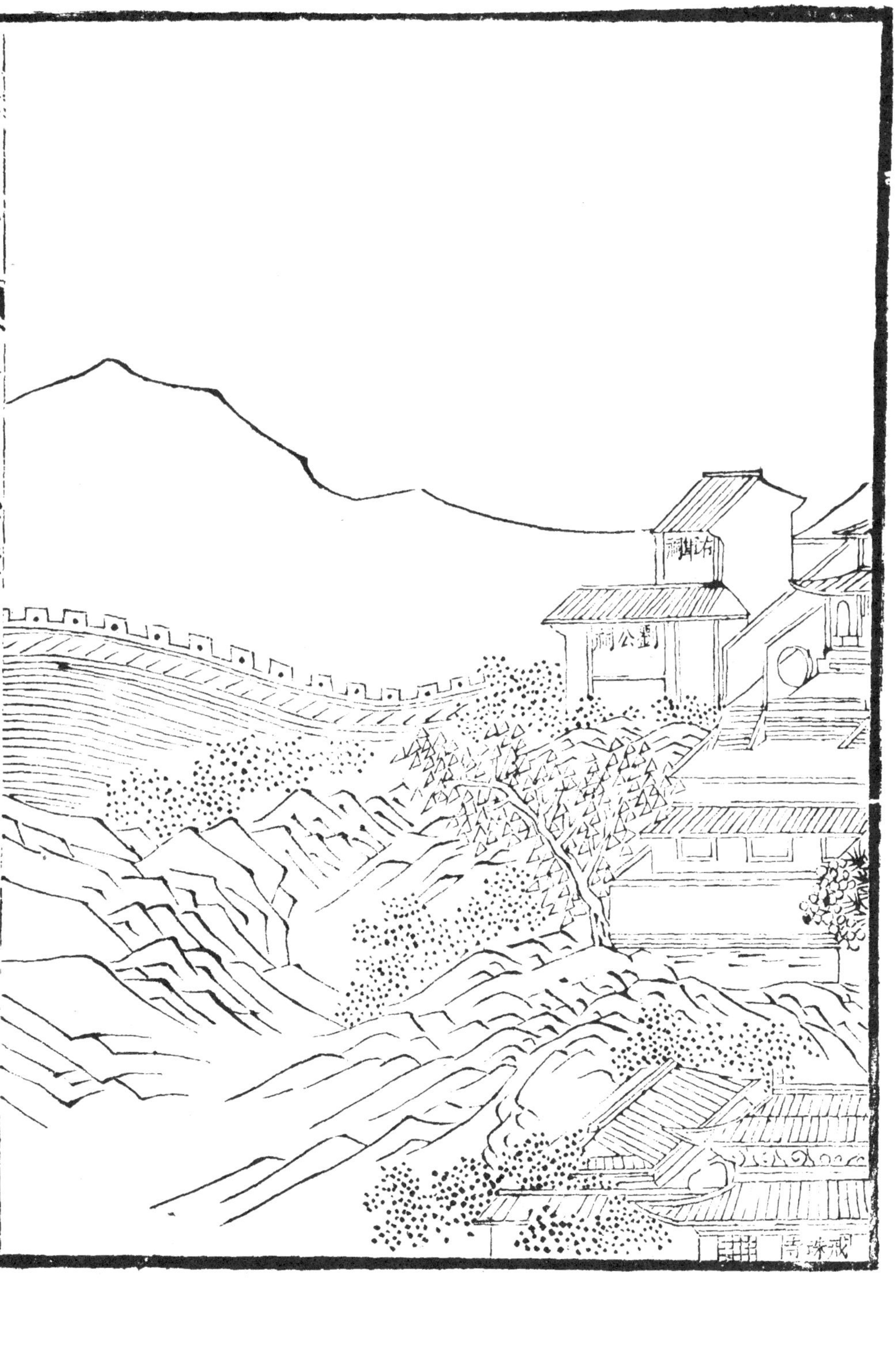

三

山陰縣志卷十九

山陰縣志卷二十

政事志第三之二

水之爲用利害並有利之爲言旱澇兼防蓋去害卽所以興利故澤國江鄉爲尤要焉昔宋廷分纂唐書歐陽氏專任表志世人妄疑公疏於掌故用違其長乃其志地理也凡一渠一堰皆詳紀於各縣之下論者又謂括河渠於地理詳而有體此則可謂知言而凡方州之志宜知所法矣山陰於浙東尚稱沃壤自鑑湖廢而爲田於是水利之說古今異宜通塞殊用其間賢守令相望典則具存大氐約束調劑之法不外塘壩堰閘數端茲故條舉件繫依次編載其江河湖滙諸名則互見志水卷中無須複及至越多瀕海以塘爲衛工鉅且繁利大且久

朝廷釐念海疆經畫周至乾隆二十一年專設南塘通判駐三

江口董正其事政碁重也故特詳海塘一條列於閘壩諸條之後以爲言水利者要覽焉

官塘在縣西十里自西郭門起至蕭山縣共百里舊名新隄卽運道塘唐元和十年觀察使孟簡所築明弘治中知縣李良重修甃以石後有僧湛然修之

國朝康熙年間邑庠生余國瑞倡修首捐貲產遠近樂輸萬餘金數年工竣有修塘彙志紀其事舊志參攷府志

南塘卽故鑑湖塘自南偏門西至廣陵斗門六十里爲山陰境其東則抵曹娥漢太守馬臻所築以捍湖水沿塘置十一堰五閘今堰閘或通或塞或爲橋多爲居民填佔明嘉靖十七年知府湯紹恩改築水滸東西橫亘百餘里遂爲通衢舊志參攷府志

界塘在縣西七十里唐垂拱初築與蕭山分界舊志

昌安塘在昌安門外直抵三江海口明洪武二十年築城三江因作隄塘置鋪舍焉舊志

西小江塘在縣西北三十里宋嘉定間郡守趙彥倓築以禦小江潮汐舊志

國朝乾隆四十一年知縣趙思恭奉檄重修有碑紀事呈報新增碑略附卷末

狭獼湖塘湖周回四十里傍湖居者二十餘村湖西尤孑午之衝舟楫往來遇風輒遭覆溺明天啟中有石工覆舟遇救得免遂爲僧發願誓築石塘十餘年不成抑鬱以死會稽張賢臣聞而憫之於崇禎十五年建塘六里爲橋者三名曰天濟蓋甃貫產爲之五年而工始竣塘內舟行既可避風濤之險兼以捍衛沿湖田囿邑人感其德爲立祠塘南歲祀之舊志參攷府志

七眼橋石塘亦張賢臣建舊志

五里洋官塘里人募修其塘頗堅舊志

丈午村塘在縣西北五十里康熙九年颶風淫雨壞塘二十餘丈知縣高登先躬親督築不避風雨五閱月工完自捐石料三千餘丈役夫七千五百餘工將內河填濶六丈上建三官廟鎮之舊志

銅盤湖塘在昌安門外五里此湖風濤最險乾隆三十八年邑人童岳薦倡築石塘仿狹猕湖之制工未竟卒府志

大江隄在縣西南一百餘里卽臨浦壩俗稱麻溪大壩而麻溪者爲小壩舊志 在蕭山縣南三十里半屬蕭山明宣德中築以斷西江之水浙江通志

麻溪壩在縣西南一百二十里浦陽江自金華北流百餘里八

諸暨界由官浦紀家滙峽山臨浦而注於山陰之麻溪北過烏石山又北東至錢清鎮曰錢清江然後穿内地而入海其經麻溪南岸以達錢清者山陰境也經麻溪北岸以達錢清者蕭山境也於是兩岸水口各築埂壩堰閘以捍江而時患横溢明成化中知府戴琥築土壩於天樂鄉四十一都之地横亘南北使浦陽江由磧堰以合浙江而山會蕭三縣之患稍息萬歷十六年蕭山知縣劉會加石重建下開窪洞高廣四尺每旱則引水以溉田崇禎初鄉宦劉忠介宗周以麻溪有壩障一溪之水改從猶山以合外江而猶山一帶江塘未築江流反挾海潮而進合於麻溪一遇雨水浸淫天樂鄉四都之民與三蕭七千餘畝之田大受其害故倡立三議曰上策移壩謂移壩猶山使無銜決之患也曰中策改壩謂改廣窪洞使天樂鄉之水分洩入内

河也曰下籤塞壩窪謂窪洞本壩內之民所私開相旱潦爲啟閉以專其利而不顧壩外之天鄉塞之則適還其故制使天鄉之民雖受禍於水潦之日猶稍得挹注於亢旱之年也忠介是議故爲天樂鄉民田而發而蕭人力阻之遂止十六年乃於猫山延闢以禦江水鄉宦余煌又將麻溪壩窪改廣之

國朝康熙二十一年鄉宦福建總督姚啟聖改洞爲三各廣六尺五十六年知府俞卿重修舊志參攷府志

錢清堰在縣西北五十里嘉泰元年置先是小江南北岸各一堰舟行如織後因築白馬閘潮汐不至乃去之以通運河

抱姑堰在縣西北五十里內纏大河外臨小江所以障潮汐餘低小易潰宜用椿石疊砌庶免傾頹

南堰去縣一里

賓舍堰童家堰葉家堰新閘堰明洪武時改爲壩
蔡家堰越王堰沉釀堰湖桑堰三江堰中堰石堰以上多在郡
城西湖塘上以蓄湖水因湖廢俱改爲橋以上並舊志
白樓堰在縣西四里常禧門外堰西有則水牌政和中立嘉泰志
廣巖堰在城西北官道上今改爲橋
吳滬堰距縣四十五里一名王婆堰
漁後堰鴨賽堰西墟堰蜀阜堰華舍堰姚街堰抱盆堰以上多
在西小江南塘上蓄洩塘南之水因江塞俱廢今建橋
余家堰在西小江北塘蓄洩塘北之水因江塞亦廢今建閘
三江門外堰在縣東北七里堰北有則水牌又有甲濆堰安昌
堰以上並舊志
三江應宿閘在縣東北三十八里三江所城西門外凡二十八

洞築隄百餘丈上有張侯祠及湯侯祠舊志明嘉靖十六年知府湯紹恩建山會蕭三縣歲徵銀若干爲啓閉費萬歷十二年知府蕭良幹修之置沙田一百二畝三分三釐九毫草場一所地屬山陰而府徵其租爲修治費崇禎六年寧紹台道林日瑞知府黃絅山陰知縣鍾震陽等重修有鄉宦余煌碑記

國朝康熙二十一年福建總督姚啓聖捐貲重修二十四年知府胡以煥置田三十畝以歲入修補閘板鐵鐶有鄉宦姜希轍記四十七年山陰人李師曾等言閘座將圯亟宜改修知縣高天驥估費萬三千五百兩有奇檢討蕭山毛奇齡堅持不可三上其議於制府旋經俞卿勘詳其狀事遂寢乾隆五十七年閘後西北護閘雁翅沖卸署通判焦汝侗詳修府志乾隆六十年浙江巡撫吉慶相度形勢采訪輿論檄飭知府高三畏重修新增

玉山陡亹閘陡亹亦作斗門在縣東北三十三里案府志作西北三十餘里唐貞元初觀察使皇甫政建計八門北五門隸山陰其南三門則屬會稽案碑記云凡七洞北四門屬山陰與此小異以洩三縣之水出三江入海舊志明弘治年間郡守曾巏重修

國朝康熙五十七年知府俞卿改建蓋自應宿閘建而斗門之啟閉遂廢然洞狹水急往往碎舟俞卿擴之高三尺復去其柱之礙舟者有中書舍人高輝碑記俗呼爲老閘府志

扁拖閘在縣北三十里小江之北其閘有二北閘三洞明成化十三年知府戴琥建南閘五洞正德六年知縣張煥建推官蔣誼尚書邑人王鑑之各有記舊志

涇溇閘在玉山之北一洞正德六年知縣張煥建舊志

撞塘閘在玉山閘之東北一洞嘉靖十七年建舊志

平水閘在三江城西門之南嘉靖十七年建舊志

朱儲閘在縣西北三十餘里唐觀察皇甫政建宋郡守趙彥倓以湖水爲患築塘包截小江開通此閘改爲護家閘案徐次鐸復湖議以玉山斗門卽朱儲斗門今朱儲村距玉山尚遠蓋亦約略言之耳府志

夾蓬閘在縣北三十五里扁拖閘之東北

新竈閘在縣北三十里今疊石爲塘留五洞改爲橋

柘林閘在縣西北三十里久廢以上三閘皆郡守戴琥建

顧埭閘在縣西北四十里久廢以上並舊志案府志作北三十里

白馬山閘在縣西北四十五里白馬山麓天順初郡守彭誼建今廢

錢淸閘在縣西五十里釣橋之右

拾浦閘鄭家閘並在新安鄉三十八里九都地方

九眼閘在縣西五十里錢清江南元時居民所建

廣陵閘在縣西六十四里漢郡守馬臻建今改爲橋

柳塘閘在縣西七十里天樂鄉

新涇閘在縣西四十六里抱姑之左九眼之北唐太和七年浙東觀察使陸亘建

白瀴閘柯山閘三山閘俱在鑑湖之西今廢爲田

清水閘在縣西一十五里自朱儲閘以下十七閘俱名存實廢以上並舊志

山西小閘在郡城北五十里浙江通志明萬曆間知府蕭良榦既修三江大閘復建山西小閘凡三洞以殺上流水勢既而海沙壅塞淫雨積水山陰白洋黨山安昌等村地尤窪下稻皆没於水

中民情洶洶議開小閘而近閘居民以地有妨害阻之終以私不勝公寡不敵衆久廢仍閉自後照大閘同時啟閉舊志

國朝康熙二十九年大水知府李鐸增立二洞共前爲五洞置田二十九畝以資歲修後爲怒潮所激毀其西三洞五十三年知府俞卿重修洞底以巨石堅護前後捐銀五百兩設閘夫四名以司啟閉山陰一名蕭山三名府志案郡守李鐸邑人朱忠定公恒岳皆有碑記

眞武殿閘在縣西六十里距夏履橋二里許土名長墩坂灌溉田三千七百餘畝無旱澇之患其後上流渠壅閘遂廢舊志

猫山閘即茅山閘在麻溪壩外三里麻溪壩築後天樂四都之田截出壩外歲苦淹没知府戴琥嘗於猫山之西築閘二洞久而亦圮嘉靖年間始築猫山閘崇禎十六年劉忠介宗周議修改舊制上下盈湖之田賴以有收忠介有茅山閘議舊志參改府志

午口閘在縣西北三十里上方山之南府志
新河閘在縣西北四十五里明郡守戴琥建以洩湘湖麻溪之
水土名牛口閘西余寺前有水閘碑記成化十二年推官蔣誼
撰府志
後海塘海塘最長而工力大起蕭山至定海五百餘里中更七縣而屬紹興者五山陰及會稽蕭山餘姚上虞是也自上虞抵山陰計百餘里在縣北四十里亘清風安昌兩鄉實瀕大海宋嘉
定六年潰決五千餘丈田廬漂沒轉徙者二萬餘戶斥鹵漸壞
者七萬餘畝守趙彥倓請於朝頒降緡錢殆十萬米六千餘石
又詔以留州錢千餘萬倉司被旨督辦復致助焉重築兼修補
者共六千一百二十丈砌以石者三之一起湯灣迄王家浦彥
倓又請買諸暨民杜思齊沒入田五百七十八畝山園水塘三
百七十二畝置莊古博嶺委官掌之備將來修築費復請行下

吏部令後差注山陰尉職添帶巡修海塘刻碑郡庠後汪綱復加修護府志成化八年風潮大作塘盡壞山會蕭濱海之民皆被患有司議加修葺浙江通志萬歷二年白洋口塘稍圮知縣徐貞明又修築之

國朝值海塘以四十四五六七等都共田九萬三千四百六十七畝名曰江田專護海塘不預縣中一切徭役後奸民爲詭避計遂出江田一萬九千餘畝寄於中鄉於是值塘之田日少其存者止七萬餘力不能支竟委塘不修而郡縣復置之事外故漸至傾圮康熙五十一年秋颶風大作塘岸盡頹十二月郡守俞卿至視事二日即往海塘堵築先丈午村蔡家塘馬鞍山三患口沿海三十餘里亦次第完好五十二年八月水復大至諸塘盡潰乃謀一勞永逸之計欲遍易以石請於中丞徐公元夢

方伯段公志熙倡率其事追前詭避之田悉歸於江定議江田每畝輸銀一錢中鄉每畝三分值禹陵者每畝二分山田免徵共得銀二萬二千七百餘兩起五十五年四月訖五十六年三月爲費三萬三千餘而壘石者四十餘里乾隆元年潮勢南趨四十四都二三啚湯灣新城丁家堰等塘外海沙衝盡水與塘平知縣劉旻詳請動項易石改築二千二百餘丈四年又自四十四都一啚小石橋起至四十五都一啚寺直河止自童家搭廻龍廟西起至姚家埠止共五百二十丈一體易石改築又拆築舊石塘五百二十餘丈由布政司撥項二萬餘兩興工五年巡撫檄飭接修大樹𣟴至童家搭石工二百十五丈用項七千兩有奇又築宋家漊會邑交界起至廣利橋止土塘五百十丈自廣利橋東起至塘灣止土塘五百一十丈大林樹等處土塘

三百九十丈其撥帑三千五百餘兩六年風潮屢作夾籠大林等處土石各塘單薄署令李以玫詳請加築三百八十餘丈七年宋家漊大池頭土塘沖圮三十丈知府周範蓮詳請修築並增護塘柴工一百四十丈大池頭六十丈兜灣迎溜最險增高二丈其東西兩頭增高一丈四尺用工料二千五百兩零至九年大池頭西南埽工坍卸十餘丈山會二縣會詳搶堵十六年巡撫永貴題建宋家漊石塘工五十丈石工西加坦水二十丈十七年知縣李升階詳請石工東首復建坦水三十丈以海潮閘水交刷塘工危險故也海沙堅硬舊石埋沉用木櫃代樁是年六月石塘工坍卸三十餘丈十八年十月宋家漊東西土塘外漲沙坍盡海潮直射塘根用排樁鑲埽築以滋泥已圮土塘亦鑲埽以禦十九年八月潮勢南趨塘外老沙刷盡宋家漊楊

樹下東土塘大池頭石塘東西土塘圯五十餘丈又決坦水護掃十餘丈攝縣湯大賓補築二十年五月潮勢直趨楊樹下東西新舊土塘柴掃根腳搜空間段坍卸四十餘丈未坍各塘亦俱裂縫塘外底沙浮動如漿不能簽樁知縣萬以敦議開深槽八九尺與水底相平鑲塡柴掃共高二丈上加土塘經寧台道羅口議定於塘內加築鑲柴子塘一百三十丈槽深三尺出地九尺加壓面土三尺並將塘身一律帮濶底寬二丈面寬一丈仍將全工編列字號計費一千餘兩二十一年知府興德以塘外沙地刷盡老塘子塘俱被沖塌詳請奏准於大池後堅土處所建築魚鱗石塘四百丈後帮土戧西首接築土塘二十丈動用工料銀六萬六千餘兩（自眞武殿東首起從田內跨河取直）二十三年總督楊廷璋復奏將新石塘尾土塘改建石塘二十九丈其舊石塘東

西柴塘亦一律鑲塡動項二千八百餘兩二十七年七月風潮坍損土石柴塘一千六百七十餘丈照例估修動項二千八百餘兩二十八年築三江牐側外圍土塘一百五十六丈三十六年紳士高元隼等呈請宋家漊眞武殿西土塘自甘字號至下字號止改建斗砌石塘三百丈闔縣田五十餘萬畝每畝捐錢三十文藩司王亶望南塘通判王燧議每畝增捐十文通用工料銀一萬七千兩有餘築十八層石塘一百八十一丈十四層石塘九十丈四十四年山陰令趙思恭詳三江閘老土塘外另有外圍土塘六百餘丈衛民寵田地六百餘畝乾隆十六年官爲修築編列性靜情逸心動神守眞志等號嗣後屢次官修內貞字號塘拱突受沖陸續坍盡因取直另築土隄四十丈五十年署山陰令彭克惠修築宋家漊外圍土塘睦字至懷字號止

一百五十九丈動支捐項銀九百三十餘兩風潮坍損故也五十五年宋家漊外圍隨外受三字柴脚土塘沖坍六十丈知府李亨特勘估興修請銷塘工引費銀九百八十兩有奇又續勘下睦夫唱婦等五號改建直長塘工七十八丈請銷引費銀九百九十九兩零紹興府詳文查下字號至婦字號一帶工段向來拱凸在外原建工長九十四丈今地勢坍削歛斜塘內一帶向有水溝難於建築應行牽直建復形不外拱則不受沖激可資經久工數較前亦少舊底面寬窄不一塘身不能一律齊平今統計柴土底寬三丈面寬一丈四尺高一丈一尺前次做法即以層柴層土從底鑲起易於蹲挫今開槽掘紮純柴帶枕每丈一個高寬各三尺放槽橫欄簽釘關椿騎椿庶底脚穩固足資抵禦五十六年知縣張怡熊修築宋家漊和下二號石塘及沛字號舊魚鱗塘二十九丈又於塘外增建坦水三十丈又報續修比兒孔懷等號石土塘五十餘丈開側外圍邑華夏等號土塘三十餘丈退字號石塘二十丈仍於塘外加築坦水二層又築子字號石盤頭八丈

餘石塘六丈餘府志並海塘成案

案越中自東漢順帝永和五年太守馬公築塘爲湖鏡湖亦名鑑湖唐明皇賜賀知章鑑湖一曲故亦名賀監湖餘俱見志水卷中東至曹娥西至西小江南至山北至郡瀕三十六源之水溉田九千餘頃又界湖爲二東湖以灌會邑之田南湖則灌山邑之田二邑地勢南高北下湖高於田田高於海唐貞元元年觀察使皇甫政建玉山斗門閘視旱澇以爲蓄洩此昔時水利也宋祥符以後民始盜湖爲田已合二湖爲一熙寧中廬州觀察推官江衍謫官至越思復之而未能乃立牌於水牌內者聽其爲田入租凡八十餘戶田七百餘頃府志言七十者誤至郡守王燧則聽民占佃而牌外占湖爲田者二千餘頃湖乃盡廢前人所謂圍湖占江而東南之水利塞者此也湖廢而水無所瀦時而浣江之水灌於西江山陰遂成巨浸明

成化中郡守戴琥邑令張焕乃建扁拖諸閘猶不足以分殺其暴漲也乃爲決塘之計決則縣涸然後疲民以築塞焉功未成而又患暵乾矣迨嘉靖中郡守湯公建三江閘兼作水澨築土塘開新河所以籌之者備至前規後隨有舉無廢利溥而且久者也若夫宋曾鞏王十朋徐次鐸諸賢皆有復湖之議有明張宫諭元忭曰三公所議非不鑿鑿可聽然當時已窒礙不行無論二千頃膏腴民命所賴即廬舍墳墓無慮千萬安可激洪水於平世況既有海塘三江閘謹修築時啓閉亦可永無患也旨哉斯言今將閘壩海塘諸事宜碑記彙紀其大略附此卷之末而以王徐二公之議鈔入藝文以備掌故仍附紀宫諭之言於此以諗後來之談水利者至鑑湖而外青田牛頭菱塘諸湖非無灌溉之利其他亦多涸廢名存實亡蓋不復辭費云

右水利

附

新竈諸閘碑記略 明 推官蔣誼

山陰會稽蕭山良田千萬頃一遇霪雨則溪水橫流遂成壑形浮梁戴君廷節以御史出守玆土深恤民患以爲小江決不可復開磧堰決不可再築故於山陰新竈栢林各置一閘以泄江南之水又於扁拖甲蓬各置一閘以泄江北之水復於蕭山之龕山山陰之新河各置一閘以泄湘湖及麻溪之水而後水有所歸無復向日之浸濡而三縣之田可以望秋成矣其有利於民豈淺淺哉

涇漊諸閘碑記略 明 王鑑之

山陰附郡之邑面山而負海四鄉之田視水之盈縮以爲豐凶

正德戊辰泰和張侯圭奎出宰吾邑以爲農事莫重於水利恒切究心以三邑之水皆宗於玉山扁拖二閘旱則儲之以資灌溉潦則決之以防浸淫然環郡之地亘數百里溪壑暴漲二閘豈能遠退故於涇溇之匯倚玉山爲固增置水閘以分泄玉山斗門之水則三江之至柘林患可除矣復於扁拖置閘左右增置斗門六洞以泄小江南北暴漲而三邑居民可均受其利矣

三江閘記略 明陶諧

紹興屬邑有八惟山陰會稽蕭山之田最下霖雨浸淫則陸地成淵民甚苦之昔之賢守置玉山扁拖二閘以泄其水水潦盛昌又設策決捍海塘岸數道以疏其流其爲水慮悉矣然二閘之口石磢如疊水却行自猪出浸數百里而田卒污萊決岸則潄湍漂駛決嚙流移而田亦淪没其功未全也嘉靖丙申歲僉

齋湯公紹恩由德安更守茲土相厥地形直走三江江之滸山嘴突然下有石磯然其西北山之址亦有石隱然起者公圖其狀以歸議諸僚屬皆往相視掘地數尺餘果有石如甬道橫亘數十丈公曰兩山對峙石脈中聯則閘可基矣遂毅然排衆論而身任之白於巡按御史周公汝員暨諸藩臬長貳僉曰俞如議公於是祭告海瀆諸神又書士方屬賦役規堰瀦授之吏而訪諸同寅孫君全周君表朱君侃陳君讓而周董事實嚴役僉邑尹方廷璽牛斗暨丞尉等慮財用節夫役屬功義民百餘十人量事期仍厚犒陳喬搞分任效勞命石工伐石於山聳重如役且授以方略使用巨石牝牡相銜煮秫和灰固之其石激水則剡其首使不與水爭其下有檻其上有梁中受障水之板板橫側揜之石刻水平之準使啟閉惟時隄築以土其涓莫測先

投以鐵纜用鐵絡發北山石投之兩旁甃石補縫峭格周施隄厚且堅水不得復循故道其近閘磐折參伍之使水循涯以行其財用出於田畝每畝科四釐許計三邑得貲六千餘兩其丁夫起於編氓更番事事部署既定乃卽工工方始月夕向晦有神燈數十往來於隄若為指示區畫之狀既役工隄再潰決復有豚魚百餘比次上浮衆疑且懼奔告於公適拾遺錢公煥在坐曰是易之中孚豚魚吉利涉大川之義也閘其成矣乎經始於丙申秋七月六易朔而告成洞凡二十有八以應經宿隄始於丁酉春三月五易朔而告成長四百丈有奇廣四十丈有奇仍立廟以祀元冥計費數千餘兩以其贏羨又於塘閘之內置數小閘曰涇溇曰撞塘曰平水以節水流以備旱乾嗚呼偉哉纜是水無復卻行之患民無復決塘築隄之苦閘之內去海漸

遠潮汐爲閘所遏不得上漸可得良田萬餘畝隄之外復有山翼之淤爲浮壤可稽田數百頃其沮洳可蒲葦其舄鹵可鹽其澤可漁其疆可桑其途可通商於噫公之舉匪直水患是除而利民者溥矣

三江閘現行事宜　明知府蕭良幹

一閘之啟閉以中田爲準定立水則於三江平瀾處以金木水火土爲則如水至金字腳各洞盡開至木字腳開十六洞至水字腳開八洞夏至火字頭築冬至土字頭築閘夫照則啟閉不許稽延時刻仍建水則於府治東佑聖觀并老則水牌上下相同以防欺蔽一閘務俱屬三江巡檢帶管遇水消長卽驗則督令閘夫以期啟閉一閘兩旁二洞向雖設不開蓋二十四洞自足洩水近岸善壞故也今築爲常平閘兩邊各二洞以水當蓄

處爲準水過則任其流庶有雨而水不漲一閘夫山陰八名會稽三名每名工食三兩遇閏加銀二錢五分水洩後閉閘用土築塞每築一洞工食銀八錢凡放閘務到底不許留板凡築閘務堅密不許滲漏違者扣其工食仍究治一漁戶往時率通同閘夫暗起閘板致洩水利及爭執洞口致有磕損今定漁戶籍口在官止許於大閘裏河扳罾不許近閘口磕損及暗開作弊違者漁戶閘夫並治罪仍責令修理漁戶定有名籍每名輸銀一錢五分貯司以備整修蓋板之用一附閘沙田一百二畝三分三釐九毫坐落山陰四十四都二啚才字號除撥十畝與湯祠僧種收食用外餘俱與閘夫佃種每年納租二十五兩三錢七分五釐三毫又草場一所每年納租五兩共銀二十二兩三錢七分五釐三毫徵收府庫另貯一匣以備異日修閘之費積

有多餘止供塘閘水利取用不得別支

修三江閘記略　明　張元忭

前太守富順湯侯之開三江也蓋㨿三邑之水而節宣之其爲利甚大語具陶莊敏記中至於今幾五十年無以苦潰告者膠石以灰秫久而剝水日夜震盪石漸泐水詣走罅中勢岌岌且就圮民始歲歲以告旱告災萬歷癸未同年宛陵蕭侯良幹以戶部郎來守越凡諸興革先所大後所小故忭得以閘告侯亟往觀悉得所當興狀白兩臺報可遂以通判楊君莊董其事而佐以縣丞鄒日輝千戶陶邦發銀千三百兩有奇役夫若干人始築堰以障水乃視舊甃所罅泐沃以錫令固其內已又發巨石凹凸其兩顛凸以當上流令殺水怒凹以銜舊甃令水不得內攻石每方丈自下而上以次衰之又斂石及其底悉爲牝牡

相鈎連令水不得外撼又覆石其上令平衍可馳蓋視湯侯所建如車蓋輔如齒蓋唇倍壯且久總其費費於築堰者十之六於石若工者十之四侯時時挐小艇往督勞凡予直毫髮必躬吏不得有所侵牟衆悦而勸時値久不雨工旦夕起凡三閲月而事成成而記謁忭者山陰令張君鶴鳴會稽令曹君繼孝也

三江修閘成規　明 余煌

一修閘先築內外大小四壩其內大壩約高二丈五尺濶五丈小壩高二丈濶三丈外壩係浮山舊基約高五丈濶七丈近閘小壩約高三丈濶三丈一內外四壩約共五百餘丈其壩樁用中號杉木數十排幷搭跳木在內又用擋潮木數千排搭架小木千餘株俱借各鎮杉木行備用如有損失計價賠償一壩樁必須以篾纜之於各鎮埠買毛竹龍鬚竹數千餘株僱竹匠三十

名劈竹打索做簣運土一壩內外約用竹簑五百餘丈遮護以
便塡土務要一青三白堅厚潤後又用草薦一千五百領以防
水浸泥蘇一水車一百部車出壩內之水出自附近山陰縣第
三四五六四十四五六七都會稽縣第三四五都里長庫斗約
用二百箇斗桶一百隻湖槽排釘堅牢灰碓四十枚灰臼四十
箇粗細篩各五面一閘每洞用石匠八名共二百二十四名於
洋山大山柯山遮門山等處各立匠頭其工價照募夫例給發
一梭墩空隙罅縫處或用鍋裂廢鐵或用碎釘塡滿俟水車乾
視罅隙之大小定議一石灰買夏履橋西巫埠老蕩好灰五萬
餘觔每百觔紙觔羊毛六觔舂用一築壩人夫約一千名每一
名工食紋銀四分五釐其扁挑鋤頭鏵鍬之類募夫自備

三江閘事蹟　程鶴翥閘務全書
國朝人

明嘉靖十五年丙申郡守湯公由德安蒞茲土建閘於三江秋七月命石工伐石於大山洋山以巨石牝牡相衔膠以灰秫其底措石鑿準於活石上相與維繫灌以生鐵鋪以濶厚石板諸洞皆極平正惟參洞外板下有一活石間有幾洞底兩旁無石板者其壘石爲防不過八九層亦有幾洞十餘層者則患洞也每隔五洞置一大墩惟近要關只隔三洞因填二洞之故壘石爲防漸高漸難或曰砌石一層封土一層石愈高則土愈高濶後所欲加之石從土堆拖曳而上則容足有地而推挽可施梁亦易上公從之閘上七梁濶二丈長五十丈下有內外二檻計二十八洞高淺洞丈六餘深洞二丈餘公初意欲建三十六洞因太長止建三十洞潮退猶能微撼又填二洞以應經宿屹然不動矣至今要關外石板下有空虛處城下起角字首洞往

西至甃字洞皆深洞內有尤深者曰慮洞要關起畛字末洞徃東至全字洞皆淺洞用檻不高閘板有置於石板上無檻者六易朔而告成

天樂水利議略　明 劉宗周

山陰之西南接壤蕭山曰天樂鄉隸四十都四十一二三都凡四都世稱荒鄉而四十一二都之間特甚爲田二萬七千畝有奇計歲入不足當潮鄉五之一至有比歲不粒登者居民苦之案越中形勝千巖萬壑外遶東西兩江而北襟大海東江在會稽外界不具論西江則自東陽發源歷浦江諸暨蕭山山陰至三江所口以出海往者鑑湖以北皆潮汐出沒之區又有西江一水以合之故全越皆爲水鄉迨漢築南塘唐築斗門沿江諸閘入我明築三江大閘漸出而拒海海潮遂不得越三江一步

而西江之水已包舉於內地矣夫西江積五縣之水包舉內地將驟決三江而不可得也勢必以山會蕭三縣爲壑於是宣德中有太守某者相西江上游開磧堰口徑達之錢塘大江仍築壩臨浦以斷內趨之故道自此內地水勢始殺獨臨浦以上有猫山嘴一帶江塘未築江流反得挾海潮而進合之麻溪橫入內地爲患叵測故後人復築麻溪一壩以障之相傳設有厲禁曰磧堰永不可塞麻溪永不可開凡以謀內地萬全如是或曰麻溪即指臨浦而言至今臨浦壩稱麻溪大壩而麻溪爲小壩云然自麻溪有壩一溪之水不得不改從猫山以合外江矣當春夏雨集之日山洪驟發外江潮汐復與之會有進無退相持十餘日天鄉之民盡爲魚鱉妄望此三萬七千畝尚有農事乎況又有旱乾以虐之坐是十年九荒至嘉靖中始建猫山閘以

司啟閉萬歷中士人復自猶山嘴至鄭家山嘴築大塘永捍江流不使內犯而內水仍不可以時泄其禍未解也今請遂言補救之策曰上策莫如移壩中策莫如改壩下策莫如塞壩窪何謂移壩麻溪之有壩也原以備外江非備天樂一溪之水也但三江未閘之先內地水患不常故割尺則尺割寸則寸不免并置麻溪於度外及既閘之後千巖萬壑同出三江獨多此麻溪一派流乎麻溪遡源趙家橋凡十五里踰壩入內河不過天鄉都半之水以之均分三縣詎盈一簣又日夜通流以出三江萬不足為三縣害則一壩之役何為者乎而說者謂猶山閘不足恃所慮仍在外江夫猶山果不足恃莫若撤麻溪之壩移壩猶山猶山永無衝決之虞而內地之萬全如故天鄉三萬七千畝一朝而成沃壤矣且壩下仍通窪口可以節旱潦其利雖不能

曾之三縣而天鄉獨受之洵稱天府之樂鄉故曰上策也何謂改壩越人久習麻溪永不可開之說以爲一開壩則三縣之禍不旋踵無已請從原壩稍改其制壩故有窿洞高廣四尺今第加廣三尺高倍之爲通流水道遇雨集之日天鄉之水從七尺窿口約束而入其流有漸不至全河一決使內地有暴漲之虞需之數日潮汛漸平又可轉決猶山以去此雖於天鄉之水不能一朝盡扱平而勢已少殺濯潦之患亦可減其六七故曰中策也何謂塞壩窿謂移壩與改壩均之有內地之虞者將必使壩外之水涓勺不入內地而後可則窿洞之說何爲查此窿乃壩內之民私開之以爲利者故其啓閉一聽之壩內潦則閉之使勺水不洩於內旱則啓之使勺水不留於外寃哉此一方民至此極乎今若遂塞此窿適還其故制而止遇潦之日一方之

民亦旣甘受其禍矣遇旱之年猶得酌彼西江存此涸鮒而無如壩以內終稱不便也夫同一天鄉而處壩內者近以有此窪洞永無旱乾水溢之虞故荒郊已改爲樂土厥田上上而科糧則一體天鄉從下下以視壩外之民偏枯極矣今但指壩內之全利以紓壩外之全害酌盈濟虛杳火之情何獨不然語至此而情愈出於無聊故曰下策也過此以往仍舊貫焉耳以土田日荒以人民日困以盜賊日繁以錢糧日逋斯稱無策將白頭之歎何時已乎雖然此特爲一鄉言利害而未及乎三縣之大利大害也三縣命脈全恃三江爲咽喉倘三江一決而不守旬日之間三縣皆平陸故昔人曰閘可決卽如前歲亢旱河流盡涸農人艱於桔槔岌岌乎有秋之無望矣閘雖千農攢鑿而水源出秦望以南不過二十里一雨卽淹一亢卽涸其勢然也幸

而前人開積堰以通外江矣誠能加築猫山之閘令其堅好如三江啓閉每遇春夏以前用土築閘既堅壁以絕江潮望秋以後遇旱則啓使一日兩潮源源而入以引灌三縣枯槁之田其爲利孰大於是即一日地方有事至於失三江之險猶有猫山一路可恃以無坐困眞萬世之長策也

麻溪壩議略　明任三宅

謹案麻溪地屬山陰天樂之西南邊境非吾蕭所轄也曷爲築以石壩而令蕭輸其工費哉蓋蕭山東南境外有纂浦江者源出金華浦江縣北流一百餘里入諸暨縣與東江合流至官浦浮於紀家滙東北過峽山又北至臨浦而注於山陰之麻溪北過烏石江又北至錢淸鎭曰錢淸江乃東入於海對富春大江而言名曰小江在府治東曰東小江在邑治西又曰西小江計

此江經流麻溪之南岸以達於錢清者皆山陰地也經流麻溪之北岸以達於錢清者皆蕭山地也水害宜均受之但南岸皆山延袤至於錢清而未斷山爲阻截被害之田土猶少若北岸並無山岡阻截一望平田而且多通江之水口一遇泛溢平田以内皆江也即不泛溢而江水由各河以入浸淫洋溢無一田廬非江也蕭山苧蘿鄉來蘇鄉由化鄉里仁鄉鳳儀鄉被害尤劇宋元迨明設策備禦但於各河口多築塘閘堰壩焉堰則有單家堰邵家堰湊堰大堰衙前堰沈家堰曹家堰楊新堰孫家堰章家堰鳳堰以遏江水内溢之勢閘則有徐家閘螺山閘以時啟閉節水之流又特築龕山石閘以爲江流入海之道壩則有臨浦大壩小壩又特築錢清大壩使江水東奔山會而麻溪要害處尚未築壩江水猶多衝入雖有諸堰閘壩害猶未除宏

治間郡守戴公琥詢民疾苦博採輿論相視臨浦江廼北有山
在江中名曰磧堰因鑿通磧堰令浦陽江水直趨其北與富春
江合並歸錢塘入海不復東趨麻溪遂令蕭山於彼麻溪營築
石壩橫亘南北石壩以內始無江水衝入南岸山陰田土固不
受害而蕭山北岸汚萊悉成沃壤矣其餘諸堰閘可不復議修
築也又嘉靖間太守湯公紹恩築三江閘以洩下流而水益不
爲害蓋宏治迄今一百六十餘年無水患者皆麻溪壩之爲利
也萬歷十六年邑令劉公會加石重建以杜禍源惟懼壩漸湮
圯以踵前患何今日突有開壩移建之議也以爲此壩不開則
害及天樂鄉一都有半之民夫此一都有半之民在壩外東南
貼近猫山閘至鄭家山嘴大塘者也澇固可通溝道由閘以洩
其水旱尤可資江水由閘以灌其田於壩無甚利害即使有害

而困此山陰天樂一都有半之土田孰與於困夫麻溪北岸蕭山苧蘿諸鄉所跨之土田也且先時建壩之初明達如戴公夫豈不軫念此方之民良亦利害有輕重地勢有緩急故不得不就築於麻溪且開壩之害不可勝言就蕭山言之麻溪未築之先屢有小江之患而不至剝膚者以有塘閘堰壩爲之屏翰也今盡廢久矣使此壩一開既無閘堰之防又無興復之費脫有不虞將如生靈何豈獨蕭山即天樂迤東沿江諸鄉水害孰與禦之其橫流錢清以北奔注於三江口者勢將倍於曩時一遇霪霖泛溢橫奔山會將並受其害詎止一邑之殷憂也爲民牧者一審諸時崇禎十六年

天樂荒鄉恤免碑記　姜圖南　以下國朝人

邑誌山陰之田爲鄉者五荒者二一曰天樂荒鄉曰江北荒鄉鄉

之爲都者四十七有奇而荒者八天樂則自四十都至四十三都江北則自四十四都至四十七都天樂處諸鄉之嶺外壤最瘠受溪洪洎暨江小江浸灌二秋往往弗登較江北爲甚成化時郡大夫戴公琥決磧堰築麻溪於四十一都之地三縣江害稍息然天樂壩外之潮壩内之溪洪害如故也余嘗過天樂周覽形勢見麻溪所爲二道一從猫山閘出一從壩之窪洞出全乎上下溢湖者四十二都也跨壩内外者四十一都也嚴登遂疊各自成患者四十都四十三都也由是觀之壩内一都半壩外兩都半荒蕪瞭若指掌則天樂之荒原不因壩之有無而始名也嘉靖泰與何公履畝定賦標五鄉四則灼攷壩内荒蕪溪洪壩外荒蕪江潮故天樂四都列下下則焉凡昔有事茲土者軫厥荒免徭減役著爲令先達祁來咸有記邇以暨江爲征闔

孔道督臺檄山陰建浮橋濟師諸里遞畏弗前爭援諉闔郡而
當時以橋墩坐天樂又刻期廹遂嚴促四都費不貲邇命益江
波險濶巨艦爲梁環鐵爲維則經始難雨日蒸損潮汐衝潰浹
年必修三年更造則經久難更風急浪高漂碎不測歲餼橋夫
二十四人以守視凡皆四都力役也崧交顧侯惻然憫念因會
議酌裁具詳兩院令天樂四都嵩值浮橋差准蠲一切以恤其
苦誠以荒都而膺橋差繁重不支何堪再困此亦萬不獲已之
苦心也及後蘭汀常公至荒民患胥奸弊以立石請侯軫荒都
如顧侯力爲陳請御史臺下觀察使轉下郡邑覈舊例以報御
史臺王公曰可其如例一切恤免勒之石庶胥罔奸垂遠靡斁
民用弗瘉公與侯德懋哉
順治十四年歲次丁酉三月日立至今康熙辛亥年里遞士民

李枝玉張季偉等具呈本府批入縣志永爲定例

江北荒鄉免重差碑略　知縣劉應斌

郡城北四十里曰四十四都江北之第一里也襟山帶海土田斥鹵而磽瘠之尤者也民生其間旱潦頻呼守土者雖時行軫恤而救荒無策明季邑令錢君苦心擘畫特爲通盤打算荒熟均分諭免南糧重差并襍項徭役著定刊書是益本諸縣志而例同天樂善政之及民固如此

清朝定鼎民物維新里遞傳霖潘源等深慮牛角馬草船夫襍差賦役紛擾向隅徒悲順治六年具控按院題叅求勒石永誌前任顧君詳允在案爰屬貞珉用垂不朽　案江田貼近邊海洪潮汎溢鹹水衝入內河或淹漬於未種方種耕耨莫施霪雨連綿田窪易於登岸或蕩没於將收未收腐朽殆盡且自湯公

建閘之後水路離遠三十餘里水口必由馬鞍寺橋逆西而轉河道繞山紆迴日久一遇水災春花秋實俱成畫餅又前山後海河道僅通一線每遇亢暘水未及旬日其涸立待田屬沙磧禾苗易焦而二萬三千有奇之田僅抵

國課閘上官田一百二十畝凡屬錢糧冊費現年賠貺湯祠春秋二祭府縣祭閘往來公務棚廠俱現里承值

大兵征勦路由海塘修整坍塌患塘動費百金設立本都兩座墩臺置造發山頂馬鞍山中屋各五間設兵瞭望多係里遞供應苦難覊逃是以本都糧從下則二畝折一徭役悉從蠲免今

康熙辛亥年本縣重修邑志里遞潘文丁同倫等又具呈本府載入縣誌附水利志之末

海塘碑略　知府俞卿

事有當爲而不爲者因循廢弛貽數萬人之害喪數十倍之利至數十年而不可救山陰之海塘是也有不可爲而不得不爲者勉强拮据盡心力爲之不避怨不畏難若有天焉默相其成俾民去其害而更收其利則山陰易石之海塘是也山陰通縣田六十餘萬畝濱於海者名曰江田江流至西南而下海潮自東北而上江田首當其衝餘田隨浸於滷海塘一日不可不修一處不可不固明矣乃當日議者不合縣公修獨摘二十里田九萬三千餘畝值之計亦左矣葢其時錢糧襍差浩繁塘外尚有高阜無恐值塘之說勢豪避勞趨逸有司遷就從之嗣後承平日久差徭減省適潮流遷徙海塘間有沖決諸豪陸續謀避中鄉值田已去四之一所存又多貧戶或賄書竄冊或賣産留差值田又去三之一康熙四十三四年以後但聞沖決不聞修

築即有泥土塞埴朝完夕潰壞禾稼蕩廬舍汨墳墓壬辰秋八月余以鷄部承乏茲土是年海潮橫溢山陰爲最越紳士告余曰此世患也公何以救吾越八十二月謁撫憲王公首責以塘務涖郡二日率同官勘蔡家塘患缺十八丈餘又勘丈午村患缺二十丈餘前任者已估工料三千四百兩給里民包修議借帑派補又勘馬鞍山患缺七丈餘是三患者潮水內射河水外削日深時潤成功岌岌乎難哉越明年正月上旬具扁舟登塘環視通塘四十餘里倚山椒者十餘里餘三十里坍如平地斷若危橋河海中流孤撑一線循塘而走望洋茲懼父老曰歲不登連三四年矣官不至此十數年矣民力竭於修塘十室而十空矣欲救茲患非因土易石不爲功余曰如父老云事綦難計非十五萬金不可盍權築土塘用救目前可乎皆唯唯從前塘

冊殘失塘長散處乃傳至十餘人各犒酒醴花紅給示一張委
官分督至四月丈午村蔡家塘報成核減工料千兩有奇馬鞍
山工費六百餘兩民出其半余捐措其半土塘三十餘里亦報
成方幸從此遞修足保無虞何意七八月間霪雨連旬山水瀰
漫不得已齋戒撰文臨塘禱祀中鄉幸免漂蕩而江田不可問
矣唯時有以江歸江之議偕縣令將原田九萬餘畝造冊圖分
歸江承佃業經道詳批允豪猾輩復借端妄聳督憲范公蒙批
行詳彼此駮延歲餘方成定案而告災告蠲告賑紛紛無虛日
民情愁怨次年撫憲允余請咨部發官銀四千六百餘兩核減
繳庫四百七十兩星夜促修以故丈午屢坍之塘得堅固者一
百九十一丈雖他處間有罅隙是年田禾獲十之三四隨據士
民公詞詳請督憲滿公撫憲徐公朱公先後籌度飭催藩憲段

公親勘即發銀五千兩預備工料除丈午村一百九十餘丈已修不估九墩餘塘二百九十丈七里餘塘八十六丈先係余捐修不估外實計險工三千六百餘丈節估工料三萬三千五百有奇江田九萬餘每畝捐銀一錢得九千餘兩通縣田除免派減派每畝捐銀三分得一萬三千餘兩興工於五十五年四月最險工告成於七月次險工告成於明年三月向之未估需修者已修需補者又四百六十七丈告成於八月是役也勞民將五載而民世世賴之費貲近四萬而十餘萬之工竣焉一開於上憲之恩澤一出於小民之膏脂塘以外滷地數十里日出鹽千萬計塘之易石奕世永賴是亦有民社之責者禦災捍患之一端也成不成未可知今幸而成矣尤望將來同志君子勤恤民瘼克保成功是不可以不記若夫出納不染者山邑大尹楊

爲械辦事得宜者二尹李蕙督工勤慎者白洋巡檢曹滮三江大使張斌東關驛丞黃以信俱得勒名書役宕戶工匠有勞者姓名亦刻碑陰其詳稿示文關塘務者另立石記之

江田歸江詳文略　前人

看得事有習久不察積成大患者莫如山陰之海塘有循名核實可以救弊補偏於民無損而事有濟者莫如以折補中鄉與歷年詭避之江田統歸江北之一策紹興八屬五縣濱海如餘姚上虞雖有潮洪幸患處尚少卑府稍稍捐助鼓厲興工會稽海塘雖多低薄然地形原高離海稍遠蕭山地居上游塘分三等歷年修砌如瓜瀝塘最險之處亦漸次易石築完已收實效獨山陰海塘承築之人皆零星散處而附近居民又視非已事漠不相關上年潮衝丈午村蔡家塘二處患口共約二十餘丈

估計與修借發司庫銀三千四百兩卑府到任卽往海塘勘督尚謂只此二處須修耳本年正月再往查看自宋家漊至九墩止共塘四十餘里內中有土有石者十之一二離海稍遠十之一二尚可無虞其餘則在在低窪坍塌竟有人不能行之處查訊土人則謂歷久不修花戶亦不知自己應值之塘在於何處再三搜求提比二甸方有值塘底冊因令照冊承值缺者補完低者築高薄者加厚除二處親行勘築完工計到塘工料日報核實減銀一千零四十兩八錢五分報明在案其餘各塘亦俟成一規模此本年四月間事也不料七八月內大雨風潮狂驟不但低薄者遭沖而石塘併向來老塘亦沖去大半水勢稍退重新督築遇實在貧難者又經設法借助至如四十四都一圖等甲承值之田止四十餘畝因積患之後自認每畝出銀二兩

竭盡膏血不償工價十分之一只得率同山陰新合發工食築成土塘開春方得加石卽此一處其難其苦不能盡述通縣之塘大率類此況來歲秋雨風潮仍有坐細之憂矣所以至此極者一由於前人立法不善一由於豪猾詭避多端海塘最厚者不過二丈如四十四七等都內爲河水侵灌外當潮汐衝激時時修築猶有意外之虞查山陰通縣共田六十餘萬畝糧分六則如湖田每畝徵銀一錢三分零至於江北共田九萬三千四百六十七畝零每畝徵銀九分一釐零原因近海須築塘自保故輕其稅額康熙十年間豪猾賄通將九萬餘畝江田內分出一萬九千餘畝折補內鄉當四千八百畝之差循名爲均偏實開詭避之始夫通縣之塘不合通縣之田同值而於江北近塘田內又縱其詭避所謂立法之不善也自四十四年迄今歲歲

潮患而田在江北之人皆視折補者爲得計凡有勢力之族祇知囑託情面賄買冊書鑽營巧避惟餘眞正窮人反令年年坐值所謂豪猾詭避貽害於無窮也風潮難以預料工費無項可那責之坐塘彼已筋疲力盡有具呈請派通縣併派山會蕭三縣者不知上年三千四百兩内通縣亦衆議協帮二千兩及經核减至今尚未徵還是通派仍非長策正在斟酌妥議間據余清等以江歸江衆擎易舉等詞具呈本司批發卑府查議而何大鏞周聖泰等請照蕭山分作三等通行派值等詞具呈到府查折補一說原屬支離海潮爲患先及江田不因折補而免其漂沒乃藉折補而抗不築塘是移害他人而實自貽伊戚況今里長既革徭役全無尤不得以從前均徭之説混行搪塞應請俯順輿情將折補中鄉一萬九千四百餘畝之江田併前詳凡

有詭避坊都之江田盡行還歸江北仍合九萬餘畝之數照蕭山之例查明通縣海塘以不用修者爲一則需小修者爲一則需歲修者爲一則各令均分承値倘遇大潮冲決臨時又統行公築俾有定例而無偏枯且循名核實較之攤派合縣耑責坐塘均爲無弊積久歲修漸次易石誠爲萬全之策亦出合縣公論獨倪金章等數人以曾在中鄉役過軍興爲詞不知折補實係伊等巧避釐次潮患彼皆安然事外勞逸尚難相抵無容再爲藉口惟是積久錮弊急思釐正補救非詳奉憲允不敢輒行區別耑候憲批至日細行分別造冊另送憲核定案以杜弊端以垂永遠

江田告示略　前人

居官莫大於爲民避害莫切於自保山陰海塘十餘年來時坍

時築五十一年潮沖丈午村蔡家塘馬鞍山三處成患蒙各憲借帑興工但初報之時馬鞍山不在其內及本府查勘該甲田最少只得另行那助併從花户竭力築完其餘一應坍塌小缺但查令應値隨地修補但風潮最難預料時時復有沖決計其修築之資併被淹之禾每歲輕則數千重則數萬此皆江田切膚之害本府日夕焦勞計無所出訪問輿情揣度形勢因有以江歸江之議然恐勞逸不均當於詳內聲明分爲三則案里分承遇小患則一里同修大患則全塘共協併不假手吏胥將一應詭避折補還歸之田而同縣令拈鬮造冊詳憲方期衆志成城漸圖易土爲石以垂久遠此本府一片苦心恐爾民未能周知因示取遵依二十二里中已據十七里繳送在案獨有數雚狗私之徒不思築塘所以自衛反行妄控皆因蠹胥奸棍從中

煽誘謂戶在中鄉可以狡避承值豈知田在江北何嘗不仍受潮患此輩祇知鼓衆科斂以飽私橐不顧衆人永遠利害有産之人與其徒思規避而田廬聽命於波臣何如通力合作永圖鞏固爲此示仰山陰江田人等知悉嗣後無論新歸舊存俱要一例承值海塘不得藉口中鄉折補爾等自思近海之田歷來潮患曾因折補免其漂沒否節年江田無收曾以戶在中鄉不與江北同患否以此度之則歸江原以自保而違衆適以自害況平日分值遇患通修有何偏袒尚爾執迷不悟今本府方百計保固而有田之人反以規避爲得計則亦良心喪盡者矣除爲首科斂之人廉訪得實毋論衿監里書勢豪蠹棍通詳重究恐愚民被其煽惑特再諄切曉諭

勘案略　前人

審看得力役不均必致窮黎失所全書有據豈容豪猾私刊查山邑全書額田六十二萬一千七百餘畝分爲六則隸於城坊中鄉等都者素稱沃壤坐落江北四都等區者計九萬三千四百六十七畝名曰患都苦樂相去不啻霄壤博採輿論細查原委方知江田九萬三千四百六十三畝向來田坐何處即值何塘從無推諉亦無規避自康熙十年間據蕭普縣條陳每里以三千畝爲則遂有奸猾之徒乘機借名折補將歷久值塘之田摘出一萬九千餘畝補入中鄉而江田減去十之二矣四十年後又有效尤避入坊都者共一千四百餘畝減去十之三矣自此江田日少潮患日大稅雖撥入坊都而田址仍存江北無人代築告及通縣因據余清等以江歸江之請批行到府將江北顛連困苦情形剴切詳明以江歸江通力合作已蒙各憲鑑允

在案今有董夏朋等同係一事分爲七詞各稱中鄉城坊之田
向來承値禹陵城垣等語查禹陵上年奉文遣官諭祭係卑府
捐資差會稽縣官修理並不間之山陰城垣亦同邑令設法捐
修次第告竣原無絲毫有累里民又稱十三年軍興旁午中鄉
每畝費銀三十兩等語查十三年七月十三日有諸暨嵊小賊
騷擾府城偏門外至十五日卽有提標援兵及城兵內外夾攻
四散奔逃有何大費後雖官兵往來不過船隻人夫自十三年
七月至十五年隨卽蕩平檢查舊案是時江田一例供役至二
十八年始詳免差役以六十餘萬民田迎送兩年過往官兵卽
使畝費五錢統計亦有三十餘萬今云每畝費銀三十兩是山
陰一邑已費銀一百八十餘萬不知紹郡各縣費過幾千萬兩
又稱一田兩役不甘苦累夫從前旣補中鄉則江北無差今將

補田復入江北則中鄉無差有何苦累況所造書內有江田一萬七千九百餘畝折作中鄉田四千八百畝等語是江田一畝僅抵中田二分七釐伊等既避江北值塘之役又暗減中鄉一萬四千餘畝之差尚云一田兩役亦良心盡喪之言也行據山陰縣回稱康熙十年並無刊書底本存房明係揑造即使是眞亦係前任縣令賄徇轉詳並未奉有督撫批語何云忠貞公手定其餘破綻難以盡述查江田九萬三千四百餘畝載在全書今刊書云亘古以來江田止有七萬六百八十餘畝等語是違部之全書竟不足憑而一時之私刊反足為據矣此項江田自詳蒙批允造冊之後卑府同縣令當堂鬮撥繕冊呈送并取各戶遵依在案其未繳遵依者董貴朋劉吉人等計其田不過數百畝而作俑倡梗者又僅董貴朋朱信友沈文謙等二三人今

歲照田照塘董事與工沿江各戶欣然樂趨獨此輩懷私貲鼓若不少加儆飭則江北二十里力不能支害不勝言伏乞憲臺速賜轉詳免彼等中鄉差徭着令承值海塘更番一二頂名健訟之生監救萬千流離瑣尾之災民造福海疆非淺鮮也

修塘工費章程文案略　前人

山陰海塘歷年修築費盡工資而坍塌時聞必得如丈午村一槪易石方可永砥狂瀾先經詳明一面確估自四十四都一圖起至四十七都下五都止一十八里塘工計長三千六百一十四丈九尺零將石料土方層數人工石沙樁脚分別險要及稍次處所統計估銀三萬三千五百二十兩零卑府議令江田每畝出銀一錢據數可得九千三百四十六兩七錢五分零通縣除山天田不派外凡湖中下等田每畝出銀三分通邑計田可

得銀一萬三千六十四兩四錢六分零共得二萬二千七百四十兩四錢八分極知江北歷受潮患不能多出而事同剝膚築成永享利賴通縣協帮原有成例此番大工各里吏誼無可辭其催收銀兩分修築督事宜每啚報殷實塘長一名耑司催輸每甲報殷實甲長一名耑司修築催銀不齊責在塘長工程遲悞責在甲長收銀之法仿照征糧成式每都設櫃一張用兩連印串幷日收櫃鑰令民自封投櫃塘長輪流自收給照歸農工匠領銀務同各啚塘長面同具領賫赴卑府驗明給領即取領二紙一報卑府一存縣卷工完據實報銷甲長經役人等止令催趲工程不許銀錢涉手庶實工實料可杜侵漁更有請者山陰歷年修築海塘卑府捐發不下二千餘兩今易石大工統計三萬三千有奇除分別勸輸外尚不敷銀一萬七百八十兩零

不得不仰懇憲慈將通省公務內撥給以成不世鉅工伏候憲
裁
俞公塘紀事略 陳綏
海塘者越之巨患也越環江負海潮汐出沒實賴司牧者奮不顧身力肩鉅任以彌縫天地之缺陷迨至功成而民食其德者或千餘年或數百年自有越以來局凡三變而民之托命者凡三公漢馬公明湯公今陸涼俞公也三公遙望於二千餘年之間而其相須若左右手故海變而澤益深溥今日稱極備焉馬公以順帝永和五年涖郡相度地形南列萬山淸泉迸注乃築爲大堤以蓄三十六源之水名曰鏡湖東堤自五雲門至曹娥江西堤自常禧門至西小江堤之下皆田旱則洩湖以漑田澇則洩田以歸海湖周回三百五十八里漑田九千餘頃越郡遂

爲樂土此一變也至宋眞宗時民始侵耕湖壖爲田初止二十七戶耳至徽宗政和末郡縣侈供奉乃聽民播種起科遂決湖爲田至二千三百餘頃歲徵米六萬石以爲天子私藏而九千頃者無歲不罹水旱司農奏請議賑出比入多衆議復湖終絀於力而止其後湖田日闢屋廬墳墓日稠自元迄明人不敢議復湖乃專事於海濱海之地築塘貯水民旣受水之利而害亦隨之每歲霖雨漲發則陸地成河明成化間浮梁戴公守越建扁拖閘與舊時玉山斗門爲兩尾閘以瀉之然閘口稍隘橫流郄行而不能出安岳湯公來於三江之滸建大閘百餘丈分爲二十八洞然後三邑之水漂駛直逐雖稽天之浸不數日而循故道此又一變也湯公建閘在嘉靖丁酉去今百八十年甲子三周水不能以久安康熙壬辰八月風雨大作海波矗立數十

丈南滙上窰諸山又裂爲洪水沿海一線土塘頃刻盡崩漂沒禾稼室宇不可勝計十二月俞公守越郡視事二日即至海塘遍閲之塘夷爲平地而馬鞍山丈午村蔡家塘諸要害爲内水所漱齧深至五六十丈公乃貸金三千餘兩於方伯庫中僱夫千餘人畚掘齊舉塘遂告成此癸巳四月事也至秋颶風復盛海塘毁十里復潰民相聚哀呼公毅然任之盡出俸薪所餘不足則佐以罰鍰又不足乃大索江鄉隱田隱田者山陰四十四七諸都名江北田共九萬三千餘畝不預一切徭役專修海塘塘成則先受其利塘毁則先被其害以其最爲切膚故前人捐而予之使之自護康熙二十年間豪民爲詭避計逸出二萬畝寄於中鄉存者力弱不支皆相率坐視故塘日壞公乃鈎摘其田之在中鄉者報聞盡歸於江豪民乘制府范公至浙攀輿環

怨且以忠貞公撫浙時手定爲辭蓋卽制府尊人也寔因此聳動賴公力持之卒不爲撼公又念土塘一時之計非盡易以石則不堅乃泣告於大中丞王公請銀四千有奇先築丈午村後中丞徐公又輸銀五千兩餘則江田與通邑任之長堤四十里俱纍纍疊以巨石牝牡相銜始於丙申訖於丁酉年餘而大功成邊海數十萬戶有更生之慶此又一變也夫馬公之湖利在瀦湯公之閘利在洩得公善其後而萬全無弊公之事比於古人其難十倍人情澆薄怨謗易興一也湖止三十六源湖之銜突千里二也湯公建閘銀課之田畝役繫之丁夫費不滿萬金今五倍於昔工皆僦募三也國家裁抑浮費大臣皆耆老重德不樂更張非精誠信於各憲不能呼而輒應四也憸民騰言紹述公排羣議而從之五也二年之間塘再成而再圮人人倦且

怯束手諉於天數而公獨卓立不顧六也鄰郡亦以塘興大役羽檄徵越之石與匠人非調劑得宜則勢將坐絀七也負此七難以成百世之大利惟斷而行之故金石開而鬼神避塘成民其爲祠以祀公而名之曰俞公塘云

趙公塘碑略　編修王增

乾隆三十八年河間趙公遷山陰令四十一年四月大水西江塘決西江塘者山會蕭三邑保障隸蕭山非山陰所轄是時三邑居民樓寄山麓一切蕩然停棺厝墓漂沒萬餘府憲席公爲民請命撫藩各憲周覽賑濟之餘命蕭山縣次第修築而西江塘首之患潰三十丈漱深五丈當易土以石謂非趙令不勝其任公毅然曰諾爰選材鳩工糾以紳士老成練達者四人案今呈報四人曰孫奎張青錢金懋中張鎮華始九月中旬明年正月初告成塘長三百尺

高五十尺厚加十五尺殺其上得厚四十五尺而塌水外輔不與焉其用材木四千二百有奇甃石二十八疊積二千三百丈而礨礫墊實不與焉舂灰幾萬斛秫粥濤湅不與焉稽其力民工石工通一萬有奇胥役奔走不與焉可謂勤且盡矣今之治塘者多塗民耳目以蒙大吏不數年水患如故民禍因之公以此塘山會蕭民命所係毋苟簡毋飾觀毋爲吾惜所修雖一隅不以一隅故而忽則西江之塘以一隅建不朽之業人必以吾一隅之故亦各建不朽之業嗚呼公之盡心於民若此以視今之事事孰得孰失必有能辨之者民咸感公德名之曰趙公塘礱石以記其概且詩以頌公詩四言刊此石後

圖二

三江閘圖

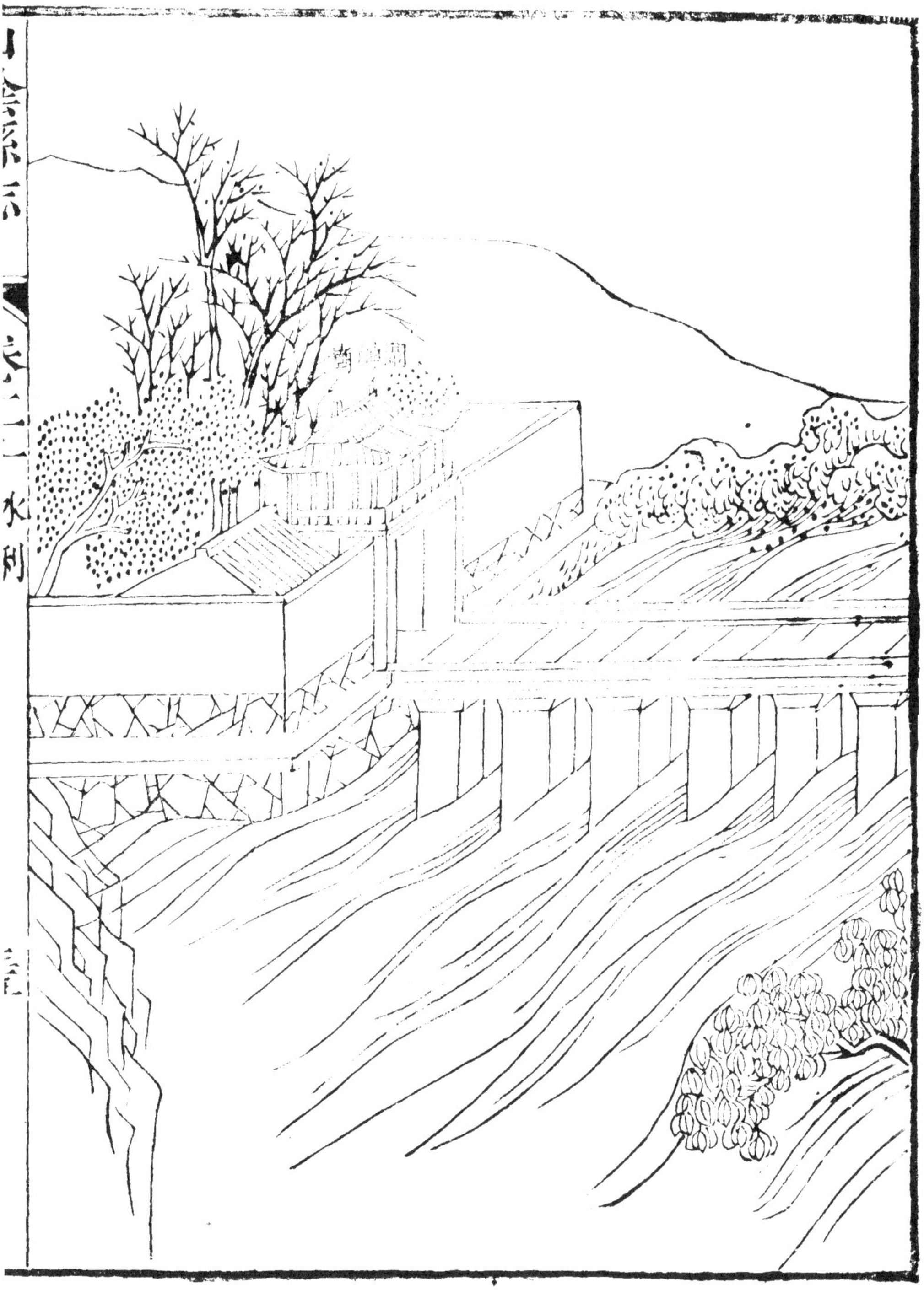

古鑑湖水利圖
南
秦望山
鑑湖亭
道士庄
和尚橋
西
西小江
鑑湖舖
則水牌
西墟斗門
中堰
廣陵斗門
新逕斗門
白樓閘
白樓堰
中堰
石堰
湖桑堰
沈釀堰
蔡家堰
葉家堰
許堰
章家堰
賓舍堰
抱姑堰
北

東小江
嵩尖
嵩斗閘
東
天柱山
南鎮
會稽山
山川壇
禹陵
三橋閘
方干島
曹娥斗門
彭家堰
曹娥廟
許家堰
樊家堰
王家堰
瓜山斗門
少微斗門
小陵閘
東郭堰
南堰
東郭閘
都泗堰
都泗閘
則水牌
遠門堰
石堰
大棣堰
皋埠堰
樊江堰
王平堰
茅洋堰
陶家堰

山陰縣志卷二十一

政事志第三之三

古者有民人社稷之寄得祭其境内之山川神祇凡小戴記所載自法施於民以至禦災捍患皆宜祀之今之命祀蓋本於此域中亦大槪相同志壇廟所以重祀典也他如里社土神舊賢名宦足以庇蔭農民協於義理者有舉無廢並著於篇所謂饗於克誠庶亦無諂無黷哉

南鎮廟案南鎮山雖隸會稽而山陰志理宜兼載已據明史錄入志山卷中並詳說之矣既載鎮山則廟同一例故首載之在縣南一十三里周禮職方氏東南曰揚州其山鎮曰會稽秦并天下以會稽山爲名山祭用牲犢圭璧晉成帝咸和八年會稽山從祀北郊隋開皇十四年詔就山立祠且命巫一人主灑掃多蒔松柏於祠下唐天寶十年案此據唐書所載年分與太平御覽不合互見志山

（卷中）封永興公歲以南郊迎氣之日祭之宋淳化二年以立夏日祀南鎮永興公於越州後加永濟王元大德二年改封昭德順應王（金亦有封號詳碑刻卷中）明洪武三年詔去前代封號止稱會稽山之神每三歲一傳制遣道士齎香帛致祭登極則遣官告祭災眚則以祈禱每歲有司以春秋二仲月祭其期後禹陵一日

國朝

世祖章皇帝遣官致祭二次

聖祖仁皇帝遣官致祭一十一次有

御題匾額（恭載卷首）

高宗純皇帝遣官致祭一十四次有

御題匾額（恭載卷首據府志）今

上嘉慶紀元遣官致祭二次（續增）祭用牛一羊一豕一登一鉶左

右各一左簠二右簋二左籩十右豆十酒爵三燭二燈十盞祭日執事官各司其事贊引官引承祭官盥洗炷香行三獻禮自迎神至送神俱三跪九叩頭禮畢乃退其典儀贊引讀祝以本邑禮生充執事官以州縣佐貳官充地方正印官以下俱陪祀府志

唐貞元中羊士諤有碑餘詳碑刻卷中

夏禹王廟在縣東南一十三里張晏云禹巡狩至會稽而崩因葬焉漢書司馬遷傳注啟即天子位使使以歲時春秋祭禹於越立宗廟於南山之上禹以下六世得帝少康封其庶子於越號曰無余春秋祀禹墓於會稽吳越春秋禹陵舊在廟旁今不知所在獨窆石尚存高丈許狀如秤權東廡祭嗣王啟而越句踐亦祭別室鏡湖在廟之下爲放生池臨池有屋若亭又有明遠閣懷勤亭懷勤取建炎御製詩登堂望稽嶺懷哉夏禹勤也乾德四年詔

吳越立禹廟於會稽置守陵五戶長吏春秋奉祀嘉泰志　明洪武三年訪歷代帝王陵寢浙江行省進大禹陵廟圖九年詔令五百步之內禁人樵採設陵戶二人有司督近陵人看守每三年傳制遣道士齎香帛致祭登極遣官告祭每歲有司以春秋二仲月祭嘉靖中閩人鄭善夫攷定禹墓在廟南可數十步許知府南大吉因立石刻大禹陵三字覆以亭

國朝康熙二十八年

聖祖仁皇帝詣廟致祭有

御題匾聯恭載卷首並奉

上諭修理發帑金二百兩給其後裔增守祀二人凡遣官致祭六次雍正二年奉

上諭於禹陵應修處所勘估修葺敬謹防護凡遣官致祭二次

乾隆十六年
高宗純皇帝詣廟致祭有
御題匾聯並奉
上諭姒氏子孫予八品官奉祀俱詳卷首部議以姒恒何授八品官
仍准世襲凡遣官致祭一十七次據舊志並府志今
上嘉慶紀元遣官致祭二次祭儀與南鎮同又塗山大禹廟在
縣西北四十五里山之南麓宋元以來咸祀於此明始改祀於
會稽山陵此廟遂廢又一在三江巡司北據舊志並增
謹案禮部則例凡因事祇告嶽鎮海瀆及前代帝王陵寢奏派
遣官致祭惟南鎮夏禹王陵俱於紹興府展禮恭逢
聖祖
高宗巡幸茲土

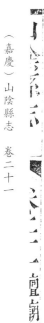

覲展
明禋益昭盛典山陰首邑尤被光榮而一鎮一陵更非年例常
祀者比敬登卷端並附圖於末
社稷壇案宋志在柴場坊今制凡縣附郭者俱祀于府壇舊壇
遂廢府壇在迎恩門外舊志
案壇廟附府者祭品禮儀俱詳府志
先農壇附祭府壇在五雲門外一都一啚據府志補
風雲雷雨山川壇附祭府壇在會稽山之陰據府志補
關帝廟在鎮東閣側曰龍口廟康熙五十五年知府俞卿修乾
隆二十三年知府張廷柱重修五十五年知府興安重修一在
縣南演武場內乾隆四十五年知縣趙思恭重修各坊里所建
者以百計縣南一里畫壁廟最靈顯舊志叅攷府志謹案乾隆四十一

年奉
上諭關帝在當時力扶炎漢志節凜然乃史書所謚並非嘉名
陳壽於蜀漢有嫌所撰三國志多存私見遂不爲之論定豈得
謂公從前
世祖章皇帝曾降
諭旨封爲忠義神武大帝以褒揚盛烈朕復於乾隆三十二年
降旨加靈佑二字用示尊崇夫以神之義烈忠誠海內咸知敬
祀而正史猶存舊謚隱寓譏評非所以傳信萬世也今當抄錄
四庫全書不可相沿陋習所有志內關帝之謚應改爲忠義第
本傳相沿已久民間所行必廣難於更易著交武英殿將此旨
刊載傳末用垂久遠其官版及內府陳設書籍並著改刊此旨
一體增入（禮部則例）

文昌閣在學宮集賢門內舊志嘉慶六年奉
上諭京師地安門內舊有明成化年間所建
文昌帝君廟宇久經傾圮碑記尚存特命敬謹重修現已落成
規模肅穆朕於本日虔申展謁行九叩禮敬思
文昌帝君主持文運福國佑民崇正教闢邪說靈跡最著海內
崇奉與
關聖大帝相同允宜列入祀典用光文治著交禮部太常寺將
每歲春秋致祭之典及一切儀文仿
關帝廟定制詳查妥議具奏新增
謹案邑中建祀始徧府志在府治前直街今改從學宮
予帝廟舊在蓬萊閣下宋郡守汪綱移建卧龍山上崇善王祠
前城鄉多有不具載舊志

雷祖廟即雷殿在上城隍廟東舊志

火神廟在寶珠橋之側明嘉靖四十四年縣多火災知府楊兆相建舊志

府城隍廟舊在卧龍山西南之巔明洪武年祀於山麓其上存爲古勝槩焉下廟殿之東有思敬堂今改爲文昌祠其前有凝碧池池上爲石橋上廟門臨絕壁右有星宿閣下有池前有堂今爲佛龕右有會善堂今易名豁然堂坐攬奇勝萬歷十二年下廟殿災知府蕭良幹重建視舊加壯麗

國朝康熙五十四年知府俞卿重修上下二廟其上廟星宿閣久燬惟池基略存乾隆五十六年知府李亨特重修又府城西三十里柯亭北有城隍行祠府志

案嘉泰會稽志云神姓龐諱玉唐書忠義傳龐堅四世祖也京

兆涇陽人爲越州總管威望甚著惠澤在民既卒郡人追懷之祠以爲城隍神歷封至昭順靈濟孚佑王詳見府志

縣城隍廟舊在靈承坊久廢明嘉靖二十一年知府張明道知縣許東望建於太清宮側與鎮東閣對萬歷二十四年知縣耿定栢改建於演武場東紫金坊國朝康熙四十年知縣顧彪重修府志

邑厲壇附祭府壇在昌安門外據府志補

土地廟在縣頭門內東側府志

里社壇洪武制每里一所今或廢或存舊志

鄉厲壇洪武制每里一所今廢舊志

東嶽廟在縣東北三里許舊志有侍神馬將軍傳

藥王廟在縣北三里東光坊新增

天后宮在三江所案

天后神歷代累顯神異至

國朝顯應尤著濱海之處多立廟宇不可勝載惟寺額舊稱天

妃今奉

勑封改稱天后府志一在府山後一在水溝營一在光相橋西皆

遷官建舊志

都土地廟一在如坻倉東一在戒珠寺南舊志

案都土地廟即史魏公廟公治越時惠政甚溥詳見各邑志中

而如坻倉東之祠誤神姓為李詳後史魏公祠條下

名宦祠在儒學祀漢山陰令王關吳山陰令遷會稽太守吾粲

山陰令當陽侯朱然晉山陰令遷益州刺史沈叔任領國史補

山陰令干寶山陰令王鎮之宋山陰令行會稽郡事顧凱之齊

山陰令郟仲孚元山陰縣達魯花赤定定山陰丞戴正明山陰縣知縣陞太僕丞金爵山陰縣知縣累官兵部尚書王倬山陰縣知縣累官浙江按察副使許東望紹興府推官掌山陰縣事徵拜御史陳讓山陰縣知縣徵拜給事中陳懋觀山陰縣知縣歷官尚寶少卿徐貞明山陰縣知縣徵拜御史毛壽南山陰縣知縣余懋孳山陰縣知縣陞御史馬如蛟錢清北壩官李子元

國朝太子少保總督浙江兼管鹽漕李衛山陰縣知縣陞吏部員外郎顧予咸山陰學教諭陞陝西伏羌縣知縣蕭霽有司春秋祭舊志增訂

案舊志所載入名宦祠者止有明人金爵王倬徐貞明毛壽南余懋孳馬如蛟六人康熙府志亦止載六人與舊志同蓋卽據邑志續入者攷乾隆十四年凡名宦鄉賢俱奉文附祀府學而

五十七年新修府志止載推官以上不及縣令今檢查縣祠所存栗主則有二十二人較前幾三倍之其明以前者何時所補明以後者何時所增皆不可攷矣亟錄其姓名並略述顛末如右至余公懋孳見於舊志而無主李公衛應祀府學而有主姑兩存之

鄉賢祠在儒學祀漢尚書僕射鍾離意大中大夫陳囂晉光祿大夫丁潭徵士戴逵梁廣州刺史王琳宋平章事祁國公杜衍尚書左丞陸佃國子監祭酒知明州姚勔資政殿大學士陳過庭贈刑部尚書俞亨宗狀元戶部尚書開國公王佐翰林學士知池州事錢勰祕書郎唐閱義士唐珏明大理寺少卿呂升都察院右都御史王暹河東運使周鈍雲南布政使薛綱禮部左侍郎陳復監察御史贈光祿寺少卿朱節處士鐳績工部尚書

贈少保何詔四川成都府知府費愚南京刑部主事茅宰監察御史歷知嶽池二郡祁司員知府王爕詔封順天府府丞朱東陽贈文林郎丹徒縣知縣徐敬贈陝西道御史陸璋太子少保兵部尚書吳兑太僕寺少卿馮應鳳山陰縣學增廣生劉焴贈江西布政司右參政劉璽陝西右布政司祁清雲南大理府知府諸萬里工部尚書贈少保諡恭簡王舜鼎湖廣安陸府推官李槃通政司右通政朱敬循孝子陸尚質廣東韶州府通判朱貞元廣東南海縣知縣朱光熙六合縣知縣沈縉以上四十二人舊志有名今亦有主漢太尉鄭宏宋權吏部侍郎兼祕書監莫叔光右文殿修撰知江州莫子純明國子監助教陳鐵言桂林府知府張景琦吏科給事中吳舜兵科給事中巡撫九邊周祚江南參議張以宏處士王文巡撫應天都察院右副都御史王元敬贈州同知

胡夢雷六合縣知縣沈王梁進士湖廣承天府司理李大蘭
國朝巡撫甘肅寧夏都察院僉都御史張尚贈湖廣道監察御
史何治仁湖廣道監察御史何嘉祐封奉政大夫晉元錫贈翰
林院庶吉士余維封懷遠將軍福建尤溪縣知縣虞敬道理學
勞史以上二十八舊志無名今有主漢吳興大守孔嚴元隱士賜謚莊節先生
韓性明處士王文轅贈通議大夫按察使王鈺以上四人舊志有名今無主
有司春秋祭舊志增訂
忠義節孝祠在上植坊府志今植利門內新立節孝祠乃各後裔
仿照舊規公捐拓建春秋致祭呈報
昭忠祠在府城隍廟大殿西首嘉慶八年奉
勅建以近年勦辦川楚逆匪爲始凡官員兵勇陣亡者一體入
祀紹屬有文武官弁七員貴州鎮遠縣知縣王懋德四川重慶

府守備夏繼元湖北房縣九道梁巡檢黃詔湖北來鳳縣典史張寧四川江津縣典史楊炳文以上山陰人　雲南游擊陳大定諸暨人投效湖北軍營縣丞林江上虞人　並設位於祠春秋動用兵餉致祭其前此殉難官弁已入　京師昭忠祠者各仍舊制縣冊

案舊志祠與廟各爲類未詳所據爾雅釋宫云室有東西廂曰廟周禮小宗伯禱祠于上下神示史記封禪書文祠與祀通蓋廟言其制祠言其事二而一者也司馬光云古者天子至官師皆有廟秦尊君卑臣無敢營宗廟者漢世多建祠堂然封禪書九臣十四臣皆稱廟周天子則稱祠固述秦并天下以後事也下云雍菅廟漢書郊祀志作雍菅廟祠則二者之不必分明矣舊志於越王稱祠于朱太守劉太守稱廟且同一太守而或祠或廟亦無定稱今先列邑之典祀暨四方之通祀至往聖先賢

名臣忠烈各祠依憲頒防護錄隨時代編次錄所未載而有時代可攷者以代附無攷者總列於後或云祠或云廟從土俗所稱書之庶覽者易曉焉

古倉帝廟在卧龍山之西即古郡西園地舊有倉帝祠祠之旁文昌神附焉明山西按察使鄭一麟重建有碑記歲久復圮國朝乾隆元年邑紳士重建大門內正殿三楹中奉倉帝左右配先聖沮誦先賢史籀胡毋敬程邈內爲山陰舊義學曰龍山書院上有魁星閣文武帝殿六君詩巢六君者唐賀知章秦系方干宋陸游元楊維楨明徐渭也府志防護錄 八 知縣劉旻有記案防護錄乃撫憲所輯檄行各屬專爲防護祠廟剏墓而設是志徵引新書惟此一種特識

伯益廟在城西十五里三十都二啚木柵山頭佘防護錄 明蕭鳴鳳有記

越王祠祀越王句踐在府西北二里久廢明嘉靖十一年知府洪珠即西光坊光相寺基改建益去舊址又西北一里許歲久復圮

國朝乾隆五十年知縣金仁重建以越大夫文種范蠡皆成諸稽郢句如皐知計硯曳庸浩扶仝栢稽十一人配有司春秋動支地丁致祭府志防護錄入邑人蔡宗堯有記

文種祠在縣西一里常禧坊常禧門內清涼橋防護錄

范蠡祠在蕺山麓天王寺後明通判馬承學所立下有泠然池越守洪珠書鐫石壁上萬歷四年加祀文正公仲淹恭獻公純禮舊志

言子祠在武勳橋側知府俞卿建設山陰義學於此府志防護錄入有司春秋致祭縣冊俞卿有碑記　以上周

案言子祠義學今廢

江東廟在縣城東北三里神姓石諱固秦時顛入祀於顛江之東漢陳嬰討南越神佑之以捷報此廟祀之始越之有廟不知始自何時宋賜額曰嘉濟府志

案城中江東廟有二一隸會稽此在大善寺內

項羽廟在縣南十五里項里溪上以亞父范增配食不知始自何時傍有聚落數千戶歲時奉祀府志

朱太守廟在昌安門外文應橋西漢太守朱買臣守郡有破甌越闢境土之功民立廟祀之府志防護錄入有司春秋致祭縣冊

馬太守廟在縣西六十里廣陵陡門上一在鑑湖東漢馬臻爲郡守開湖築塘遺利甚溥詳水利卷民立祠祀之舊志防護錄入有司春秋動支地丁致祭縣冊

案舊志有利濟王廟在縣西南五十五里祀太守馬臻疑即此縣西之廟府志會稽縣南五里馬太守廟疑即此鑑湖之廟以嘉泰志屬會邑相沿不改耳

劉太守廟舊在禹會鄉郡人建以祀漢太守寵唐曰靈應廟宋改封靈助侯元至正間周紹祖移建於錢清北鎮舊志

國朝乾隆十六年

聖駕南巡舟過其地有

御製詩勒石祠前防護錄　御詩恭載卷首

徵愛祠在臥龍山東麓祀漢太守劉寵宋太守范仲淹府志

義愛祠在臥龍山東舊爲明知府王昇期祠徵愛祠圮乃移漢太尉劉寵宋大參范仲淹二像入王祠久之王祠亦圮康熙十一年知府張三異撤而新之以前堂祠漢壽亭侯而其後並列

劉王范三公皆郡守也總額曰義愛祠已又增入明知府許如蘭後并張三巽與義士唐珏並祀于右楹五十四年知府俞卿捐俸創修郡人落成乾隆五十六年知府李亨特又修之增祀龐公尚鵬有司春秋動支地丁致祭府志案義愛祠所祀兼及宋明今以劉太守移祀其中統於所始仍列於漢

梅福廟舊在梅里尖之麓久圮明嘉靖間知府張明道卽梅山寺立廟祀之在城北十五里防護錄

蔡邕祠在城西三十里柯橋鎭

國朝乾隆十六年

聖駕南巡舟過其地

御製五律一章建亭勒石嘉慶五年敬加修葺復於亭後立祠防護錄御詩恭載卷首

祠山大帝廟在府橋東神姓張名渤漢神雀中人禮斗橫山有禦災捍患功（或云佐禹治水有功）其賽禱盛於廣德州常以二九月降至日必風雨有請客風送客雨之說不知何時流傳于越（府志）神漢末武陵龍陽人游苕霅鑿河自長興抵廣德以通舟楫民思其德祀之明成化年紹興衛軍人建祠邑中歲久傾圮萬歷年里人王慶等重建有廟碑記凡遇旱澇祈禱輒應有司春秋動支鹽規引費致祭（呈部）

鮑府君廟在府南二里二百四步按輿地志鮑郎名蓋漢鄮邑人爲縣吏嘗傳捧牒入京留家酣飲踰月不行縣方詰責已而得報章果上達審究實然既死葬三十年忽夢於妻曰吾當更生盍開吾棺發棺儼然如生第無氣息耳郡人聚觀咸神怪之立祠以祀自梁大通以來靈應甚著廟初曰永泰王累封至忠

嘉威烈惠濟廣靈王神鄮人而廟亦見於越者蓋唐開元以前未置明州時鄮縣隸越故越亦有廟寶慶會稽續志舊在陽堂山東北明嘉靖十六年知府湯紹恩改建于能仁寺西府志　以上漢

王右軍祠在蕺山戒珠寺東寺即右軍别業明嘉靖十年知府洪珠移置於佛殿之西寺門外鵞池墨池尚在舊志今在戒珠寺門首有司春秋致祭一在蘭亭之右縣冊防護錄　八

戴安道祠在城北感鳳鄉裔孫國宰建舊志

許元度祠在塔山清涼寺後原無祠因設像而名舊志

葛元廟在縣北十五里靈芝之鄉大葛村今爲大葛上殺祠舊志

以上晉

武陵王廟在謝公橋北祀梁武陵王紀明嘉靖閒知府洪珠改建社學舊志

肇興廟在大善寺內梁天監三年有錢氏女未嫁死遺言以奩資建寺僧澄貫主其役寺成賜名大善又勑封錢氏爲肇興娘娘舊志傳王露有碑記

栭姑廟在縣西一十里湖桑埭之東前臨鏡湖葢湖山勝絕處也舊傳羅江東隱嘗題詩今不傳嘉泰志　俞永思有攷　以上梁

賀祕監祠在城西十五里十五都一啚壺觴埭防護錄

七尺廟在偏門外縣西四十里湖塘村舊志宋時建里社掘土得骨長七尺仍瘞之立社神像于其上故名七尺廟明崇禎閒諸大綬題曰鑑湖第一社神爲賀監子越人重賀公之知退以賜鑑湖一曲爲榮其五子皆有功德於鄉人至今思之不忘祀其子皆爲社神長祀壽聖村次祀廣相村三祀桃花村四祀山樹塢五祀湖塘之新堰即七尺廟也會顯異於村民故香火尤盛

府志

清涼毋祠在塔山下舊名拾子廟祀唐清涼國師毋舊志

烏龍廟在火珠巷府志明王泮有碑記　以上唐

崇善王廟在卧龍山上吳越王錢鏐建梁貞明三年封山神爲崇善王有敕牒鏐自列其銜於後嘉泰志

案崇善王爲卧龍山神無姓字時代可攷應以建封之時代爲準此後或見於嘉泰志者即以嘉泰時爲準

錢武肅王祠在縣東北六里昌安坊天王寺内據縣冊　以上五代

范文正祠在縣北里許下和坊卧龍山東麓仲淹嘗以吏部郎知越州有惠政作清白堂記以見意既去越人思之至今郡中有泉曰清白有亭曰希范郡前有坊曰百代師表與漢太守合

祀於徵愛祠久圮改祀義愛祠防護錄案今天王寺後范蠡祠亦稱爲范文正祠實從祀者也詳見前

司馬溫公祠在縣北三里東光坊四世孫吏部侍郎伋扈高宗南渡遂家山陰立祠祀焉防護錄有司春秋致祭縣冊

史魏公祠在戒珠寺南南宋史浩守越奏免湖田糧民爲立祠額曰彰德有司春秋致祭案魏公宋孝宗朝以丞相出守越封魏國公於山會蕭上等縣置義田又奏免湖田若干頃蠲租振之有德於越進封越王後復追封昭惠王爲鄮土地奉敕建祠山陰戒珠坊賜額彰德鄮人又建祠於縣北二里倉橋下是兩祠同一史公也今倉橋廟額誤署李姓檢祠祀志並無其人且廟中以范蠡配享此又因越王之稱而訛爲句踐矣府志入防護錄

朱子祠在常禧坊府城隍廟文昌祠右有司春秋致祭條防護

王佐祠在縣西一百里三十九都一畐榆林闞竹里峰之麓土名下岸又一祠在城北三里筆飛坊江橋張神殿後防護錄

懸孝祠在寶珠橋邊祀孝子蔡定明嘉靖中以會通判忠並祀改額曰忠孝後額復舊而會仍祔有司春秋動支地丁致祭府志入防護錄

會忠祠在縣南三十里二十八都一畐秦望山道木村土名會家山忠肇之孫建炎三年金人陷越見執不屈死家屬四十餘口同日遇害祔祀於懸孝祠其專祠與墓俱在會家山防護錄

張神廟在城東北三十三里五都二畐陡亹閘上祀宋漕運判官張行五六者神諱夏本蕭山長山人宋景祐中工部郎中受命護隄實爲浙省保障

國朝雍正閒奉

旨勅封靜安公祠建于明嘉靖間知府湯紹恩築三江閘以神有捍海滅倭功立廟以祀有司春秋致祭舊志補防護錄

案舊志又有聖父殿祀張神之父號靈澤王亦在陡亹閘上今張神廟額曰英濟王舊志曰張大帝廟邑中建廟甚多

包孝肅廟在蕺山西麓新增

沈文肅公祠在蕺山上祀宋大學士沈紳舊志有司春秋致祭縣册

高氏五王祠在府城西六十里祀宋太尉高瓊瓊封衛王子繼勳封康王孫遵甫封武功郡王進楚王曾孫士俊封武寧郡公追封武寧郡王元孫公紀封晉寧郡公追封晉寧郡王靖康末少保高世則扈蹕南渡領越州觀察有功於越奉勅建祠祀高瓊以下五王祔以少保公世則舊志祠在梅花山之白塔灣有司春秋致祭府志

護國旌忠廟在子城内自昔陝西田兵祈禱三聖必獲顯應嘗睦寇作是邦得三聖陰佑遂建廟紹興元年宣撫處置使張浚據吳玠陳請乞於鳳翔府和尚原立三聖廟賜額旌忠封忠烈靈應王忠顯昭應王忠惠順應王所至廟祀一用是額嘉泰志

景氏廟在府城西九里三山之東山石堰上又有一景氏廟在縣西七里吉宅村俚俗傳以爲二景本伯仲死而爲神能福其民故至今四時祀之吉宅之景氏廟叢木陰翳居大澤中四絶不通或云舊每爲立廟輒爲菑故至今但露祭而已案景氏與昭屈同爲楚之望姓疑二景非近世人云嘉泰志

案南宋王象之輿地紀勝云三聖廟嘉泰會稽志不言爲何神案曾慈志乃晉州人景思忠景思立景思誼兄弟三人皆死國故祀之據此則景氏姓字當時非無可稽而嘉泰志疑爲非近

世人何也

劉眞君廟在縣東三里許宋淳熙間郭壽隆建舊志

孟郡王祠在太清道院旁先是孟成之等捨地道士張元悟建立太清道院天啟乙丑裔孫孟應麟偕子稱堯稱舜等請于山陰知縣馬如蛟就院左建祠三楹以祀南渡始祖咸寧郡王彥弼長沙郡王彥卿信安郡王忠厚及後嗣賢者統名之曰孟郡王廟舊志有司春秋致祭縣冊

助海侯廟在府西北三里三百一十六步嘉泰志

興武侯廟在府西北四里一百三十七步嘉泰志

贊禹龍王廟在縣南二里嘉泰志

靈惠侯廟在秦望山之麓去縣南三十里嘉泰志

聖姥廟去縣西南三十里嘉泰志

銅井瑞澤龍王廟在縣西七十里嘉泰志

感聖侯廟去縣西北二十里感聖湖上嘉泰志

福順王廟在縣西北七里嘉泰志

陸放翁祠在鑑湖上舊志

興福侯昌王廟在府城西四十五里神姓全諱昭孫宋理宗時太尉寶祐間淮西寇叛血戰殉難後以女爲度宗皇后封爲王里人立廟奉祀府志現在縣西十五里十都三啚東浦村縣冊

鄭虎臣祠在縣東南二里東觀坊小酒務橋下里人祀爲土穀神縣冊

雙廟在縣西北三十里梅墅鄉朱咸地方皆祀土穀者宋時建舊志

鄒陳二妃廟在城西南四十里妃子嶺上相傳有宋改妣二妃

避難於此府志

四王廟去縣西一十里蓬萊驛前府志　以上宋

案四王即金龍四大王也邑人王峙浣雲集云王姓謝名緒錢塘安溪里人籍會稽諸生宋末隱苕溪及帝昺亡赴溪死土人立廟金龍山明太祖與蠻子海牙戰於呂梁洪下流失利風濤忽捲河水爲之北注海牙大敗太祖夢神告之曰臣謝緒也驚寤遂封王爲黃河神其後擁護漕河屢著靈異天啟時勅封濟運金龍四大王蓋王有三兄曰綱曰紀曰統王行次在四故曰四大王金龍則其立廟之山且王常建白雲亭於金龍山也今廟中一龕四像欲符四王之數會稽縣志謂道塑者係靈應大帝城隍二神均失考據

晏公廟在三江城倉後街徐渭路史云神乃臨江府臨江縣人

名戊仔元初爲文錦局堂長因病歸登舟卽尸解有靈顯於江湖三江志略

徐孝烈祠在太清院左祀元孝子徐允讓烈婦潘妙圓明萬歷間提學范淶題建國朝康熙五十二年族姓重修知府俞卿爲之記府志有司春秋致祭縣冊

西湖廟在縣西四十五里夏履橋西山之麓元時有裴氏伯仲叔三八有功於里歿而奉爲保障云舊志　以上元

陳侍郎祠在縣西北下和坊卧龍山之陰元福寺右祀明靖難忠臣禮部侍郎陳性善防護錄

忠烈祠在徵愛祠之左明嘉靖二十一年知府沈啓剙祀餘姚忠烈孫公燧兼祀其三子都督旌表孝行堪尚寶卿墀尚書文

恪公陞有司春秋動支地丁致祭府志防護錄入

王文成祠在府北二里東光坊明嘉靖十六年御史周汝貞建祀新建伯王守仁初名新建伯祠後改爲陽明先生祠國朝康熙二十九年知府李鐸修之又改今額有司春秋動支地丁致祭府志防護錄入薛應旂有告文馬如龍有碑記

案世皆知文成公爲餘姚人越中人士則知公已遷居山陰讀馬方伯如龍碑記又知公世居山陰後徙姚江然則公之不忘山陰卽營邱反葬之誼碑記又云其里居舊有專祠太守李君修之是今之東光坊卽公舊第發祥有自俎豆允宜高山景行彌深嚮往焉

董文簡玘祠在縣東北四里東中坊有司春秋致祭縣冊防護錄入

陸孝子祠在城西北五十里四十七都下五啚丈午村陸郎渡

一在城西北五十里四十六都一啚安康防護錄知府俞卿有傳

龐公祠在府學西萬歷七年郡人建祀巡按御史龐尚鵬

國朝乾隆五十六年知府李亨特移神位於義愛祠府志明張元忭有記

湯太守祠在縣東北三十八里三江閘祀明知府湯紹恩紹恩由戶部郎中出守紹興於三江口建閘詳水利卷自是山會蕭三邑永無水患有司春秋動支地丁致祭防護錄

忠孝合祠在城南二里二十七都一啚鑑湖鋪西祀忠臣金應瑒孝子金思範

國朝雍正間建防護錄

諸文懿大綬祠在縣東南二里東觀坊治平道院之右防護錄有司春秋致祭縣冊

張文恭元忭祠在縣西常禧坊府城隍廟左防護錄

朱文懿賡祠在縣東南三里大辛坊土名塔山防護錄有司春秋致祭縣冊

陶文簡望齡祠在縣東北三里筆飛坊大江橋下防護錄有司春秋致祭縣冊

劉忠介宗周祠在縣東北五里戒珠坊蕺山書院後防護錄有司春秋致祭縣冊

案公理學忠節彪炳寰區爲前明三百年頹波砥柱向無專祠康熙閒知府俞卿即公講學之地建祠以海寧祝淵等二十二人配食詳蕺山書院條

祁忠惠彪佳祠在城西北二十里十六都一啚柯山對河寓山園防護錄

諸娥祠在縣北二里萬安坊營橋防護錄

白太守祠在縣西北一里卧龍山之陰嘉靖二十一年知府張明道因兆福寺故址改剏以祀知府白玉玉漢中人正統間以病卒於官因葬焉有司春秋動支地丁致祭舊志

國朝乾隆五十七年知府李亨特重修立碑禁樵牧府志

劉太守祠在府城隍廟西明正德三年王埜等建祀知府劉麟今廢府志

忠節祠去城西南五里明正德間裕州同知郁采死流賊之難嘉靖中僉事蔣舜民知縣劉易即其墓立祠祀之府志

褒忠祠在新建伯祠西嘉靖三十四年紹興府知事何常明山陰庠生金應瑒餘姚監生謝志望庠生胡夢雷禦倭死詔贈官立祠今圮有司春秋動支地丁遥祭府志

陳侯祠在城隍廟劉太守祠後嘉靖四十四年邑人建祀知縣

陳懋觀今廢府志明諸大綬有碑記

徐侯祠在迎恩門外祀知縣徐貞明舊志明張元忭有碑記

王龍谿祠在江橋祀名賢王畿舊志有司春秋致祭縣冊

六賢祠原名忠貞講院在郡城內府學之東羅門側

國朝康熙二十四年學使王掞檄知府胡以渙建以祀明季節義諸臣監察御史黃尊素戶部尚書倪元璐左都御史劉宗周左副都御史施邦曜右庶子周鳳翔蘇松巡撫祁彪佳凡六人

乾隆乙巳山陰知縣金仁同邑紳士重修府志王掞金仁有碑記

五顯廟在縣治東南五顯坊內其餘五顯廟最多不悉載舊志

案府志嵊縣五顯廟下引陶及申筆獵云五顯卽五帝實司五行避帝而稱聖者其諸神之通謂也明興釐定祀典南京十四

廟有五顯靈官秋季致祭此神祀所由著洽及郡縣遂於民間而不知者益以五通例之鄞縣志闡性道記亦云宋時奉敕封號一曰顯聰昭聖孚仁福善王二曰顯明昭聖孚義福順王三曰顯正昭聖孚智福應王四曰顯直昭聖孚愛福惠王五曰顯德昭聖孚信福慶王陶及申筆獵所載封號與此少異五神封號各有顯字此五顯之所由名古來惟五行之神爲天下之正神近世因妖邪冒祟俗每亂之詎知陰陽五行化生萬物厥功甚偉五顯卽其神也

三江司閘正神廟在迎恩門外三十里湯公祠側府志顧元揆有碑記

昭烈侯廟在縣西南七十里溫泉鄉其神姓宋本富陽巨族有神靈成化間溫泉鄉多虎患故建舊志

武肅靈臺廟在一都五啚舊志

神洲廟在卧龍山後舊志

謝尚書廟在漓渚埠去縣西南三十五里舊志

永豐祠在柯橋永豐壩北前爲放生池禁漁人網罟

國朝康熙二十八年二月十四日

御駕親臨放生郡守李鐸等勒石恭紀府志

三義祠去縣北一里在跨湖橋舊志

貞烈祠在江橋驛院傍宗龍建祀王貞女沈烈婦里人劉宗周爲之記舊志

解元廟在縣南十五里盛塘上埠明初解元陳姓諸曁楓橋人俗傳爲此地土穀神舊志

虞山廟在縣城西七十里夏履橋舊志

導山廟在縣西一百里舊志

兆嘉廟在縣西五十里祀白洋土穀神舊志

錫福祠在縣西南八十里舊志

案虞山導山諸廟皆土穀祠也一邑二十三坊四十八都各有方祀各稱響應而不必盡登者舉一可例其餘耳至舊志所載如防風廟鄭太尉廟孔府君廟雙義祠則原隸會稽境内非南鎮禹陵之比不復登載

太平廟在縣西四十六里太平橋北舊志 余應霖有碑記 以上明

姚公祠在常禧門祀紹興協鎮姚承德舊志

蕭公祠在縣治西門外順治六年闔郡士民建祀都御史蕭公起元舊志 朱起蛟有記

鄧公廟在紫洪村府志王士禛有記　以上

國朝

右壇廟之屬

附

南鎮永興公祠堂碑　唐羊士諤

越部凡七郡郡三十有八邑提封所加旁合溟海由是崇元侯之命建東征之府其鎮曰會稽山其神爲永興公國朝援周漢之統元化大備禮兹百神受職祀典錫以嘉號視爲諸侯貞元九年夏四月連率安定皇甫公以前月丁酉詔旨奉爷玉制幣禱於靈壇勤報功之享循每歲之法致齋野次虔捧祝冊夜漏未盡禮成三獻君子謂公能宣命以展敬故祀神而降祉克靖甌越大康東南我修德刑以牧黔首神作雷雨用登有年明訓

式歎幽贊斯效觀夫高麓迴抱以敞景大澤下浸而蒸雲沉潛龍虎之資洪淋風霆之氣靈衛交戟閟宮洞門神其在焉龍袞俟服是宜札瘥不生水旱罔沴允答宸慮長於衆山乃銘石壖垣以代彝器其辭曰天秩喬岳貢茲南方精合晦明化備柔剛帝念下土延神致祥清廟既闢華蟲有光乃卜元辰爰詔方伯爾克精享神其昭格蘋藻惟誠金奏匪樂時臻太和人受景福元德孔鑒虔恭肅祇陳信不匱彤乎正辭

勅修夏禹王陵廟碑記　國朝李紱

虞書有乃聖乃神之頌故帝王之德曰聖德功曰神功然自古帝王之興皆得稱聖人其以神稱者則帝惟炎帝稱神農王惟夏后氏稱神禹意其所重在功有非思慮所及所謂聖不可知者耶刪書斷自唐虞神農氏或疑荒遠禹則虞帝所稱萬世永

賴而孔子所謂無間然者蓋聖人之功之盛未有過於神禹者也禹葬會稽始見于越絕書吳越春秋然司馬遷自敘已稱上會稽探禹穴劉向亦言禹葬會稽不改其列而史記正義引會稽舊記以窆石證葬處故累朝祀典凡祭禹陵必於會稽宋乾德四年始詔吳越立禹廟置守陵五戶紹興三年重修明洪武三年復大加修葺五百步內禁樵採有司督近陵人看守蓋帝王代興並致尊崇然未有若我

朝之盛者也康熙二十八年

聖祖仁皇帝南巡閱視黃河慨然念神禹功德

特幸會稽致祭發帑金二百兩賜其後裔增守祠二人復

御書地平天成四大字懸殿額又書江淮河漢思明德精一危微見道心十四字榜于柱大哉

聖言百世以俟聖人不能易一辭矣舊廟像設修偉殿陛嵯峨
龍尾螭坳輦道齋宮咸備歲久漸就隳剝雍正十一年
世宗憲皇帝詔所在防護歷代帝王陵寢浙江大吏始謀修葺
經費未定十三年總督臣郝玉麟因修海神廟成欲以餘金助
修布政使臣張若震料量修費需白金一萬二千兩有奇是冬
大學士臣嵇曾筠奉
今上特旨至浙江監修海塘即兼管巡撫事遂繕疏入
告下部臣覆准以乾隆元年三月鳩工庀材明年告成恭遇
世宗皇帝祔
廟配
天分遣卿貳祭告歷代帝王陵寢而詹事臣李紱適奉
命祭告夏禹王陵八月朔昧爽恪將祀事敬瞻新廟佳氣鬱鬱

慈慈黝合烟雲丹耀星日神燈燜睒明威歆享百靈欲緻閟宮
有侐咸有助焉禮既成臣若震述臣會鈎言屬臣綬爲修廟記
臣綬才薄識闇不足以鋪張
國家盛典因以對揚
聖天子尊崇古帝王之休命惟是廟始落成而臣紱首奉祭告
之
命磤蹌灌獻於殿陛之間蓋不易得之遭逢不敢以不敏辭謹
敍重修端末繫之詩以示後之任封疆者得取法焉詩曰天位
乎上地位乎下人參其中三才乃著繼天立極是惟聖人聖不
可知乃進于神惟夏后氏開王之始繼帝之緒獨稱神禹玉帛
萬國會于塗山會計陟方乃葬斯原代致尊禮
國朝益備新廟奕奕祇薦祀事窆石發左菲泉濫前麗牲之碑

祀以茲文萬世明禋陵寢是恃後有作者念茲勿替

重建城隍廟記略　明蕭良幹

越城隍神者相傳龐玉鎮越有惠政卒祀以爲神廟枕龍山之麓尤據形勢爲浙東冠歲甲申九月守者不戒廟胥以燼守憂焉首捐俸五十金以屬山陰丞市材僦事而以次第營度之十閱月工竣前堂後寢庭臺翼然其高廣視舊倍三之一而閎壯堅固遠過之左右爲兩廊前爲重門冣前爲大門以堪輿家忌縮八十餘武外爲屏垣堦庖舍咸與維新諸凡煥然備矣守惟自昔有國家者莫不以事神治民爲首務我太祖於守令尤拳拳告戒若曰慢神虐民國有常典易云聖人以神道設教事神亦所以爲民也守之涖斯土也善者得以賞之不善者得以罰之而陽操其賞罰之權於明維神之相之也善者得而福之不

善者得而禍之而陰持其禍福之柄於幽民之情於其明而可見者常玩而於其幽而不可測者常若有所畏而不敢肆故夫神也者所以濟守之所不及也惑俗狡健易玩法顧獨敬事神祠宇櫛比在在虔事其於城隍神尤崇祀惟謹蒞猶有懼心焉是亦可與爲善之機君子因爲因民而牖之者其將在斯也茲廟之作所不容已與是役也費凡若干緡出於守之助者十之一出於各邑之助者十之二出於民之助者十之一出於守之所注措者十之六其工則罰諸游民之不事生業者其所注措間取諸猾民之罹於法而不可解者使之自結於神而動其遷善改過之念亦所以因之爲敎也郡與事者爲同知桂林張君延熙通判桂林徐君秀史君著勳推官沔陽陳君汝璧邑同事者山陰知縣張君鶴鳴會稽知縣曹君繼孝督工山陰丞鄭日

將者民薛韶陳繪王元春俞紀爲守而紀其事者苑陵蕭良幹也

東嶽廟神馬將軍傳略　無名氏

將軍姓馬名文賢紹興衛鎮撫司軍嘉靖四十五年因母病篤至東嶽廟泣禱願以身代恍惚見神許之使充左侍衣紅袍母病遂瘳而文賢逝妻金氏年二十一有遺孤旋夭苦節事姑至萬曆四十年金年亦七十里人重修東嶽殿設文賢像卽名之曰紅袍將軍競陳俎豆金卒後邑人備述節孝具呈府縣請旌於朝建坊之日適新像落成云

案舊志孝行有馬文賢傳載母病禱神事與此稍異此傳附東嶽廟條下曰左侍紅袍將軍傳其文未雅馴節之

重建倉帝廟碑記略　國朝劉晏

惟倉帝制字代結繩之政易所謂百官治萬民察禮所謂法施於民則祀之者也此宜俎豆萬世而祠廟之在天下者絕鮮將毋德厚者難名而功大者反莫之酬哉卧龍山舊有倉帝祠不知創自何人明世廟時張文忠奏撤文廟先聖賢像易以主遂例及他祠而倉帝與文昌像俱去之邑紳鄭竹龍見而傷之積願數十年始克移建山之西麓永福寺左至公孫懋棠始補裝帝像歲久復圮地爲寺僧所據乾隆元年余奉大方伯桐城張公命告邑紳士飯僧拾字購田以資糗糧邑人踴躍將事而田無所屬僧無所依棲會余方修山陰廟學董事明經劉君正誼以倉帝祠始末告余遂登山周覽相度而經營之建廟三重以妥神靈而肅盥薦復於山巔誅茅伐石闢地爲廬中奉文武二帝像傍列青衿爲諸生講肄之所考廟基卽宋西園地越八向

於故址祀先賢賀知章秦系以下凡六人名曰詩巢年往迹湮事載宮保李公重修通志中今臚祀如初亦不忘前輩之高風雅韻爲世引稱也期年功竣以狀白大憲延師講學召生徒習誦其中憲府題牓于楹輝映左右又令官斯土者多募田以垂永遠猗與盛矣大方伯公以拾字申勸部民而造字之神之祠因是以復還舊觀則豈非公誠敬所感事之巧合固有待而後彰歟是役也庀材鳩工邑好義者爭先余與劉君親董其事別駕張公復奉方伯諭協募以襄盛舉故力舉而人不勞功成而勢可久是不可無記也遂書之石

西園詩巢復古記　國朝金以仁

卧龍山西爲郡西園元詩人楊廉夫結詩巢其中以擬放翁書巢距今蓋四百年所矣後人祀廉夫因上溯唐賀祕監方雄飛

宋陸渭南明徐青藤予友宛委劉君偕何學博玉羽屬翰編思晦葺聯爲詩巢吟社繼此薛太守厚庵又於鑑曲三山畫橋間所謂秋水長天者自賀監而外增祀秦叔緒系是謂詩巢六君子每春秋佳日斟泉酌醴以志瓣香未幾而地屬豪家諸君亦復風流雲散乾隆紀元吾邑茂宰漢循劉公尋西園遺址營構義學屬宛委劉君董其事宛委搜討遺佚摩挲苔碣始知舊有倉帝祠基而大方伯楞阿張公惜字飯僧之檄頻至劉公洎郡別駕綸宣張公銳意興復宛委先後蔵事不介而孚既使諸生絃誦有所而倉帝俎豆正位厥宜詩巢六君臚祀別室於是復還舊觀因記其緣起如此

伯益廟記略　明蕭鳴鳳

郡東南巖壑最美而神所棲則鸚哥山北麓也林小而秀谷淺

而幽前後八鄉廟是神而俎豆焉或曰神與禹共治水有功抑俗稱神掌百蟲昔伯益司昆蟲草木會號百蟲將軍此其是與又曰廟初址構於他處一夕風雨移之以神之英靈此事誠宜有之廟面秦望方峭魁正如玉屏右筆架左天柱香爐琵琶諸山橫其東銀山亭山蜿其北連岡複巘四合而拱衛其中塍畝百頃川渠交錯會稽佳山水一憑几而幾盡之矣神宮旁有椽數楹墻數匝高松古柏數百顆風來月度時時作笙竽聲瓊瑰影春夏日衆鳥交呼嚶嚶不絕及欲振袖高峰橫睇羣岫自後階舉足數十武即陟其巔至大氿漣漪探菱蘅蒼波白水相去不過百尺地故仰而即山俯而即水登臨者莫此爲適西望五里蘭亭以右軍傳南眺十五里秦山以秦皇傳東瞻八九里禹穴以太史公傳兹山也其孰揚之而孰傳之與將不恃於神而

仍特人以揚之傳之與

越王祠記略　山陰蔡宗兗

西淙洪公牧越案春秋越王而祠祭之則郡乘不登父老莫識久矣喟然嘆曰越王越民之始祖也吏茲土而可聽民之忘其祖乎禮有可以義起者其在斯祠乎東溪約齋聞之咸慨然曰是真可以義起者時有詔沙汰僧道郡城西郭有光相寺適頽圮寺僧恩琦告興復西淙諭寺僧曰佛法未入之先此卽越王之地越王之地宜立越王之祠今吾將移爾奉越王香火能事越王卽事佛也諸公各捐貲飭財約齋時復程督不數月鳩築黝堊百度畢緻塑越王像於殿中蠡種稽同翼侍左右春秋薦食光彩煥溢巋然鼎立於域中矣復樹石碶於祠前表之曰畏天保國百姓觀者戴道忻忻然知越王之爲我祖瞻事香火者

葢惟日不足矣西淙洪郡牧珠也東溪孔郡丞廷訓也約齋李推守逢也繼至協相之者則林郡判文卿江郡判軾劉山陰長王會稽教也

言子祠碑略　國朝俞卿

余涖越之明年有言氏裔持長安先輩手教并序文一章告余曰言子文學之宗也越於吳比壤言氏籍越者甚衆使無專祠無以式子孫而光家邦太守圖之康熙甲午西如坊里民逐邪教廬老屋數椽稍葺之爲言子祠設主於中延館師督課遂名山陰義學年久漸圮余釋奠過之輒用惻然壬寅乃盡撤而新之易向爲南後樓三楹上供文昌像下作講堂翼以兩廂中三楹爲饗殿前三楹爲大門規模俱宏敞舊樓三楹作館師居室從南面折而北門樓一座額曰山陰縣義學初入第一門也始

康熙六十一年十月成於雍正元年七月費七百餘金助之者甚寡山令丁君宏來銀三十兩言肇榮助館穀田九畝零銀五十兩餘則余獨任之工料皆給平價督工出納府庠朱生翼贊也

烏龍廟碑記略　明王泮

火珠山之左有烏龍王祠神姓邵諱俊唐秀士也目重瞳子以應舉不第墜江而死爲龍神宋時方臘倡亂據睦州童貫率師與賊將戰於烏龍嶺下恍惚有神左右之睦州遂平奏聞敕封忠靖靈德普佑孚惠龍王原祠在烏龍嶺前烏龍之號仿於此里中建王祠靈異彌著

肇興廟碑記　國朝傅王露

大善寺者越之古刹也肇興夫人者創建伽藍之施主也夫人

姓錢氏南齊時人居山陰縣之南和里父名大興母沈氏富而
好善虔奉三寶一夕母夢吞明珠而孕遂生夫人時永明二年
五月十日也墮地時聞宫中有聲云有相無相是大善相因名
曰善愛倍常女積資盈萬計以待字年十六忽病革告父母曰
女命止此願以遺資造佛寺則死且不朽父母許之語畢而逝
爲擇寺址未有處所比鄰黄元寶宅甚吉乃以事白元寶元寶
躍然曰曏昔夢大士謂余曰汝室宜如來居處盍乞與三寶今
聞君語適符是夢得非若女爲大士化身耶遂捨其半以半直
售爲寺基不踰年而寺成具狀聞於官官復得奏請於朝賜大
善額給緜繒三千疋以充供養其經營勸事庀材鳩工固非一
人而寺僧澄貫實主之記其落成之時在梁天監三年十二月
八日也至唐開元二十年勅封女爲肇輿夫人二十六年詔天

下造開元寺當事者易大善名以聞武宗會昌五年詔廢天下寺院夫人於宮中現大士相曰大善爲邦家植福之地不可毀詔獨存之且延僧五人守之宣宗大中五年詔修天下寺院僧衆翕集寺復大興於是寮舍漸廣寶正六年分僧房七十有一後唐長興元年武肅王别建開元寺茲復舊名爰考建寺以來迨今千二百餘載內更名開元者二百餘年寺基以四水爲界周圍各八十五丈曩爲俗所佔訟於朝興復之後漸爲民所有惟浴院山百餘畝坐落會稽山石旗村至今存焉蓋夫人不能延已盡之年而能建不朽之業此世所希有尤可異者致夢於鄉人現相於王宮歷歷以擁護三寶爲事故夫昭昭之靈與三寶而並存斯真不朽矣里人感夫人之靈立廟寺傍歲時致祭率多感應神顯寺僧竹塢由其祖冰雪翁所敘始末請余爲記

且系以銘曰維天降神誕生淑媛如珠之潤旣貞且堅乃有其德勿獲其作甃其所有以資福田須臾平地寶閣參天豈曰人功神實相焉至今廟貌儼如生前有禱輒應孰敢不虔我作銘文亦何足傳此石可壞此功勿遷

柳姑廟攷　國朝　俞承恩

柳姑廟邑志但稱其前臨鏡湖爲湖山勝絕處而不詳所祀爲何代女郎神卽前賢如陸渭南王蜕巖諸君詩集中偶一及之亦不注明出處案梁沈約及唐萬楚俱有咏山陰柳家女詩沈詩云還家問鄉里詎堪持作夫萬詩云娥眉自有主年少莫踟躕近閱朱竹垞太史跋草閣集云李宗表題畫詩尋常更有梅花船繫在鑑湖柳姑之廟前柳姑者疑卽沈約詩所云山陰柳家女也觀隱侯所咏大約當屬齊梁間貞女齊梁書皆缺列女

傳此後人所以莫攷也陸放翁有咏栎姑廟一絕句云汀月生蒼簹溪梅試額粧幽閨元不出莫道嫁彭郎則是栎姑之幽貞更顯然矣

忠烈祠記略　明雷禮

贈禮部尚書諡忠烈孫公諱燧仕明爲都察院右副都御史巡撫江西值正德己卯寧庶人宸濠以國反死之至今雖小夫婦人皆知公之爲烈也夫明德祀於其鄉自古爲然今祀公死所曰雄忠知縣邱養浩以餘姚生地請當道創祠龍泉山麓至紹興知府沈啟以公爲一府忠烈之倡又立祠卧龍山之東前後其六楹既成公姪僉事燾率公孫國子生鏊屬予言夫公之大節掀揭宇宙固不係於祠之有無蓋郡人慕公之誠非祠無以致其敬也禮忝舊治聞父兄談公之烈甚詳恒以不及見公爲

恨既而見公子前府都督堪尚寶卿埕禮部侍郎陞俱忠厚仁孝而其孫又多賢則天之所以福公者蓋未艾也況濫司風教於公土能不追公之節以厲來學者哉故摭公行事之大者勒諸碑

告陽明祠文　明　薛應旂

嘉靖壬子春二月後學武進薛應旂視學紹興謁陽明王先生祠見祠以新建伯題額因思先生所以振起乎俗學者存乎人心者恐不專在是也屬紹興府知府梅守德易以今額具香帛果醴爲文以告之曰於乎先生豪傑之才聖賢之學關世路之榛蕪闢吾道之精一真有繼往開來之德不止勤事捍患之功旂等雖未及門竊幸私淑頃登先生之祠會先生及門之士議易今額直書曰陽明先生祠謹告

王陽明祠碑記　國朝馬如龍

理學之宗洙泗開其統濂洛關閩衍其傳繼此者薛河津而外韋推陽明先生懼人之聰明或溺於詞章訓詁而不知返特揭致良知之說以詔世使人知孩提稍長之心即盡性達天之本又恐學者言常有餘行常不足於是復闡知行合一之論蓋本大易知至至之知終終之之義以發明之其功至簡易其旨最親切有益於天下後世非細乃俗儒不察輒肆詆譏至有疑爲異學如桂蕚之徒固不足與深辨獨惜後之學者猶或膠於成見非曰爲近禪即議爲襍禪夫禪家專尚虛靜先生之致良知不滯于見聞亦不離於見聞禪乎否乎禪家務取頓悟先生之致良知別體究於日用動靜有次第之功積累之漸禪乎否乎禪家多棄倫常薄經濟先生之致良知止於忠孝節義見其實

行兵刑錢殺驗其練達是以氣節勳名彪炳宇宙禪乎否乎他若倡義勤王逆藩授首節制閩粵諸寇剗平其間或撫或勦忽正忽奇不可方物總以神武之機成禁暴止殺之用不知者顧以其近乎霸而訾之夫王霸之分所辨者公私義理苟以煦煦爲仁孑孑爲義則必若徐偃宋襄之爲而後可以言王道是亦難通之論余謂先生之學殊無可議學先生者即或近乎禪或流於霸乃其後學之流弊要非先生之過也即如紫陽之學本未嘗偏學之者或失於支離或失於繁碎夫豈紫陽之咎哉蓋周程朱陸以及先生趨向各殊其入德立教之旨各有攸當殆所謂殊途同歸百慮一致者以聖人爲之鵠諸儒咸其徒也猶之洙泗之壇或得其德行或得其言語或得其政事文學總不得謂非聖人之一體非聖人之具體而微何可妄加訾議而爲

洗垢索瘢之論哉先生世居山陰後徙姚江其里居舊有專祠以奉烝嘗歲久隤剝不治太守李君崇尚文教倡率僚屬士紳重爲修建廟貌聿新祀典孔肅屬余勒石以紀之余謂俗學玩物非先生無以正之學者苟能於傳習錄諸書沉潛體驗而後從事於問學之功當必有得於以紹洙泗之統衍濂洛關閩之傳可以升堂入室矣余故嘉李君之請因詳爲辨論以昭示來茲

陸孝子傳幷論　國朝俞卿

孝子姓陸名尚質世居山陰海濱丈午村其父一中以庠生教授鄉塾明隆慶己巳秋八月七日渡海口遇颶風幾覆舟質從隄上望倉皇號慟躍入怒濤中觀者色駭嘆爲父子並魚矣倏而舟逆上若有繂之者一中遂濟質竟沒求其尸不得鄉人哀

之名其渡曰陸郎請縣令徐貞明上其事下詔旌孝且崇祀焉

論曰西河卜子有言事父母竭其力非必兼致其身也但父母身所自出幸而安樂考終葬祭盡禮固人子常分不幸罹水火盜寇暨猛虎極刑命爭須臾爲之子者狂奔赴救或兩全或俱斃或殺身存親皆得謂之孝考諸前志代不乏人如山陰陸孝子其一也當孝子奮身於滔天波浪中如履平地但知有親而不知有身而竭力致死目瞑重淵豈計傳當時垂奕世哉越人之祀曹娥也自漢迄今廟食勿替孝子死水與娥無異而能生其父蹟尤奇乃相去百餘年間渡陸郎里老罕有能識者丈午村猶是而其戚族亦寥寂矣荒沙野蔓中誰復爲葺一椽拈瓣香唏嘘而嘆想豈孝德流芳亦有數存乎其間耶余鳩工海塘數經其地因事關風教亟命肖像復祀并錄其傳而著爲論

龐公祠記　明張元忭

天順間朱御史英所疏行兩役法籍縣民分為十年而統於坊里之長每一坊一里長率十八人令民按丁若田五年而率錢與長為吏辦公私費坊主曰里主饋曰甲首錢又五年而長率民詣縣庭審諸役曰均徭歲環遞以為常蓋五年而一用民也時頗稱便其後吏肆而長蠹所云甲首錢有一貧男子出白金四五兩者即富者按田而率有如畝滿千金不數百不已於是貧者丞徙往往以錢累其身富者不免詭其畝以逃役至若均徭一不幸得館庫或捕鹽諸役其在榜中顧役直不過七八金富民承之則謀摟百出不數百金亦不已又不幸富者兼得兩重役貧者或分得十之一二則身家亦破碎平生搆聚至百千朝居而暮空貧者至不有其妻子與籠鷄栅豕互牽引鬻市中相

聚以哭邑里郊墟色慴慴若在冬秋於是每書榜則老胥黠吏巧播弄以網賄與詭者相唇齒而民之病極矣今右副都御史南海龐公尚鵬奮為御史來按浙其因革奪予悉掃故常知前兩役為病既大且久乃一破其法一邑中調劑官百所需費若諸顧役不縮不盈與民之丁土相釐合凡丁一田畝十率出若干錢與秋租歲並輸於邑吏明年百所費與所役亦歲出庫中錢擇其入掌之目買且顧又刻帖人給一紙令曉然無所謂甲首錢長不得濫索無均役富者亦不入館庫役最重且苦若鹽捕等者不得勒富者竄而且歲輸每丁不踰二十分秒細易辦受詭者不得行書吏者無所用其播弄蓋自詔下行之至今農始知貴田而櫃擔而食者亦重去其土閭閻熙熙略知甦息然既十餘年矣諸父老子弟乃始醵金搆屋以祠公而礱石上言

於余何晚耶詰之則相顧以對曰公亦知永州事乎柳大夫將尊蔣氏之蛇而復其賦蔣氏出涕汪然者以蛇之毒八不若賦法之毒八甚也今龐公易兩役爲條鞭是出我水火加之衽席頭者問且將尊我衽席而復之水火其毒於蛇也倍蓰予曰誠若是則若等之言衆言也予言者一人之言也衆言也者能致於問者也予一人言也而又言於石是不能致於問者也諸父老更進曰急父母之病者醫藥不已也而兼事於禱甚則且禳股上肉又安問禱祀之不如醫藥哉噫是亦可哀也已予又奚庸於喙

陳侯祠記略　明　諸大綬

長樂論泉陳公釋褐爲會稽令半載以憂去我山陰與會稽並麗郡城兩邑民相與語明府眞父母舉欣欣願永戴焉丁已夏

侯服闋謁選天曹時山陰令員鈌士民有事於京師者請天官
卿投牒言循吏懋觀前在會稽任淺有遺愛請補銓山邑子惠
元元甦活彫敝天官卿從所請侯之任不以家累自隨縣方經
寇亂軍興徵發旁午民不堪命侯謂惜民當先惜財財匱矣如
民何耗蠹蘗端其源自官官正而滲弊乃不生於是率其澹泊
之性操益清苦廨中蕭然服食僕御有寒士所勿堪者鄉大夫
歲時問餽盡却不受坊里常供亦罷遣之凡承役人膺所輸分
例拜見諸名目一切禁絕公家之費每從節減如勢所不可廢
竟顰蹙不自怡其臨政事決獄訟秉公行恕明斷而加之矜恤
尤崇化原修學校明禮義振育多士居二年膺召北上去之日
士民攀戀去三年其遺愛在縣中僾然桐鄉之風焉諸父老洎
庠序弟子謀建祠於龍山之陽徧白縉紳諸士大夫咸捐貲相

倡助將紀述其善美以傳諸來世余考求侯計簿亦無晨耀輝霍矯矯赫赫殊絕可書之績乃吾民悅而思之惓惓於懷久而不能釋者侯之德意溥乎於法度之外也昔程伯子宰晉城座間書視民如傷四字推其心必不妄撻一人今之牧能存此心者侯殆庶幾焉其廉惠皆從此出觀於吾鄉又斯民直道而行之心也侯字孔質癸丑進士長樂陳氏世顯爲閩仕族前後仕者以廉惠稱蓋有家法云

徐侯祠碑　明 張元忭

山陰徐侯以召入之三歲予偶過侯所築官塘新祠下有父老四五輩趨而前曰此爲前侯徐公祠也公惠政大夫所知且大夫史也祠而不碑可乎敢以請余曰諾其後民劉棐周昇洎僧真秀如曉輩請曰至蓋棐等侯所屬治塘而有勞者塘成在官

路者可五十里其在海者復若干里並有益於民甚大且久而民不知有費是以並祠而碑之至論侯之全則在邑且不能盡舉寧曰塘蓋侯生有至稟如騶虞鳳凰然以不殺爲性其於治也恐恐然如良醫之於蠹瘵惟恐其傷之以鐫磨爲戒而以不擾爲良甫下車卽板輿行農畝間悉得民所疾苦若戶之富貧與人之强弱奸民及盜賊樗博瑣至倘市之斛平常捕格百出所不禁者侯並設法爲之不用一鞭無不立止息異時丞簿員牒如蝟毛民如爛鮮至是無一紙入其所馭廊吏不能竄一字僥訟牒訟者亦不輸一錢與吏無一卒入鄉勸租稅直與民約投籤最後者始苦以轉輸民爭投無敢遁者他雖遣卒百逮如故也當是時舟子曰卒寢矣我何用舟爲或捨舟以捆屨酤且飯於邑門者曰訟者不復食衙門人矣我何以張爲或盡治其

壺具吏或吞家居閱月而至無一事可爲淸戎使者至所司承
旨摭索里中戎大震侯弗與使者怒亦不爲動更急之輒以病
謝里中老稚賴以免者無算大吏攝訟者於邑就聽斷卽必先
聽而以書復或涉毛細則不遣其人大吏始甚銜之久之並諒
侯非抗已也至於課校中士不徒以文舉公正爲民導善止惡
使不革面則蒸蒸款款如雨之於物令其飽而自化善托者不
敢造公庭言事如繼之在舌亦自卷攣耳侯去之日送者萬人
自邑門而達於江遮不得行者百里有渡江守數日而返者返
而復往者涕溼襟者哭失聲者舉酒悲咽而不得飲者亭驛
而是其喜者則有舟子整篙楫卒輿胥買攝記酤而飯者絶錫
而復壺具已耳侯之去一也其悲者何人其喜者復何人噫用
是可以知侯矣侯之用召爲工科給事中以累左遷而碑之請

爲書也乃在三歲前時侯方在要路故需之今侯謫居且以憂
阻論久而彌定矣遂書侯名貞明字伯繼家江之貴溪

忠貞講院碑記　國朝王掞

忠貞講院者祀故明越郡之賢臣先後死國者也其人爲左都
劉公名宗周尚書文貞倪公名元璐御史黃公名尊素憲副忠
愍施公名邦曜宮庶文忠周公名鳳翔巡撫祁公名彪佳此六
賢者或有專祠或未及祠康熙二十四年
皇上集廷臣議江浙大省人文所聚宜特用詞臣視學政與畿
輔等余謬從簡遣退而自維兩浙帶湖山包江海彙扶輿清淑
之氣發爲英華故宋文憲劉誠意方正學導於前于忠肅王文
成嗣於後皆以文章節義經濟理學輝映千古道統相傳綿綿
延延今者幸逢

聖恩親銜綱紀譽髦之寄以是襜車所居爰諏爰度凡遇忠孝節烈之事表章如恐不及次試越州方恭舉六賢之未祀學宮者俾悉附於明禋檄既發郡守三韓胡君以漁入謁而言曰六賢自論定以來販夫傭豎皆知誦揚徽烈慕義嚮風莫若考卜豐宫合而祀之庶幾以妥以侑誌景仰於勿替謹會計代耕之祿度地於文貞之故圃配勉鳩工不閱月已潰於成敢告請釋菜焉余乃率諸長吏校官暨博士弟子練時日羞芹藻蹌蹌濟濟升於斯堂禮既終瞻仰几筵追憶六賢遭遇而不禁盛衰與廢之感也故明享國幾三百年其在神宗坐撫承平恬熙沿襲叢脞萬幾馴至啟禎遂成末造始則璫燒王甫潛蝕寶符既而銅馬大槍竟移鐘虡此六賢者身生其間或名列刊章則爲陳蕃爲竇武黃門北寺收考備諸五毒而視死如歸或義在守官

則爲段太尉爲顏常山從容就義騎箕攀髯所謂謀人軍師國邑不濟則以死繼之至於屏退之餘業已地居疏逖而還思在三定分卒亦入山見志止水明心奉其完節報國家養士之恩其授命雖不同而碧血丹燐昭耀千古則固未之或異也向使六賢抱其希聖成仁之學垂紳補袞不過若卷阿之吉人蓼蕭之君子優游譽處已耳安在其名配光嶽而聲施奕禩哉今一瞑而千萬世之綱常賴以維名教藉以振在諸賢其亦可以無遺憾而學者當於是而言興忠孝之思矣爰揭其義旨而書於麗牲之碑

六賢祠碑記

國朝金仁

六賢祠在城南偏康熙中學使者婁東王公案試紹郡檄郡守三韓胡君建以祀明季死節諸賢文貞倪公忠端黃公忠愍施

公忠介劉公文忠周公忠敏祁公者也祠即文貞別墅故墟爲之面山俯流地夷境闢自經始以來迄今百年無任繕葺之役者榱桷朽蠹牆壁陁落上雨旁風無所蔽障大學士梁公嘗貽書郡人謀復其舊屢矣仁承乏首邑諸紳士爲余言余以此守土之責且六賢中三人皆山陰余固宜任之顧一人之力不足以勝則請從諸君後僉曰諾於是懽忭鼓躍不戒恐後以四月辛丑鳩工匝月粗就前堂後寢翼以兩廡繚以周垣規制視昔爲更備汎埽既畢謹以牲幣展禮而爰侑焉夫有其舉之莫敢廢也倘莫爲之前則今日之措手爲益難矣後之任斯土者時時芟舊而揭新之無使墊隳庶幾景崇先哲風勵名教之一端余不能無望焉

三江司閘正神廟碑記　國朝顧元揆

余以乾隆甲午倅郡治三江至卽詣湯公祠焚香叩頭而要闕之上別有神像展禮訖視其主題曰三江司閘正神而無姓名問之吏則曰原題莫龍之位近山陰令萬君以敦始易之心竊疑焉考閘務書惟載一語曰木龍卽公之夫頭秉正者豈欲隆其冠服而恐於夫頭爲不稱歟抑因越語莫木同音未知孰是而故闕之歟神以秉正聞是有功於湯公卽有功於闔郡宜郡民並爲之肖像也丁酉夏紳士陳俞業等公請易主且敘神之事實以獻其略言神姓莫山陰人充府輿皁其爲湯公董夫役也悉心所事一日在工所方入深探閘底巨石猝下遂被壓以死湯公震悼爲卹其母終身嗚呼此眞所謂以死勤事者也近世論文未免從刻一事爲志乘所不載輒鄙夷以爲不足觀余未敢措筆復加遍訪則雖婦人孺子猶能言之間嘗從容步閘

上或指點爲余言每閘流久閉沙土淤澱雖千百人力不可開開輒潮水衝塞如故有司虔禱於神畢出視細流涓涓耳繼則湍齧淤去頃刻間數百里豁然矣心詫異之夫神生不愛其身死有利於後如此越之人思神若思湯公不置又如彼雖欲不從衆請其可得已爰擇吉日謹易牌主曰三江司閘正神莫諱龍之位從私謚之例士民之願也銘曰猗不爵而自貴獨混俗兮無私從府朝兮致役血濺石兮膚糜哀我神兮報饗留榮名兮書之碑神儼駕兮浪翻雪神安坐兮波迴颶聲南塘兮萬歲一啟一閉兮永宅於斯

蕭公祠記

國朝朱起蛟

公諱起元遼陽人以順治二年十月奉

朝命巡撫兩浙時越人連搆七郡稱戈數十萬勤勞王師自秋

徂暑乃克破蕩公與部院張公約但誅渠魁獻馘於朝而此外一無所問越之人上自縉紳下及里老皆請建祠以俎豆公願以不死之身謚公千秋之壽公不許相與咨嗟歎息皇皇然如不克載天順治五年冬十月公復至越察民之所不悅事之所不便吏之所不廉不職者或革或蠲或誅或黜雷動風驅春生秋殺旬日之間俗乃大變於是越人復稽首崩角垂涕相告以爲吾儕前攖喪亂分如雞豕計日待屠豈知鴻莽另闢致使殘魂遺齒復見天地光華今而後知

天子之德開代之仁肇造之規模如此其大越民少者壯而壯者老已五年於茲環城十萬戶天高地厚日履日戴使不有所瞻仰百代後焉知相傳以有今日者皆出蕭公之惠乎山陰令顧君聞其言而嘆曰夫非猶此越民也耶今一旦傾心戴德至

誠懇恒如是甚可哀也雖公之德不必以祠著然復重違其請恐非所以慰答輿情昭示歌舞愛戴之至意於遐邇也於是躬率士庶度地於西門之外諏日勉循爾願毋使公知量厥袤延庀厥材甃纍厥丹堊作堂翼翼列位巖巖維時七年正月十五日萬民和會紳士奔丕聲以鼛鼓振以鐸鐃拜公於堂歡聲如潮上以彰
朝廷寬大之隆下以發斯民官長之義凡奉公之教以涖是土者知所欽式則斯祠關係甚鉅豈特爲銘德報功已哉

香祖筆記　國朝王士禎

康熙十五年餘姚有客山行夜宿山神祠夜半有虎跪拜祠下作人言乞食神以鄧樵夫許之明晨伺於祠外果見一樵過之遡謂曰子鄧姓乎曰然因告以夜所聞見戒勿往鄧曰吾有母

仰食於樵一日不樵母且饑死生命也吾何畏哉遂去不顧客
隨而覘之樵甫採薪虎突出叢篁中樵手搏數合持虎尾盤辟
久之虎不勝憤乃震哮一躍援尾負痛遁去樵遂殺之客逆勞
之樵曰感君高義盍導我至廟下既至大詬以死虎示神曰今
竟何如遂碎其土偶樵一笑躍上神座瞑目而逝鄉人重爲建
祠額曰鄧公廟
圖二附後

山陰縣志卷二十一

南鎮廟圖
宛委山
天柱峯
秦望山
碑亭
碑亭
廣澤原

山陰縣志
石傘峯
大殿

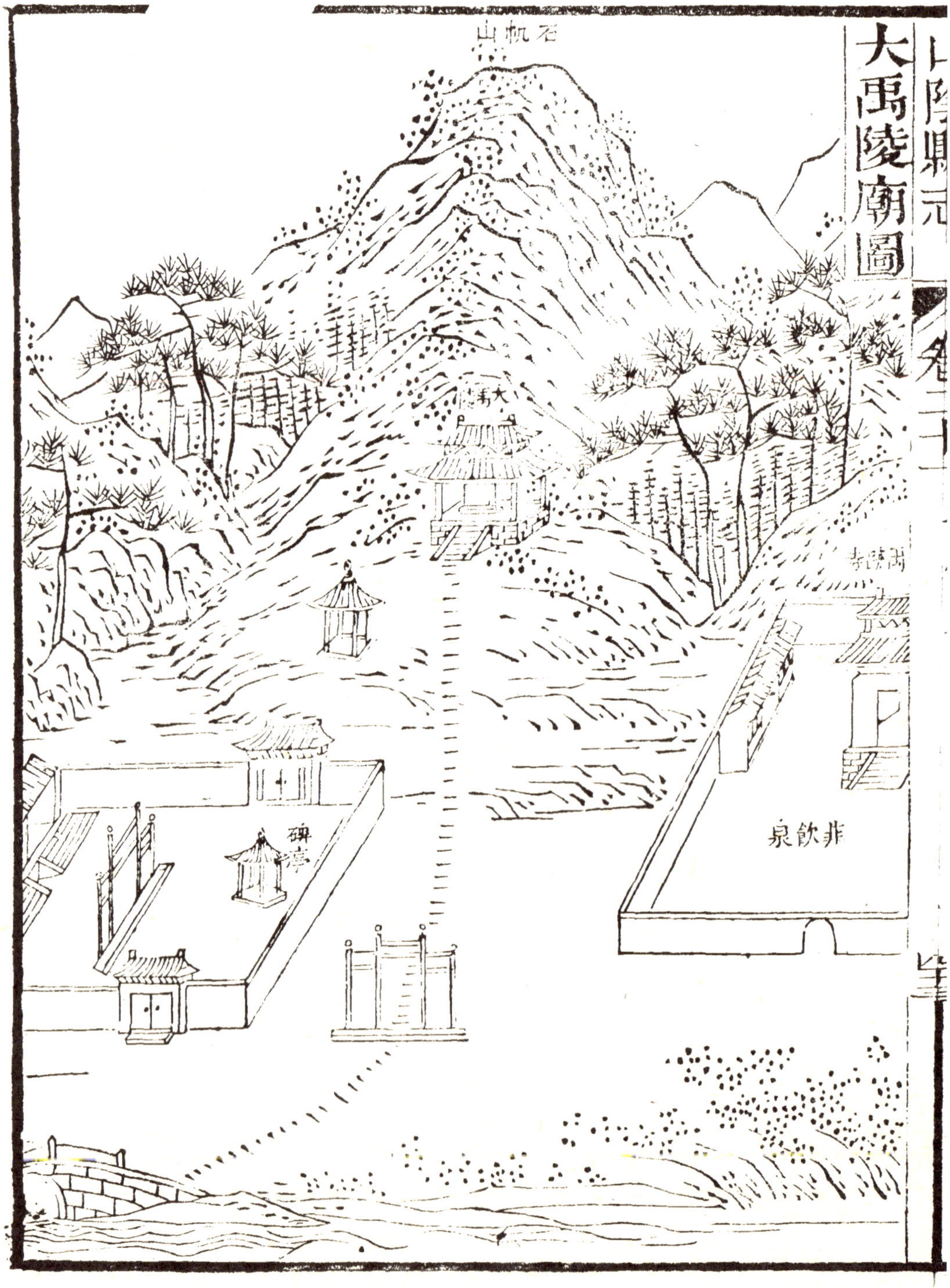
大禹陵廟圖
石帆山
大禹陵
碑亭
菲飲泉

窆石亭
大禹

山陰縣志卷二十一

山陰縣志卷二十二

政事志第三之四

兵以武爲植文爲種武爲表文爲裏蓋有文事者必有武備有武事者必有文備是以古者司徒掌教亦肄徒役司馬掌兵亦論官材後世府兵之制猶合兵農縣令之官或監兵馬乃至周史六弢之目劉向錄之而列於儒家齊威司馬法之編班固出之而附於禮類其在方志則范成大之吳郡羅願之新安皆有營寨一條宋會稽志有軍營條而一則宋紹熙以後續載水軍一則明嘉靖之閒補緝武略事期有用語不厭詳所宜師法者也志舊有武備一卷據敘云舊所不載後補入者今仍其篇目敘於學校壇廟諸篇之次亦見文武並重而設施微有次第焉爾

宋嘉泰會稽志云唐太宗時於府兵外置北門四軍則募兵也

其後募兵寖盛爲萬騎爲左右神策天子不可自將故命中官握之謂之北司北司始盛不可制而府衛爲南衙兵寖廢不備朱梁懲唐北司之弊天子自將禁旅所謂侍衛馬步軍是矣周世宗又謂之殿前軍蓋亦侍衛之比而加精鋭然當時藩鎭亦皆募兵倚以跋扈雖世宗不能盡制也祖宗有天下因周之制又盡收天下雄勁士卒列營京畿足以坐制四方矣又謂郡亦不可無備則爲之制其别有禁軍廂軍禁軍蓋因梁周之名而廂軍則因藩鎭舊名廂者乃當時分軍之名今内則龍神衛四廂及外郡有第幾廂之類皆部分耳禁軍猶曰京師之兵而廂軍則郡國所有雖衣糧有差降然皆選擇及歷歲久禁廂軍皆郡自募於是禁軍則教閲以備征戍廂軍給役而已禁軍有退惰者降爲廂軍謂之落廂自熙寧後置將官而禁軍又有係將

不係將之別則禁軍亦分爲二矣　禁軍雄節係將第一指揮營在第五廂秦望門額五百人威捷係將第二指揮營在第一廂都亭橋額五百人威果係將第念二指揮營在第四廂鯉魚橋東額五百人威果係將第念三指揮營在第三廂水溝坊南額五百人全捷係將第四指揮營在第五廂秦望門額五百人全捷係將第五指揮營在第三廂水溝坊南額五百人威果不係將五十四指揮營在第五廂卧龍坊額五百人全捷不係將第十三指揮營在第五廂秦望門額五百人　廂軍崇節第七指揮營在第五廂秦望門額五百人崇節第八指揮營在第一廂錢武肅廟東額五百人壯城指揮營在第一廂北善法寺側額四百人牢城寧節第二指揮營在第一廂馬坊橋額二百五十人屯騎營在第五廂附威果營額二十人

案禁廂各軍部分城內成棊布之勢當時呼吸聯絡不能盡疆而守也此外如堰營土軍屬於一隅者可專舉矣

錢清南堰營在山陰縣西額二十五人　三江寨土軍屬山陰縣額一百八十二人　山陰縣弓手額九十五人嘉泰志

元各路立萬戶府各縣立千戶所以鎮壓各處其所部之軍每歲第遷口糧府縣開支而各道以宣慰司統之續文獻通考

諸路府所轄州縣設縣尉司巡檢司捕盜司皆爲立巡軍弓手職巡邏專捕獲元史兵志

明洪武元年以太史令劉基奏自京師達於郡縣皆立軍衛大率以五千六百人爲衛一千一百二十八人爲一千戶所一百一十二人爲一百戶所設總旗二名小旗十名管領鈐束通以指揮使等官領之續文獻通考

紹興府設三衛五所隸浙江都指揮使司仍總轄於左軍都督府此禁軍例也各衛所復有帶管及召募名色廂軍例也弓手領於巡檢司堰營土寨不與焉規模與宋不甚相遠衛五千六百人所一千一百二十八人合之得二萬二千四百人後革餘姚千戸所則減一千一百二十八人而帶管召募之數各衛所多寡不一其軍始調自南北從征者繼乃抽台温等處民四丁之一以充伍指揮都將也千戸則營將百戸鎮撫隊將大務取海防居常則用以弭寇賊民既出食以供軍惟各安居以守本業他無預矣　紹興衛指揮十五員鎮撫二員千戸十六員百戸三十三員額軍五千六百名三江所千戸五員百戸十五員鎮撫一員額軍一千三百五十二名本縣民兵一百二十二名三江司弓兵三十六名白洋司弓兵三十二名據府志

國朝定鼎之初原設副將一員守備七員帶兵一千五百四十名續又移駐滿洲總兵一員添兵五十九名統共官兵一千六百九員名順治五年奉部議定經制裁去前項官兵改設紹興城守副將一員統協左右二營每營各設都司一員守備一員千總二員把總四員通共額設官一十七員帶兵一千六百名馬一步九分防山會等八縣地方康熙二年閒奉部議將寧波提督一員移駐紹興府城其紹興副將移駐三江七年奉文仍將提督移駐寧波府城其紹興副將左營都司守備帶領千把總八員兵丁六百名照舊回駐紹城其三江安設右營都司一員把總一員帶兵三百名四十六年奉文添設大嵐官兵案內撥出右營都司一員把總一員帶兵一百二十名移駐餘姚縣城雍正五年閒奉文每兵二百名額設外委把總一員每兵四

百名額設外委千總一員共設外委千總四員外委把總九員俱於馬兵內挑拔乾隆二十六年間奉文各營額外外委准照經制外委員數減半添設案內紹協兩營添設額外外委六員俱於馬兵內挑拔乾隆四十七年間奉裁武職養廉名糧案內紹協兩營裁汰養廉馬糧四十七名守糧九十二名又裁汰公糧守糧五十二名營冊

紹協兩營現在額設官協鎮府一員都司二員守備二員千總四員把總十員　又外委千總四員外委把總九員額外外委六員俱仍入馬兵數內營冊

紹協兩營現在額設馬步戰守兵丁一千六百八十一名內馬兵一百四十名戰兵三百二十九名守兵一千二百十二名

紹協兩營現在額設馬一百九十六匹內各官例馬五十六匹兵戰馬一百四十匹

分防山陰縣汛左營都司一員協防外委一員額外外委二員帶領馬兵十四名戰兵二十八名守兵九十六名營冊分防三江所汛係與會稽縣同轄左營把總一員帶領戰兵九名守兵三十五名營冊　本縣民壯四十二名縣冊　以上兵制

明紹興三衛四所官軍俸糧每年共八萬六百九十三石一斗紹興府額餉銀每年共二萬二千九百二十七兩六錢七分聽給水陸官兵支用銀每年二千九百四十八兩四錢魚稅銀每年共五百五十兩沿海漁稅孔樂開以漁人引倭爲患禁片帆寸板不許下海復以小民衣食所賴遂稍寬禁嘉靖三十年後倭患起復禁革三十五年總督胡宗憲以海禁太嚴生理日促轉而從盜奏令漁船自備器械排甲互保無事爲漁有警則調取同兵船兼佈防守先是巡鹽御史董威題定漁船各立一甲頭管束仍量船大小納稅給與由帖方許買鹽下海捕魚所得鹽稅以十分爲率五分起解運司五分存留該府聽候支用每年三月以裏黃魚生發之時各網稅銀許其結綜出洋捕魚至五月各令回港萬歷二年巡撫都御史方宏靜復題令編立綜網紀甲并立哨長管束不許攙前落後仍撥

兵船數隻選慣海官員統領於漁船下網處巡邏遇賊即剿

先年衛所各有官窰撥軍數十名取土採薪燒造甎瓦如遇城舖小損即隨時修砌止計木灰倩匠工食之費其法甚善後因軍士凋耗遂行停止稍有損壞輒申請委官估計文移往復經年以致日漸傾頹及至呈允撥買現成甎瓦腳爲措塞三十二年海道議行嚴查各衛所窰地基址每衛撥正軍二十名所十名專在窰燒造燒完甎瓦刊寫年分做造姓名運回本衛門收貯遇城垜損壞即呈請修葺每年燒靑甎一千塊瓦二千片

國朝自提鎭以至千把俱量給親丁名糧以資養贍乾隆四十六年奉

旨裁去每年改給養廉協鎭八百兩都司二百六十兩守備二百兩千總一百二十兩把總九十兩外委十八兩以上據府志

馬兵每名月支餉銀三兩原作二兩據營冊改正內去朋扣一錢戰兵每名月支餉銀一兩五錢內去朋扣五分守兵每名月支餉銀一兩內去朋扣三分每馬一匹月給草乾銀一兩以上兵餉馬匹草乾銀每兩月赴布政司請領一次紹協兩營額置兵戰馬一百四十四匹每年額報倒馬四十二匹每匹價十四兩府志兵每名月支米三斗營冊　案府志馬兵日給米二升戰兵日給米一升五合守兵日給米一升

紹協兩營每年支用火藥二千七百二十二斤零價銀不等內一千六百五十七斤零赴布政司支銀買補其餘一千六十五斤零動支存營公費銀兩買補　每年支用鉛彈五百六十三斤四兩動支存營公費銀兩買補府志　以上軍需

教場自晉以來竝在五雲門外唐遷城西迎恩門外今謂之古教場宋時有大小二所小教場在臥龍山上嘉定十五年守汪綱以其狹隘命以作院擇地創築前建臺門繚以牆垣中爲堂

曰維武自元以來已非故處大教場在府署東南五里一百五十步稽山門內明洪武初遷於府署西南一里三十步常禧門內有演武堂前築將臺其地曠衍可二百畝歲久爲軍民侵牟散漫無考嘉靖二十三年御史舒汀按節觀兵始正規制築西圍牆東西深二百四十一弓官廳前南北橫廣九十一弓西盡牆南北橫廣五十弓總八十五畝有奇

國朝康熙十六年閱演武堂爲颶風所傾二十九年知府李鐸捐俸重搆左設將臺右置鼓亭前列轅門仍循古制顏其堂曰敦詭堂并立碑記府志

案舊志武備甚簡略而軍器教場分爲二條府志立訓練名目而教場貫格亦別爲二條茲皆檃括於教閱中

教閱之法有二一曰營法二曰陣法所謂營法者六軍營聚四

十有八前軍赤後軍黑左軍青右軍白左虞候黄右虞候絳經索五百尺圍索二百尺街索五十尺定營工二十四人內十二人掌經索圍索各一丈十二人掌經索街索各一竝以木杙自隨子壕砦六人執隨營索色旗一木椎一都壕砦一人掌營盤一椎一杙一黄天王旗一據營地中然後子壕砦乃分執其事設幰布車浚壕立柵所謂陣法者其別有六一曰方陣四鼓舉白旗則爲之二曰圓陣五鼓舉黄旗則爲之三曰曲陣一鼓舉黑旗則爲之四曰直陣三鼓舉青旗則爲之五曰銳陣一鼓舉赤旗則爲之六曰五陣互變視大將麾旗周麾則爲之此教閱之大略也嘉泰志

明景泰二年奏准通行天下衛所每一季成造盔甲鎗弓刀各四十件圍牌二十面弦八十條箭一千二百枝撒袋四十副銃

箭五百枝每千戶所一季成造盔甲鎗弓刀各十件圓牌五面弦二十條箭三百枝撒袋十副銃箭一百枝永爲定例續文獻通考

國朝紹協營合操陣法第一四行迎接陣第二五行正氣陣第三進步連環陣第四梅花疊戰陣第五四海清寧陣第六得勝安營陣第七四行進城陣第八官兵歸伍陣　操演牌陣第一牌技整隊陣第二三才制勝陣第三遍地梅花陣第四天圓一氣陣第五兩儀相生陣第六金橋陣第七兩面連環陣第八得勝方營陣第九牌技收隊陣營冊

春操每年定期二月十五日開操秋操每年定期七月十五日開操每逢十日兩營合操大陣其餘隨常小操府志

紹協兩營存局鐵盔一千四百四十九頂青布綉花馬鐵甲一百二十七身青布綉花步鐵甲三百七十三身青布綴刻絲棉

甲四百七十六身號帽一千六百十六頂號衣一千四百四十九身青衣青褲一百四十二副號袍一千一百三十二身腰刀一千四百四十九口鳥鎗七百五十九桿籐牌一百六十七面牌刀一百六十七口片刀一百六十七把長鎗七十五桿先鋒旗十面桿綠緞金蟒大小旗幟三十二隊帳房一百四十四頂鑼鍋一百二十口硬弓六十張馬上鎗三十桿斬馬刀二十把馬叉二十把撲刀二十對雙斧二十對雙手帶刀二十把滾皮刺刀二十對連環棍二十副佛狠機四位牛蹄砲六位劈山砲三位行營砲二十位過山鳥砲十三位蕩寇砲四十二位百子砲二十位紅衣砲鐵子共三百七十三出封口鐵子四百六十三斤八兩鳥鎗鐵子二百三十一斤十二兩火藥一萬三千一百九十五斤十二兩鉛子五千六百三十二斤八兩官兵自備

戰箭一萬九千六百三十枝營册

紹協兩營額設賞兵銀三十六兩春操銀十八兩秋操銀十八兩乾隆四十六年裁去扣留兵丁名下公糧名糧五十二名議設公費銀八百兩共賞格該款在內支取府志

案府志賞格條內詳載前明隆慶年擒斬倭寇首功有眞倭而查明眞正者有但稱爲眞倭者又有眞倭從賊者以此別其難易定賞之高下蓋一時激勵之方而冒功者知不免也至得脅從者首級亦給賞其害更甚觀睦寇時沈待制所議可見詳後記事今皆遺不錄惟錄現在春秋兩操賞兵銀數以備一則　以上教閱

柯橋在城西三十里水汗漫多支流陂深堰曲難以屯兵利主不利客

古博嶺在城西南四十五里與諸暨楓橋接壤胡大海克諸暨

自茲路來戕越郡嘉靖三十三年倭夷擾山陰亦由楓橋進山關寇盜俱由此入境舊有楓橋巡檢司今基址尚在似宜復設

抱姑堰在城西五十二里上連鏡湖下接小江

三江所關一曰大閘關

三江閘在城北三十八里山會蕭賴此蓄水港口深濶外通大洋甚爲險要賊船若泊宋家漊突入腹裏從陡亹一帶海塘可抵郡城越港而北爲浙西稽山乃省城第一關鎖也嘉靖三十五年倭越突犯攻城官兵敵退

洪武十五年四月浙江都指揮使司言杭州紹興等衞每至春則發舟師出海分行嘉興澉浦松江金山防禦倭寇迨秋乃還後以浙江之舟難於出閘乃聚泊於紹興錢清滙然自錢清抵澉浦金山必由三江海門俟潮開洋凡三潮而後至或遇風濤

勳諭旬日卒然有急何以應援不若仍於澉浦金山防禦爲便其台州寧波二衛舟師則宜於海門寶陀巡禦或止於本衛江次備禦有警則易於追捕若温州衛之舟卒難出海宜於蒲門楚門海口備之詔從其言以上府志

國朝三江所左營千把總輪防轄臺五口次一山陰所轄者三曰龜山臺龜山即烏峯山一名白洋山在縣西北五十里濱海東至黨山臺五里黨山臺黨山一名碧山在縣西北四十八里東至蒙池臺二十里蒙池臺東至宜港臺十里屬會稽府志並營冊

紹協左營山陰縣塘汛四處曰高橋塘梅墅塘太平橋塘板橋塘各設烟墩五座守兵五名府志並營冊

都城九門每門城樓安設紅衣大砲三位三江汛安設紅衣砲九位百子砲八位毋子砲一位營冊

國朝雍正十年設周家路水師汛紹字號巡船二隻乾隆三十

三年二月奉部查紹協營原設巡船二隻乘潮駕駛巡緝潮退淺擱未能駕巡皆因船身過大遲笨議詳酌改釣船二隻定限三年小修六年大修九年拆造届期駕赴寧廠修造府志

案舊志有戰船一條攷府志皆爲臨觀二衞而設三江雖郡之門戶而爲海支港戰船不能用茲截

國朝巡船之制雖不屬諸山邑然往來哨邏實所共資也　以上巡防

唐中和元年石鏡鎮將董昌引兵據杭鎮海節度使周寶不能制表爲杭州刺史時臨海賊杜雄陷台州永嘉賊朱褒陷温州遂昌賊盧約陷處州浙東觀察使劉漢宏遣弟漢宥及馬步都虞候辛約將兵二萬營於西陵謀兼幷浙西昌遣部將錢鏐拒之漢宥辛約皆走昌謂鏐曰汝能取越州吾以杭州授汝鏐遂

將兵自諸暨趨平水鑿山開道五百里出曹娥埭浙東將鮑君福率衆降之鏐進屯豐山旋克越州劉漢宏奔台州杜雄誘漢宏執送昌斬之詔進昌義勝軍節度使檢校尚書右僕射鎮越州以鏐知杭州後累拜昌檢校太尉同中書門下平章事爵隴西郡王乾寧二年昌將稱帝節度副使黃碣會稽令吳鐐山陰令張遜皆不從盡殺之二月辛卯被袞冕登子城門樓即帝位先是咸通末吳越間訛言山中有大鳥四目三足聲云羅平天冊見者有殃及昌僭號曰此吾鸑鷟也乃自稱大越羅平國改元順天署城樓曰天冊之樓以前杭州刺史李邈前婺州刺史蔣瓌兩浙鹽鐵副使杜郢前屯田郎中李瑜爲相以吳瑤等爲翰林學士李暢之爲大將軍昌移書錢鏐告以權即羅平國位鏐報曰與其閉門作天子與九族百姓俱陷塗炭豈若開門作

節度使終身富貴耶及今悛悔尚可及也昌不聽鏐乃將兵三萬詣越州城下見昌再拜曰大王位兼將相柰何舍安就危鏐將兵來以俟大王改過耳縱不自惜鄉里士民何罪隨大王族滅乎昌懼致犒軍錢二百萬執送首謀者吳瑤及巫覡數人於鏐且請待罪鏐引兵還以狀聞朝廷以昌有貢輸之勤今所爲類得心術詔釋歸田里鏐表昌僭逆不可赦請討之詔削昌爵委鏐討昌淮南節度使楊行密遣寧國節度使田頵潤州團練使安仁義攻杭州鎮戍以救昌昌使湖州將徐淑會淮南將魏約共圍嘉興鏐遣武勇都指揮顧全武往救破烏墩光福二寨二年二月用楊行密之請赦昌復其官爵顧全武等攻餘姚明州刺史黄晟遣兵助之昌遣將徐昌救餘姚全武擊擒之餘姚令袁邠降於鏐顧全武許再思、案此人突出無根姑仍原文進兵至越州城

下昌身闕兵五雲門出金帛傾鏐衆全武等譟奮昌軍大潰遂
去僞號復稱節度使全武四面攻譟急城中以口率錢括督理
輸軍昌從子眞得士心昌信讒殺之衆始不用命又減戰糧下
愈怨反攻昌全武執昌還及西江斬之傳首京師夷其族據府志
宋宣和二年冬睦州青溪縣民方臘起爲盜破杭州越大震官
吏多遁去知州事劉韐獨調兵築城固守令民富者出財壯者
出力士民皆奮已而盜陷衢婺二州三年二月抵越城下有酋
渠絳衣散髮被重甲自號佛母指呼羣盜蟻附攻城會有卒爲
礮所激墮城中草積上不死具言賊中事韐麾衆出直攻其腹
心擒佛母者賊大潰不復敢進明台溫賴越骾賊喉牙得以皆
全方受圍時韐子子羽年二十餘出入兵間且計且戰得賊酋
躬視行刑而色不變士卒恃以增氣劉公城守時待制沈公調爲士曹掾公募民能得賊

首級一賞錢二萬沈公聞遽請見以爲如是則小人規利或殺平人乞令必生擒乃給賞仍倍其數不閲日郡人俘數十輩以獻帥命沈公覈寔附賊者纔三四人乃請盡釋其餘從之自後凡得賊悉付沈公辨證全活數千人沈公仕至大中大夫敷文閣待制知福州年八十餘乃終嗣子繼顯於朝議者以爲陰德之報 據嘉泰志

建炎三年十月壬辰車駕駐蹕越州聞金兵數道竝入朝論謂恐由江黃閒渡江趨行在當分兵守衢信隘路十一月丙申命朝奉郎中書門下省檢正諸房公事傅崧卿帶本職爲浙東防遏使行至衢州有任士安將下潰兵近萬人爲首者成臯等五人號五朶花方圍婺州崧卿單騎疾馳至其營未旦趨入叱責之徐諭以禍福臯等皆俯伏惟命乃爲具奏皆命以官而納其兵于麾下會得報有統制官關濟者乘敵委會稽去乃以李鄴降敵爲邦人之罪案李鄴降敵事未詳姑仍原文由五雲門入揚言將屠城脅而求財殺掠縱橫崧卿乃先遣防遏使統制侯延慶步汝霖

及成皐等帥師馳入會稽而已以中軍繼至關濟窘蹙乃登蕺山絶頂以弓弩自衛其徒閉開元寺堅守俄攻下之又俘關濟於蕺山數其罪斬於開元寺西由是一府皆安同上

元至正十九年春正月庚申明大將胡大海等攻紹興自二月至五月百計攻城不得下而去海寧州教授徐勉之著保越錄紀其事據府志原文書法不合姓名亦舛漏不具今酌改

倭夷即日本漢武帝時始通中國元世祖時嘗遣師十萬征之俱覆没明初嘗入貢已詔絶之永樂後仍入貢亦間入寇正德四年遣宋素卿入貢或云素卿乃鄞人朱縞鬻於夷冒稱明宗室爲人傾險譎庶奪嫡遂有寵至是充使來賂太監劉瑾蔽匿其事此禍端也嘉靖二年四月定海關夷船三隻譯傳西海道大內誼興國遣使宗設謙入貢越數日又至夷船一隻稱南

海道細川高國遣使入貢其使郎素卿也導至寧波江下市舶太監賴恩私素卿重賄坐之宗設之上又貢船後至先與盤驗宗設怒遂相讎殺宗設黨追逐素卿過餘姚知縣邱養浩率民兵禦之被傷數人由上虞直抵紹興府城東閭巷驚怖官府閉計於王新建守仁新建曰若得殺手數百可盡擒之今無一卒但可固守耳月餘不能入素卿匿於城西青田湖宗設求之不獲遂泊寧波港指揮袁進邀擊之敗績賊攻定海城不克遂出海備倭都指揮劉錦追擊於海洋復敗沒賊船揚揚然去已而被風漂一艘於朝鮮朝鮮王李懌擒其帥中林望古多羅械至京師先是素卿已下浙江按察使獄乃並下浙江勘訊久之皆瘐死十九年閩人李光頭歙人許棟逃福建獄入海引倭結巢於霸衢之雙嶼港出沒諸番海上屢警二十七年巡視都御史

朱紈遣都指揮盧鏜等搗雙嶼擒李光頭焚其營艦並擒許棟而歙人汪直收其餘黨爲亂（案汪直府志悉改稱王直未詳所據）三十一年叩定海關求市不許遂移巢烈港官兵襲之移馬蹟潭三十二年四月賊蕭顯自平湖來參將湯克寬邀擊於鱉子門破之是月賊陷臨山衛參將俞大猷破之八月賊林碧川等自崇明修船爲歸計都御史王忬度其必入浙預令都指揮劉恩至指揮張四維百戶鄧城分爲二哨一自觀海臨山邏乍浦遏其來一自長塗沈家門設伏邀其去賊果南遁官兵與遇於普陀臨江海洋敗之十二月賊寇瀝海所城千戶張應奎百戶王守正張承俱死之三十三年正月蕭顯敗於松江南奔入浙鎮撫彭應時戰沒賊偪海鹽二十里亭參將盧鏜追擊敗之由赭山遁至止屯三江歷曹娥瀝海餘姚趖於龍山圍於定海困於慈谿盧鏜及

劉恩至張四維潘亭分道夾擊大敗之斬蕭顯九月林碧川沈南山等率衆自楊哥掠浙東蕭山臨山瀝海上虞十月寇觀海備十一月自仙居向諸暨居民悉逃贊畫周述學謂知縣徐機曰諸暨人強族衆雖逃不遠公下令則鄉夫可集兩關有兵賊不犯矣機然之即步往東關時已暮有老人來謁機令宣諭集衆得千餘裂衣爲旗拆籬舉火鳴金發砲喊聲大震令南關亦如之比夜二更賊至見有備遂由山徑入山陰境至城南城內未設備常禧門尚開賊登跨湖橋覘見城垛高聳疑不敢入乃往柯橋遇鄉民姚長子貫其肘使爲導長子紿之西而密謂鄉人曰俟賊過某橋若等急毀之我死不恨遂陷賊於化人壇四面皆水總兵俞大猷會稽典史吳成器各率兵奮擊斬首二百餘級賊殺長子以遁三十四年四月松浦賊自錢倉白沙灣抄掠

寧海衛樵村百戶葉紳劉夢祥韓綱俱死之遂至上虞東門外燒居民房屋渡江遇御史鄞人錢鯨殺之至皋埠兵備副使許東望知府劉錫及吳成器各率兵圍之至夜賊乘間遁去五月楊哥賊偪餘姚省祭官杜槐率鄉兵禦之斬其酋及從賊三十餘槐力竭死復偪鳴鶴場盧鏜擊敗之淞浦賊寇鄮溪所不克進寇餘姚初餘姚後清門外有橋甚雄壯鄉人以賊將來毀之未幾賊至適潮漲不能渡江南鄉兵奮擊之賊去寇三山所把總劉朝恩固守值霖雨城圮數十丈朝恩躬捍圮所復作木城障之城上矢石如雨不能中賊朝恩曰此幻術也投以生犬首因射斃一酋賊潰遁六月楊哥賊自觀海出洋都指揮王霈等邀擊於霍山洋敗之沉其舟是月參將盧鏜敗賊於馬鞍山浙林復追敗於勝山龜鼈洋十一月淞浦賊復自温州登岸歷奉

化犯餘姚叅將盧鏜遇於文亭乃使兵能倭語者紿賊曰餘姚兵不可敵吾等宜南行遂逶迤入四明山其地險僻避寇者方聚其中弗虞寇至焚刼尤慘時天大雪鏜尾其後經歷文某接戰於苦竹嶺副使孫宏軾又接戰於析閘嶺及翁家村皆不能勝至斤嶺餘姚謝生霍及之謝生者太學生名志望文正公曾孫也捐家貲募勇士五百人分三隊張左右翼禦賊酣戰自卯至午殺賊九人射傷數十人矢盡力疲猶奮呼陷陣生貌美晳賊意其帥也叢刃殺之會盧鏜軍至復戰於斤嶺於梁衖賊稍郤亟襲家畈復至上虞東門河南毛葫蘆兵迎戰於花園損二百餘人賊遂從城外渡曹娥江餘姚庠生胡夢雷與從兄應龍操六等率鄉兵邀擊於東關死之賊順流而西是時提督胡宗憲方在浙西剿川沙之賊移檄諸將無力戰者乃自督兵至於

署縣事李如桂王詢指揮楊永昌知事何常明典史吳成器等併力追戰於瓜山又大戰於三界先是許東望請以山陰人金應暘爲贊畫團練鄉兵千餘宗憲又請以武生項謚隆所領處州兵二百至是迎戰於五婆嶺時賊百餘官兵數千見賊即走處兵與賊血戰踰時應暘手刃數賊竟死之是日宗憲斬不用命兵五人於五雲門翌日賊遁丁村盧鏜追擊之斬首二十六級賊懼餌以銀物官兵潰又明日何常明哨賊被殺宗憲方次長山聞報大怒拔劒欲自刎李如桂救免丙午宗憲壁龕山之巔盧鏜以丁村功獻宗憲恐賊渡錢塘促再戰鏜曰士疲矣請休養數日料茲賊須鏜了之非毛頭輩所能也宗憲佯諾與山陰故郎中王畿計之畿密諭親兵曰爾等豢養久未立戰功今諸將多逗留不進盧參戎以毛頭目爾能無耻乎曷乘其不意襲

之衆踴躍請效死郎令吳成器兼率以進不數里遇賊死戰無不一當十賊大敗歪龕山坡下匿小堡內官兵乘勢圍攻賊登屋擲瓦瓦盡繼以椒椒盡乃下而死守官兵急攻破之悉斬以獻日且瞑宗憲命取賊心啖之選猙獰首級二十餘顆置案上每顆爲飲一觥比曉諸營方知破賊相率入賀鏜大慙服閏十一月淞浦賊復自溫州南麂山來至平陽三港守備劉隆千戶鄭綱百戶張澄皆戰没賊繼台州漸北向欲與紹泉合宗憲令天台以南知府譚綸兵擊之新昌以北容美宣撫田九霄兵擊之吳成器爲先導十二月賊抵新昌肆焚殺進屯醴泉知縣萬鵬率民兵拒之不克賊亦去聞紹興賊已破畏譚兵及土兵猶豫莫定所往至嵊之上館嶺容美兵陳而待田九霄以兵當其前田九章援兵繼進左翼則留守王倫右翼則經歷畢爵各設

伏兵當之以一部誘賊戰良久伏起夾擊之指揮吳江率步兵遶賊後賊四面受敵遂大潰戰且走追入清風嶺俘斬一百七十餘是賊之未敗也淞浦賊又有自福寧州來者越平陽仙居至奉化與錢倉賊合幾七百人入紹興勢張甚田九霄既破賊清風嶺宗憲復命副使許東望杭州府同知曲入繩同九霄往邀之遇於西小江橋僅隔一水宗憲於馬上自持一幟作指揮狀賊止聚觀宗憲笑曰此易與耳若不顧而南其氣未可乘也即率兵渡河九霄邀其前入繩躡其後賊大怖走後梅匿民舍官兵圍之三匝縱火夾攻死者甚衆宗憲立田中督戰曰賊若乘我兵半渡迎擊勝負未可知今猶釜魚耳周述學曰賊至夜必南遁急設伏邀擊山陰知縣葉可成曰西嶺之巔可伏也從之時值天雨夜大霧賊乘黑衝圍典史吳成器驅兵奮擊頗有

擒斬其脫丞者果由西嶺南遁夜將半嶺畔伏兵起賊驚潰斬首及焚死者二百有奇餘奔太平蒲岐港官兵追之賊堅壁不出乃夜遁壘設以火器賊驚起自相攻殺比明乃遁出洋三十五年四月賊周屹勾引豐洲賊數千自鳴鶴臨山三江登岸擾觀海衛至龍山所虜生李良民率兵禦之乃解去掠慈谿時縣無城被害甚酷知縣柳東伯募都長沈宏舉族禦之斬首數百級賊遁掠餘姚盧鏜遏之於丈亭大敗之五月賊分二支復入一擾慈谿一攻龍山所所中兵擊殺數十賊乃解去盧鏜復追敗之擒周屹餘黨遁入五峙洋八月盧鏜擊蘇常遁賊及學紹餘黨至夏蓋山三江海洋與戰於金塘馬墓之間沉其舟數十斬首六百五十有奇賊旋至慈谿據邱王二家爲巢進寇龍山所叅將盧鏜戚繼光副使許東望王詢把總盧鏑游擊尹秉衡

各率部兵數千遇於雁門嶺等處戰皆敗九月提督阮鶚親督
官兵來稍稍破之賊夜遁鶚又督兵衝鎗追至桐嶺誤中伏賊
被賊夾擊兵大敗賊至樂清出海三十六年十一月汪直款定
海關執無印表文稱豐洲王入貢且求互市先是軍門大臣收
直母妻及子下金華獄後宗憲爲提督乃出之給以美衣食欲
以爲餌會朝廷遣寧波庠生蔣洲陳可願充市舶提舉宣諭日
本國王宗憲因密令招徠汪直至是且來宗憲已晉總督列狀
上請不許命相機擒剿宗憲奉詔祕而不宣馳駐餘姚以夏正
爲死閒諭直來見直遣義子汪激及葉宗滿先來宗憲納其降
且與連牀臥因露諸將請戰書十餘通於几上而含糊作寱語
大略欲全活直之意然恐其逸去乃命二人同往見按院蕭臬
廷綏之又令直子澄以血書諭直直報曰即歸命但部兵無統

欲得激擒之盧鏜曰以大易虎不可失也宗憲遣之越數日復
令劉朝恩陳光祖夏正吳成器陳可願往說之且以夏正婁楠
爲質宗憲至定海直來見遂執送按察司獄疏其罪狀請旨斬
於杭州市自是越中鮮倭患

國朝順治初年山會等八縣地方賊寇嘯聚據險肆掠傷殘百
姓紹鎮官兵分頭遣發覆其巢

順治五年榆青嶺賊石仲方聚衆剽掠蕭邑生瞿治選充大橋
練總洽傍山阻澗築土爲城悉力守禦八年九月擒賊將俞千
斤衆遂潰散

順治八年海寇連檣窺伺所屬邊海地方屢經入犯添設官兵
防禦

康熙十三年夏溫台處山寇倡亂嵊諸暨等不逞之徒所在竊

發漫山賊蠭逼於郡南七月十三日賊兵薄城知府許宏勳率僚屬士民固守者三日夜伺間開五雲門攻破賊營斬級數百賊遁去時嵊暨賊猶熾議者欲但守五雲門勳曰二邑爲郡之門戶不守二邑猶之不守郡也乃自率師擣嵊而分兵往諸暨十一月偕參將滿進貴由仙巖取道直抵賊巢連破諸砦擒僞職二十餘人臨陣殺傷三十餘人招降餘孽馮瑞之等萬餘嵊境悉平暨邑亦望風解散以上據府志

續保越錄序略　明　余縉

保越錄者紀唐宋以來節度刺史禦寇靖民之實蹟也續保越錄者紀今郡守許公甲寅年捍孤城殲羣逆討平郡邑諸山越之實蹟也公諱宏勳字元功三韓人由郎署出守會稽郡巖鄉也復瀕海公下車甫數月適逢閩變一時人情鼎沸公獨鎮靜

若平時修城浚隍敵下穀胄咸咄嗟立辦而民不知有警既而發括之界流潰日衆奸民蜂起愚者率爲所迫遂長驅犯越時賊窺守將若拉朽內無勁旅外無援師謂越城可唾手拾耳幸公措施優裕咸有成算殪諸城下其竄伏外邑者率師攻討悉殄根株旬日閒遂致清寧公之才固度越諸賢而廉平之德實有以讋服人心故勦撫所及咸投戈涕泣罔敢奮螳臂以當者嘗身詣賊巢止攜二三僕從諭以禍福賊既感悟已而有誘脅者謀將中變幾以不測加公左右皆洶懼或勸公微服潛遁公叱之曰吾既入虎穴寧畏虎子耶遂酣寢達旦賊皆眙愕不敢動有驚疑從閒道逸去者輒爲邏卒所獲蓋公已先期設伏賊雖鋌走無一得脫者始相顧駭以爲神撫事乃定公之膽智絕倫類如此今公備兵海上鯨鯢絕跡越人先勒石以銘之矣猶

謂金石有時刊蝕唯誌之郡乘庶俾後之君子知所取法焉

郡八公紀事略

康熙甲寅春滇黔告變閩粵效尤浙之三衢首當豨突既而甌括叛亂流氛日熾遂蔓於越屬之暨嵊新三邑互相煽訌七月初旬連陷諸邑賊即窺伺郡城十二日至古博嶺官軍以衆寡不敵引次班竹菴十三日辰時戰於菴側官兵復小却賊乘勢攻常禧門幟集如蝟郡守許公慷慨登陴引民兵擊却之日晡賊復從城南渡河攻稽山門呼聲動地時東南隅守具甚薄乘城者咸股栗公介馬疾馳至則援巨炮擊之中賊皆糜碎賊魚貫攀堞以登公命善射者於睥睨隙伺之多應弦而斃由是賊勢漸沮自晨迄暮又自昏達曙賊百道進攻公隨機策應殺傷數百計黎明賊饑就食村落食已復環城噪呼鋒刃耀日其生

力者譩至公令兵民番休蓐食以待之賊終日喧擾不息薄暮又自遶疊山渡河攻五雲門公謂賊驕且憊可以出戰於是部署士馬潛啟筦鑰約以砲聲爲號突出截殺賊方輕官軍娛城自守多拋戈甲門啟衆馳出疾擊斬獲數百級溺河死者不可勝數餘賊奔還稽山時觀者踴躍勇氣百倍是夕賊雖作飛橋運攻具而氣已盡奪比明寧郡援師始至入自西門飯於演武塲賊尙未知也飯畢公令啟常禧門出師襲殺賊敗奔牛角灣再奔鯎涇殺溺死者無算生擒數十人又追至何山橋賊欲扼橋以拒我師乘勝蹙之又追至亭山賊猶據高圖鬬已而會城兵大至賊遂驚潰盡公已先期請濟師夾擊也是役也斬獲以千百計賊膽已墜先是郡兵六百餘人奉臺檄調援山衢營伍遂虛比賊附城城中兵不滿百樓櫓粗具士無固心公單騎呼

於市市人持錐挺從之者頃刻萬計咸曰我公呼我可不殫力殺賊以報乃德乎由是垣堞遂無隙地蓋前此臺符屢下趣郡集民城守公曰小民各有生計無事而錮之城守是坐困也第令有急呼之可耳民懷公德故一呼罔不應者又公知城內賊細甚繁附城之夕必舉火為內應下令凡衢巷俱家懸燈炬固守柵欄賊知有備終不敢發蓋內應絕而外勢自孤矣又稽山一門素稱僻陋稍不戒全城糜沸矣公納衆議秉炬燓之併撤春波橋以遏其衝已而賊果犯門熾薪爇火終不能尅蓋先事綢繆之力也至於擐甲登陴自當矢石奪門出戰殲縛渠魁公之膽智絕人聞風者罔不欽服嗣此嘗深入大嵐巨寇驚遁入海又嘗剿撫劇寇援師憤其負固欲盡屠之公力主招徠保全者億萬戶迄今言及咸感泣而公歷時已踰八載未嘗自述其

蹟故日月姓名多不可詳考其度量深厚又如此並舊志以上

紀事

案府志備載歷代戰守事蹟如聽遊音疾徐異矣唐中和以後勦禦情形歷歷可指爲詳述之一以傷赤子創痍之苦一以懷賢執事捍衛之勞尤深幸今日仰戴皇仁民物阜安無晏開之警者且百數十年於茲也蓋聖化之移易非盡由備禦無虞也猗與休哉

右武備圖附後

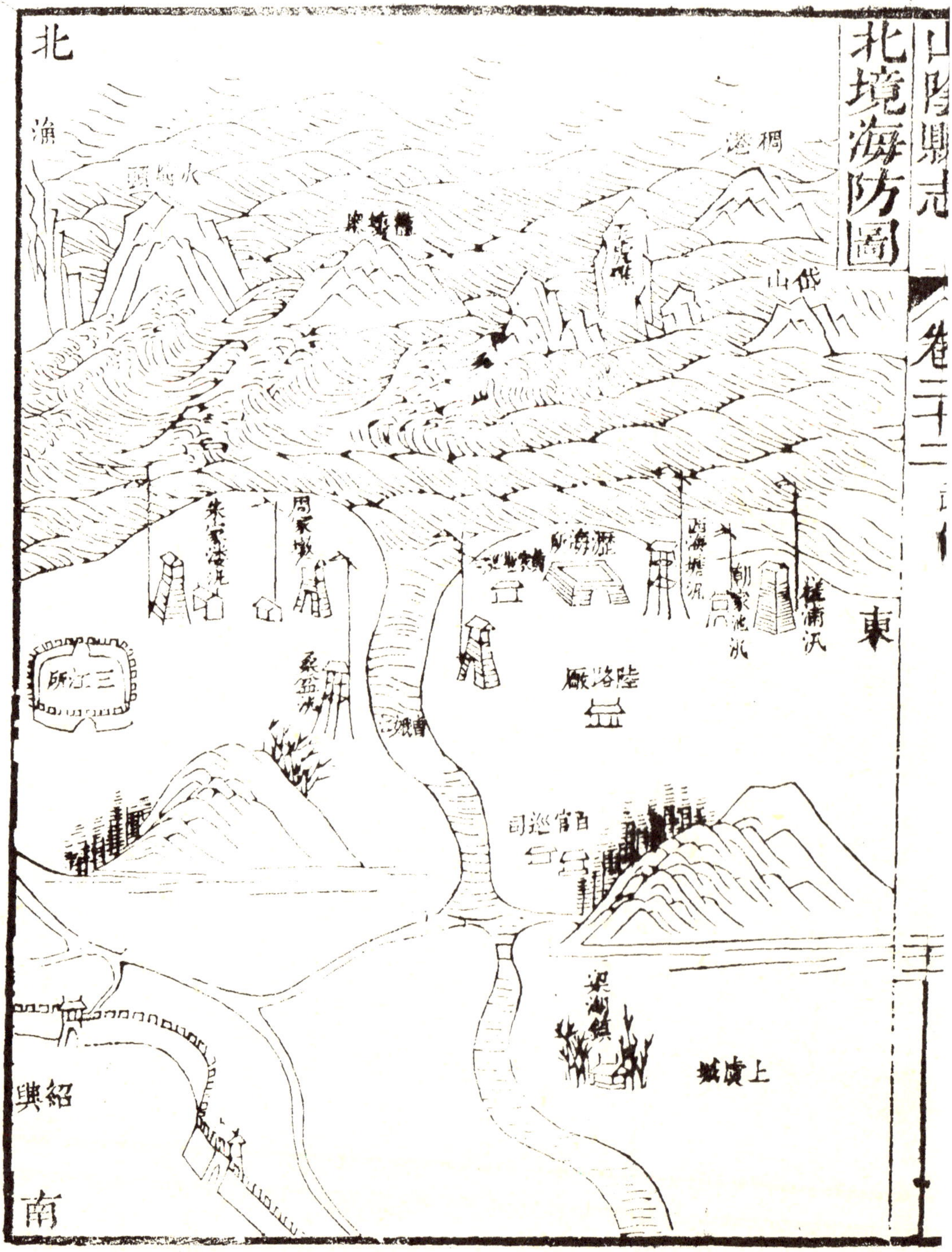
北境海防圖
北
東
南
紹興
三江所
陸路廠
百官巡司
梁湖鎮
上虞城
周家墩

山陰縣志　卷二十二　武備　三

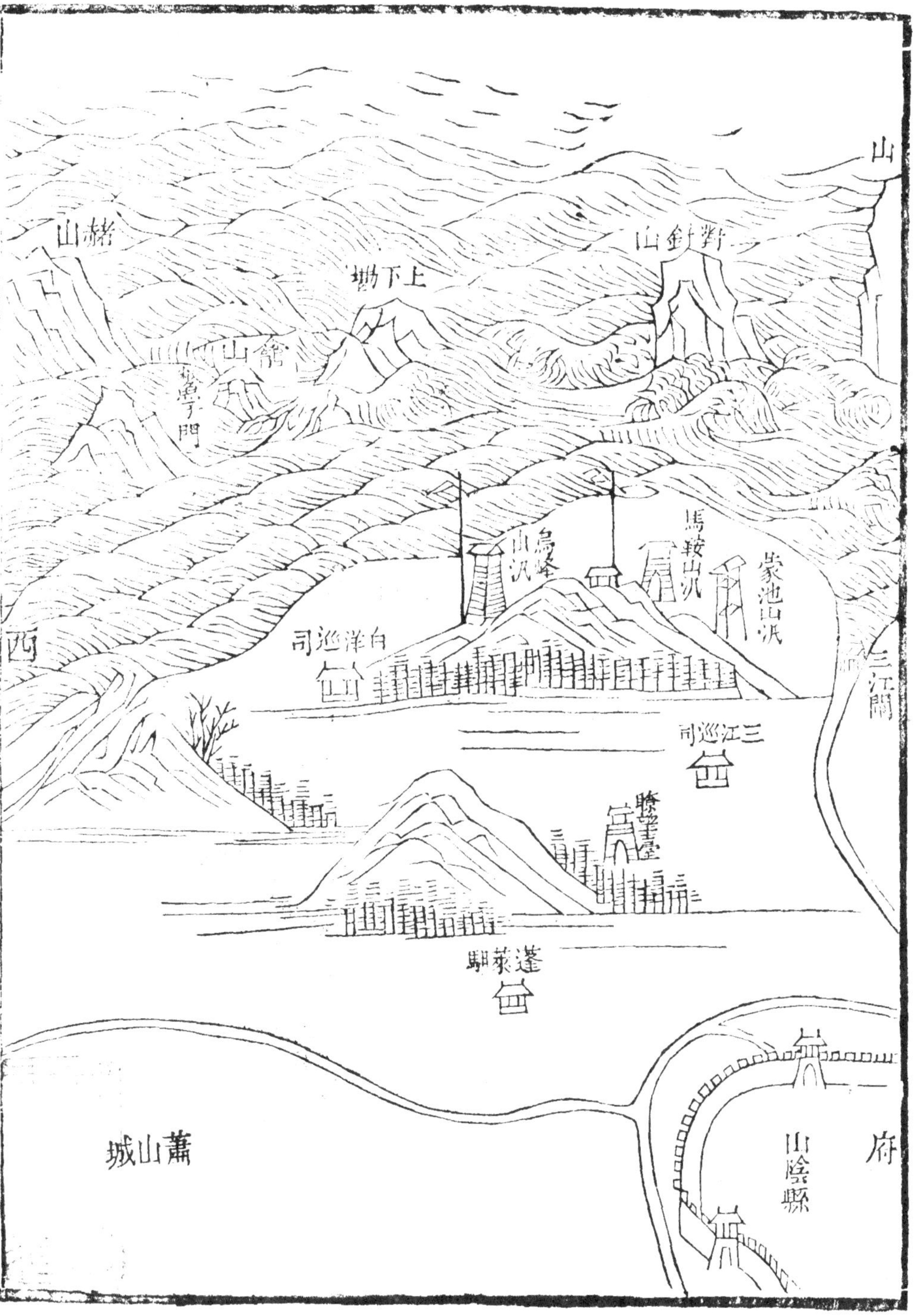

山陰縣志卷二十二

山陰縣志卷二十三

政事志第三之五

古賦稅之制大率有三曰計口曰計戶曰計田是已其後款目漸繁既爲民困而橫征浮歛之弊亦因之而生有唐兩稅法行頗爲善舉而尤莫善於明代條編之法詳本卷中雖僉差募運交納增耗以及存留供億方物歲需仍多條目然繁在官而簡在民矣茲以本邑賦役章程類編爲卷方志網羅散失每重舊聞惟則壤成賦因時制宜令典須行使吏民知所恪守是以畧古而詳今爲我

國家子惠黎元前代無藝之征悉予裁革百六十年來

聖

聖相承臨下御衆以簡以寬自康熙五十年後人丁永不加賦

雍正四年復將丁銀攤入地糧每逢
行慶大典
渥澤覃敷語難罄述邇者乾隆五十七年至嘉慶二年六載之
閒曾免錢糧者再更曠古所罕聞閭閻沐膏咏勤獲享太平之
福樂輸將而急奉公當何如也

唐以前田賦無所考錢氏有吳越時兩浙田稅畝三斗宋太平興國中錢氏國除朝廷遣王贄均兩浙雜稅贄乃令畝出一斗比還詔責其擅減稅額贄對曰畝稅一斗者天下通法兩浙既爲王民豈可復循僞國之法詔從之自後畝稅一斗祥符籍土田山蕩合郡共六百一十二萬數千畝而不載稅額施宿志成于嘉泰元年頗具焉其目曰夏戶人身丁錢曰紬曰絹曰綿曰秋苗米曰和買曰役錢曰水陸茶錢曰小綾折錢曰湖田米曰折田米曰折帛錢曰折紬綿曰折稅絹麥曰折苗糯米曰課利曰鹽曰茶曰酒曰經總制錢曰添收頭子

錢日增收宋元稅額亦缺惟泰定籍有夏稅鈔秋糧米租鈔酒醋課鈔稅課鈔茶課鈔歷日鈔虜地墨勘合錢鈔各名目明洪武二十四年山陰官民田地山蕩池塘溇瀝總一萬四千四百九十頃二十七畝有奇田五千八百二十四頃六十畝有奇地八百四十五頃八十一畝有奇山七千七百八十五頃九十九畝有奇蕩二十頃八十一畝有奇池二頃二十八畝有奇塘一十頃四十七畝有奇溇一分九釐夏稅麥一千七百九石有奇鈔一千六百五十一貫有奇絹一疋秋糧米一十一萬二千五百八十二石租鈔二萬三千五十二貫有奇官房賃鈔一百八貫有奇農桑七千一百五十七株該絲二十四斤一十四兩每絲一斤二兩折絹一疋共折絹二十一疋永樂之籍大畧相同以後則率多舛錯恐不可據應以萬歷十三年爲準計田共六千二百一十七頃四十七畝有奇鑑湖鄉田一千二百四十九頃八十四畝有奇中水鄉田二千九百一頃七十八畝有奇下則田三百五十二頃三十五畝有奇沿山鄉田二百三十九頃三十三畝有奇江北鄉田九百二十七頃一十七畝有奇天樂鄉田五百四十六頃四

十畝有奇學田五十八畝地共五百二十七頃五十七畝有奇鑑湖鄉地三百三十八頃七十六畝有奇中山鄉地七十頃五十七畝有奇江北鄉地四十九頃九畝有奇天樂鄉地六十九頃一十四畝有奇池共三十七頃四十三畝有奇鑑湖鄉池一十五頃九十四畝有奇中山鄉池五十七畝有奇江北鄉池四頃六十四畝有奇天樂鄉池一十六頃二十六畝有奇山共七千七百七十九頃八十八畝有奇蕩共五百九頃三畝有奇竈戶沙田地共五十三頃二十一畝有奇中沙田三十六頃二十二畝有奇江沙田一十頃有奇沙地六頃九十九畝有奇

農之賦四曰夏稅麥一千六百九十七石有奇曰秋糧米八萬二千七百六石有奇曰夏稅鈔三百三十錠一貫有奇曰秋租鈔五千五百二十七錠一貫有奇其派法每畝均科內派北折南折備折存折扣折改折海折餘即係本色名存留而扣改海等折則有無不一其他折若本色則多寡不同每歲布政司承戶部府承司縣又承府之分坐而旋派以徵于民故難定其數其輸例南北折以輸兩京扣備海等折以輸軍門或

年有年無而存留本色若存折備折以供官吏軍伍之俸與幾年之賑則輸倉與庫其起運例北折不論麥米每石折銀二錢五分路費每兩貼二分二釐五毫南京各衛倉米每石折銀七錢三分五釐一毫路費每兩八釐五毫派剩米每石折銀七錢路費每兩一分一釐五毫南折米每石折銀六錢路費每兩一分一釐五忽以上俱解司轉解京其存留例存折麥府倉有二項一每石折銀九錢一每石折銀八錢各學倉俱每石折銀八錢存折米府倉每石折銀五錢五分備折米每石折銀五錢充餉扣折米折無定數改折米各倉每石折銀五錢五分夏秋鈔每貫折銀二釐廛之賦一曰房租官房賃鈔一千八十四貫傳之賦二曰馬價二千四百三十九兩有奇曰驛夫輸本府各驛類入均徭兵之賦一曰兵餉銀四千一十七兩有奇戶之賦二曰蕩價輸鹽運司共一千一百三十九兩有奇曰諸鈔有商稅課鈔黃絡麻鈔茶碳鈔油榨碓蘇鈔窰竈鈔門攤契鈔茶引油契本工墨鈔樹株果價鈔酒醋鈔漁課鈔每貫折銀二釐內解京貯府

二項不同其折鈔銀一百八十三兩有奇遇閏如月數加增分派于魚茶油冶等戶間或均派于田蕩口之賦二

曰鹽糧米內分三項顏料解京者每石折六錢解各學者折八錢各倉者折五錢常本折半共十五石有奇俱責辦于鄉都成丁之人每丁六勺三抄遇閏加增曰鹽鈔每貫折銀一釐輸京庫及本府庫共七百一十七兩有奇俱責辦于城市成丁之人每丁九釐五毫六絲遇閏加增

曰里之賦三今謂之三辦曰額辦銀三百九十兩有奇曰坐辦銀二千七百九十二兩有奇曰襍辦銀四千六百七十二兩有奇○右三辦之法每歲派徵里甲其額辦坐辦經數有定雜辦數繁而費不經坊都里甲歲輸支應供億煩苦而坊長之攬辦尤號偏重凡祀享賓燕之禮與公私餽給咸一時取盈焉吏緣爲奸胥破無藝自嘉靖四十五年巡按御史龐尚鵬議均平里甲每歲約爲定費量槩縣之丁徵銀輸官坊都之長惟催辦公課甲首放歸于農其有燕祀之費執事者領銀應辦而已正供之外無擾于私家損上裕下民得其惠奏請于朝通行兩浙

力之賦二曰銀差曰力差自嘉靖四十三年餘姚縣知縣周鳴塤始議將銀力二差一槩徵銀一雇募其後山陰等縣里遞吳相等各具呈三院下府縣覆議一體遵行山邑共七千兩有奇

自一條鞭法行後賦額大率二項曰本色米共一萬八千四百五十六石有奇曰條折銀共六萬一千六百七十九兩有奇鑑湖鄉田

每畝米三升九合六勺銀九分七釐八毫中水鄉均田米三升一合六勺銀八分六釐三毫中水鄉下則均田米三升一合一勺銀八分四釐五毫沿山鄉田米一升六合四抄銀七分四釐四毫江北鄉田米二升二合六勺銀六分六釐六毫天樂鄉田米一升四合一勺銀四分八釐三毫一湖中鄉地每畝銀三分五釐六毫五絲沿山鄉地銀三分五釐一毫三絲江北鄉地銀二分六釐六毫五絲天樂鄉地銀一分三釐六毫三絲湖中鄉池銀三分二釐七毫七絲沿山鄉池銀三分二釐二毫五絲江北鄉池銀二分三釐七毫七絲天樂鄉池銀一分七毫五絲山每畝銀一釐三毫二絲蕩每畝銀四釐塘外沙田每畝銀八分七毫六絲塘外沙地每畝銀六分五釐八毫折丁見丁每丁共條折銀一錢三分六釐五毫此外不入條鞭者惟鹽糧米數見前鹽鈔銀數見前油榨鈔五兩有奇由車戶出辦門攤鈔山會其一百八十四兩有奇山邑總徵由舖戶出辦明史食貨志云一條鞭法總括一州縣之賦役量地計丁丁糧畢輸于官一歲之役官爲僉募力差則計其工食之費量爲增減銀差則計其交納之費加以增耗凡額辦派辦京庫歲需與存留供億諸費以及土貢方物悉併爲一條皆計畝徵銀折辦于官故謂之一條鞭立法頗爲簡便嘉靖

開數行數止至萬歷九年乃盡行之
明初山陰田則一百一十有六稅分官民湖站職學附餘籍易混亂額屢易而稅不均嘉靖三十年知縣何瓚履畝均稅分爲四鄉曰鑑湖曰中水曰沿山曰江北曰天樂總五則而以北折稅輕稍抵山鄉之甚瘠者于是四鄉之稅始均司稅者又貪緣爲弊民患之至隆慶元年知縣楊家相行一條鞭法每歲揭榜示民執以輸納司稅者不能爲奸民尤便之又明初制惟山無稅量畝征鈔而已其徭也以一頃準十畝計初籍七十七萬八千有奇歷歲滋久里胥爲奸豪右侵沒籍繁數混盡所沒者旣半矣迨兵興餉急權山計畝征稅當凋瘵而權疲瘠民甚苦之隆慶元年知縣楊家相遍履山藪核黠者所沒合盡復其故尚鈌額千九百有奇又核新墾地及田當其數遂取以給山餉及

其鈔省初權之餉十之八民感頌之以上據舊志並府志

附量山法云山有高危險峻尖峯平岡凸凹深灣遠塢一槩量冒以致奸弊易生隱鉠無計今開示量山遞年將山分作金木水火土五形明立五般算法則行算無差弓步可核如金形山法當三不等量算木形山法當橫直丈量水形山中廣幾處火形山一直量至山峯橫量山脚折算積實見數土形山或量中廣或分二段半月形量算或四不等亦可一灣一塢統作一號者內分一側一面一隴查照形式分量逐段塡寫弓步一號之內大約凹凸者務要中廣方得實數又耆民趙德仁等呈量山不比量田俱是尖斜凹凸不等號大則弊多號小則弊少凡百步以上定有灣隴不能盡量入冊務須分號方無遺漏或以三直三橫法量搜弊始盡今呈數法乞合遞年量山每號就註某

山名某形以某法量之如此開造冊報臨擅易知若山如船形者内有灣凹蛇形者中起高隴如兩旁牽量便是作弊必須當心直量中濶處橫量以核形準之方爲無弊府志

國朝順治十四年

世祖章皇帝頒示賦役全書序曰朕惟帝王臨御天下必以國計民生爲首務故禹貢則壤定賦周官體國經野法至備也當明之初取民有制休養生息至萬歷年間海内殷富家給人足及乎天啟崇禎之世因兵增餉加派繁興貪吏緣以爲奸民不堪命國祚隨之良足深鑒朕荷

上天付託之重爲民生主一夫不獲亦疚朕懷凡服御膳羞深自約損然而

上帝

祖宗百神之祀軍旅燕享犒賜之繁以及百官庶役餼廩之給俱各取之民閒誠恐有司額外加派豪蠹侵漁中飽民生先困國計何資茲特命戶部右侍郎王宏祚將各直省每年額定徵收起存總撒實數編撰成帙詳稽往牘參酌時宜凡有參差遺漏悉行駁正錢糧則例俱照萬曆年閒其天啟崇禎時加增盡行蠲免地丁則開原額若干除荒若干原額以萬曆刊書爲準除荒以覆奉俞旨爲憑地丁清核次開實徵又次開起存起運者部寺倉口種種分晰存留者款項細數事事條明至若九釐銀舊書未載者今已增入宗祿銀昔爲存留者今爲起運漕白二糧確依舊額運丁行月必令均平胖襖盔甲昔解本色今俱改折南糧本折昔留南用今抵軍需官員經費定有新規會議裁冗改歸正項本色絹布顏料銀硃銅錫茶蠟等項已收折者

照督撫題定價值開列解本色者照刊書價值造入每年督撫確察時值題明填入易知單內照數辦解更有昔未解而今宜增者有昔太冗而今宜裁者俱細加清核條貫井然後有續增地畝錢糧督撫彙題造册報部以憑稽核綱舉目張勒成一編名曰賦役全書頒布天下庶使小民遵兹令式便于輸將官吏奉此章程罔敢苛斂為一代之良法垂萬世之成規雖然此其大畧也若夫催科之中寓以撫字廣招徠之法杜欺隱之奸則守令之責也正已率屬承流宣化嚴出納之數慎那移之防則布政司之責也舉廉懲貪興利除害課殿最于荒墾昭激揚于完欠恪遵成法以無負朕足國裕民之意則督撫之責有特重焉其敬承之無忽

謹案賦役全書定例十年一編審今遵乾隆六十年分纂編詳

原額田六千二百一十七頃四十七畝二分零內鑑湖鄉田一千二百四十九頃八十四畝六分零康熙六年丈出田五頃四十五畝六分零每畝徵銀一錢三分三釐二毫徵米三升六合三勺中水鄉田二千九百一頃七十八畝四分零康熙六年丈出田二十九頃二十畝五分零每畝徵銀一錢一分九釐五毫徵米三升一合三勺下則田三百五十二頃三十五畝三分零康熙六年丈缺田一十九頃一十九畝一分零每畝徵銀一錢一分六釐七毫徵米三升沿山鄉田二百三十九頃三十三畝四分零康熙六年丈出田五頃三十三畝零每畝徵銀一錢三釐二毫徵米一升五合江北鄉田九百二十七頃一十七畝三分零康熙六年丈出田七頃五十畝二分零每畝徵銀九分一釐徵米二升一合五勺天樂鄉田五百四十六頃四十畝零康熙六年丈出田六頃七十二畝九分零康熙十六年

清出田一十四畝七分零每畝徵銀六分八釐四毫徵米一升二合九勺學田五十八畝每畝徵銀四分七毫

原額地五百二十七頃五十七畝五分零內鑑湖鄉地三百三十八頃七十六畝五分零康熙六年丈出地九頃七十畝三分零每畝徵銀五分五釐六毫中山鄉地七十頃五十七畝一分零康熙六年丈出地五頃三十畝一分零康熙十六年清出地三頃六十四畝三分零康熙四十七年新墾地五畝八分零康熙四十年地畝田除地四十二畝九分零每畝徵銀五分二釐九毫江北鄉地四十九頃九畝三分零康熙六年丈出地一頃六十五畝九分零每畝徵銀四分二釐二毫天樂鄉地六十九頃一十四畝五分零康熙六年丈出地一十二頃三十七畝二分零康熙十六年清出地五頃六畝零每畝徵銀二分五釐八毫

原額山七千七百七十九頃八十八畝六分零[illegible]年丈出山五十八頃八十畝六分零康熙十六年清出山八頃二十五畝三分每畝徵銀四釐五毫

原額池三十七頃四十三畝九分零內鑑湖鄉池一十五頃九十四畝七分零康熙六年丈出池五頃二十一畝三分零每畝徵銀五分一毫中山鄉池五十七畝四分零康熙六年丈缺池八畝一分零每畝徵銀四分九釐四毫江北鄉池四頃六十四畝八分零康熙六年丈出池一頃二十九畝四分零每畝徵銀三分七釐九毫天樂鄉池一十六頃二十六畝八分零康熙六年丈出池四頃五十八畝一分零每畝徵銀二分一釐一毫

原額蕩五百九頃三畝九分零康熙六年丈出蕩六十一頃一十七畝四分零康熙十六年清出蕩三頃一十二畝五分零雍

正十三年新陞蕩七十五畝三分零每畝徵銀八釐五毫
原額竈戶沙田地五十三頃二十一畝五分零內中沙田三十
六頃二十二畝一分零康熙六年丈出田五畝三分零康熙四
十年地改田幷新墾田六十二畝九分零每畝徵銀一錢一分五釐八毫江沙
田一十頃一分零康熙六年丈出田五頃一十二畝四分零每畝
徵銀一錢六釐八毫沙塗田三頃二十一畝六分零康熙十五年報陞每畝
徵銀三分五毫沙佃田一頃七十四畝五分零康熙十五年報陞每畝徵銀
二分七釐五毫沙稅田一頃四十四畝一分零康熙十五年報陞每畝徵銀
三分七釐五毫茅沙田一十七畝一分零康熙十五年報陞每畝徵銀三分七釐
沙地六頃九十九畝二分零康熙六年丈出地九分零每畝徵銀九分
四釐一毫沙塗地四頃一十一畝零康熙十五年報陞每畝徵銀二分七釐沙
佃地二頃六畝二分零康熙十五年報陞每畝徵銀二分二釐五毫沙稅地

一頃二十九畝零康熙十五年報陞每畝徵銀二分五釐

原額戶口人丁三萬一千七百二十八丁內市民人口三千八百二十三口康熙三年報增二十口康熙六年清出一十一口照糧起丁每銀二十兩二錢七分四釐派市民人丁一口每口徵銀一錢四分二釐鄉民人口二萬二千五百六十一口康熙六年清出一百一十一口每銀三兩四錢四分六釐米七斗八升六合派鄉民人丁一口每口徵銀一錢六分徵米七勺竈戶人口五千三百四十四口每銀一十四兩六錢二分一釐米三石三斗三升四合八勺派竈戶人丁一口每口徵銀九釐徵米三勺

以上田地山蕩池竈戶田地人丁等項共徵銀八萬二千三百五十九兩一錢一分九釐零加雜款銀一千二百六十三兩五錢九釐零一加顏料新加銀三十三兩四錢四分九釐零一加蠟茶新加銀二十一兩三錢九分五釐零一加顏料時價銀七兩九錢六分五釐零一加蠟茶時價銀四兩一錢二分零一加藥材時價銀八兩二分零一加匠班銀一百七十五兩八錢九分一釐零以上六款每年于地丁項下每兩帶徵一加收零積餘米二十二石七斗五升五合二勺零每石改徵銀

一兩該銀二十二兩七錢五分五釐零一加孤貧口糧米九百九十石每石改徵銀一兩該銀九百九十兩又外賦若水鄉蕩價銀一千一百三十九兩六錢四分六釐零包補三江場沙地折色銀二百三十六兩三錢四分六釐零包補三江場沙地本色銀一百四十五兩零塗田地稅銀四十兩八錢三分八釐零三江閘沙田地差銀一十三兩五錢九分四釐零商稅抵補解京鈌額銀一兩六錢四分五釐零漁課并路費銀一百六十七兩二錢零本府稅課司課鈔銀五十兩離渚稅課局課鈔銀一百二十六兩四錢六分四釐零河泊所課鈔銀三十六兩三錢零計十款并車珠銀二十六兩八錢一分零俱隨糧帶徵卽在地丁編徵之內其不入地丁課徵者則有本縣課鈔銀四兩八錢五分一釐零額外水鄉蕩價銀五釐零合前通徵銀八萬三千六百二十七兩五錢七分五釐零

起運戶部本色銀二百二十五兩一錢九分八釐零鋪墊解損滴珠路費銀九兩八錢九分五釐零內顏料本色銀一十一兩一錢一分零鋪墊解損路

費銀四兩二錢五釐零　頦料本色加增時價銀七兩九錢六分五釐零　顏料改折銀一十二兩五錢六分三釐零鋪墊摃解路費銀四兩三錢五分一釐零　顏料改折加增時價銀三十三兩四錢四分九釐零　蠟茶本色銀二十八兩七錢一分八釐零　蠟茶本色加增時價銀四兩一錢二分零　黃蠟折色銀九十二兩二錢七分四釐零路費銀九錢八分九釐零　黃蠟加增時價銀一兩八錢九分五釐零路費銀一分八釐零　芽茶折色銀八兩九錢八分四釐零路費銀八分九釐零　芽茶加增時價銀一十二兩三分七釐零路費銀一錢二分零　葉茶折色銀四兩八錢二分七釐零路費銀四分八釐零　葉茶加增時價銀七兩二錢五分一釐零路費銀七分二釐零

戶部折色銀一萬九千一百九十二兩三錢五分四釐零滴珠路費銀二百二十九兩六錢一分二釐零

內折色銀一萬八千四百一十九兩九錢五分零路費銀二百二十九兩六錢一分二釐零　康熙三年新增人丁銀二兩八錢四分　康熙六年丈量陞科銀六百八十一兩四錢六分九釐零　康熙十五年新墾陞科銀三十九兩六錢一分六釐零　康熙十六年新墾陞科銀三十九兩七錢五釐零　康熙四十年地改田并新墾陞科銀五兩一分六釐零　康熙四十七年新墾陞科銀三錢七釐零　雍正十三年新墾陞科銀一兩六分七釐零　乾隆八年新墾陞科銀二兩三錢八分零

禮部本色銀一十三兩八分六釐零津貼路費銀二兩

五錢三分三釐零內藥材本色銀一兩六錢一分一釐零路費銀八錢五釐零　藥材改折銀三兩四錢五分四釐零津貼路費銀一兩七錢二分七釐零　藥材加增時價銀八兩二分零禮部折色銀一百三十七兩六錢八分零路費銀九兩九錢四分七釐零工部本色銀八十五兩四錢八釐零墊費銀五十四兩二錢八分四釐零內桐油本色銀一十五兩九錢九釐零墊庫路費銀五十三兩五錢八分九釐零　桐油改折幷墊費銀六十九兩四錢九分九釐零路費銀六錢九分四釐零工部折色銀四千一百六十九兩六錢八分五釐零路費銀二十五兩四錢六分三釐零內折色銀三千八百四十一兩七錢九分三釐零路費銀一十兩二錢六分三釐零　匠班銀一百七十五兩八錢九分一釐零　漁課改折銀一百五十二兩零路費銀一十五兩二錢零裁改存留解部充餉銀二萬七千四百三十兩八錢八分二釐零路費銀一十九兩七分三釐零內軍儲倉餘存充餉銀一萬一千八百三十二兩七錢三分八釐零　南折充餉銀三千一百一十四兩二分四釐零　順治九年舊編裁剩解部幷米折銀共二千三百六十八兩九錢五分五釐零　順治九年裁扣銀二百八十七兩六錢　順治十二年裁條衣傘扇等銀九

十八兩　順治十三年裁官經費銀四十九兩五錢二分　又
漕運月糧三分撥還軍儲銀二千五百四十九兩五分七釐零
順治十四年裁扣銀一千二百五十四兩六錢九分五釐
又裁膳夫銀一百二十兩　又裁里馬銀三十六兩　順治十
五年裁優免銀二千九十七兩一錢六分零　康熙元年裁官
經費銀四十三兩五錢二分　又裁吏書工食銀四百八兩
又裁提學道考試心紅等銀三十兩　康熙二年裁倉庫學書
工食銀二十六兩四錢　康熙三年裁教職經費銀一百五十
九兩三錢六分　又裁齋夫銀七十二兩　康熙六年裁官經
費銀二百九十五兩　康熙七年裁按院節字號座船水手銀
五兩　康熙八年裁驛站銀一百三十兩　康熙十四年裁扣
銀三百七十六兩八錢九分九釐零　又裁扣銀一百五十九
兩一錢四分七釐零　康熙十五年裁扣銀二百二十五兩三
錢三分　康熙十六年裁扣銀二十一兩五錢　康熙十七年
裁修理塘閘裁半銀四十四兩四錢六分五釐零　康熙二十
三年裁彬字號座船水手銀一十五兩　康熙二十四年裁寧
紹巡道俸銀一百五十兩　康熙二十七年裁歲貢起京路費銀
六十兩　又裁扣銀四百七十兩三錢六分三釐零　康熙三
十一年裁驛站銀六百五十兩一錢四分八釐零　康熙三十九
年裁官經費銀一百三十七兩一錢二分　康熙五十六年裁
本府拜進表箋綾函紙劄寫表生員工食香燭等銀三兩四錢
三分九釐　雍正三年裁憲書紙料銀二十六兩二錢五分二
釐零　雍正六年裁燈夫工食銀四十八兩　又裁觀風使轎
傘扇夫工食銀四十八兩　雍正十二年裁扣民壯工食銀四

十八兩　乾隆十九年裁本府諭祭銀六兩六錢六分六釐零　乾隆二十一年裁蓬萊驛經費銀四十三兩五錢二分　乾隆三十三年裁撫院澳字號座船水手銀一十兩酌充兵餉改起運銀一萬七千六十二兩六錢五分五釐零內田地山銀五千一百五十二兩一錢四分八釐零　兵餉銀一萬一千九百一十兩五錢六釐零凡起運地丁銀六萬八千六百六十七兩七錢六分三釐零又鹽課解歸藩司充餉者曰抵課水手銀計九十一兩八錢五釐零內鹽院完字號座船水手銀二兩　各巡檢司抵課銀八十八兩九錢一分六釐滴珠銀八錢八分九釐零鹽課為運司專轄者曰鹽課銀計一千六百三兩八錢八分六釐零內隨糧帶徵鹽課水鄉塗田包補共銀一千五百七十七兩七分六釐零車珠銀二十六兩八錢一分零漕運為糧儲道專轄者曰隨漕折色銀計七千四百三十五兩一錢一分六釐零內淺船料銀七百一十五兩四錢八分三釐零　運官廩工銀五百一十六兩六錢　貢具銀二百一十兩二錢三分三釐零　月糧七分給軍銀五千九百四十七兩八錢零驛站為臬司專轄者曰驛站銀計一千五百五兩八錢四分四釐內本府各驛銀三百七十兩五

分四釐　養贍應差夫一百三十八名撥差夫頭二名
共銀一千九兩七錢九分　差船錢一百二十六兩　以上俱
屬地丁之項通前起運銀計七萬九千三百四兩四錢一分六
釐零
其存留之銀四千三百二十三兩一錢五分九釐零一曰司存
留銀三百二十五兩五分零內布政司經費銀一百五十兩　皂隸
十二名銀七十二兩　廣濟庫
庫夫一十三名銀七十八兩　布政司經歷經費銀三十六兩
門子一名銀六兩　皂隸四名銀
二十四兩　馬夫一名銀六兩　布政司解戶役銀四十五兩
戰船民六料銀九十四兩五分零一曰府縣存留銀三千九
百九十八兩一錢八釐零內本縣致祭
關帝廟銀六十兩　本府祭祀銀一百八十七兩八錢一分三
釐零　本縣祭祀銀七十一兩　文廟釋奠二祭共銀二十六兩
崇聖祠二祭共銀一十二兩
鄉賢名宦祠二祭共銀八兩　城隍土地祠各二祭共銀一
十二兩七錢　忠孝祠二祭共銀八兩　四烈祠一祭銀三

兩三錢　以上府縣祭祀餘剩銀五十六兩二錢六分每年解收司庫撥補不敷祭祀之用實給銀二百二兩五錢五分三釐零

迎春芒神土牛春酒府銀二兩五錢縣銀一兩五錢

文廟香燭府銀三兩六錢縣銀一兩六錢　寧紹分司經費銀一百二十六兩門子二名銀一十二兩皂隸十二名銀七十二兩轎傘扇夫七名銀四十二兩　本府轎傘扇夫工食銀四十二兩轎傘扇夫七名每名銀六兩　經歷經費銀七十六兩經歷俸銀四十兩門子一名銀六兩皂隸四名銀二十四兩馬夫一名銀六兩　司獄司經費銀四十三兩五錢二分俸銀三十一兩五錢二分皂隸二名銀一十二兩　儒學經費銀二百五十七兩一錢二分教授俸銀三十一兩五錢二分齋夫三名每名銀一十二兩共銀三十六兩廩糧銀八十八兩廩生膳銀八十兩門子三名每名銀七兩二錢共銀二十一兩六錢　儒學加俸銀五十三兩四錢八分　白洋巡司移駐柯鎮經費銀六十一兩五錢二分俸銀三十一兩五錢二分皂隸二名銀一十二兩弓兵五名每名銀三兩六錢共銀一十八兩　紹興鹽倉批驗所大使經費銀四十三兩五錢二分俸錢三十一兩五錢二分

皂隸二名銀一十二兩

本縣知縣經費銀六百七十七兩四錢俸銀四十五兩內撥扣荒鈌銀七兩七錢八分九釐每年解司充餉實該銀三十七兩二錢一分一釐　門子二名銀一十二兩　皂隸一十六名銀九十六兩　馬快八名每名工食銀六兩　陸路備馬舊械水鄉打造巡船以司緝探銀一十兩八錢　共銀一百三十四兩四錢　民壯四十二名銀二百五十二兩　禁卒八名銀四十八兩　轎傘扇夫七名銀四十二兩　庫子四名銀二十四兩　斗級四名銀二十四兩

縣丞經費銀七十六兩俸銀四十兩　門子一名銀六兩　皂隸四名銀二十四兩　馬夫一名銀六兩

典史經費銀六十七兩五錢二分俸銀三十一兩五錢二分　門子一名銀六兩　皂隸四名銀二十四兩　馬夫一名銀六兩

儒學經費銀一百九十三兩一錢二分教諭俸銀三十一兩五錢二分　齋夫三名每名銀一十二兩　共銀三十六兩　廩糧銀六十四兩　廩生膳銀四十兩　門子三名每名銀七兩二錢　共銀二十一兩六錢

儒學加俸銀四十八兩四錢八分

鄉飲酒禮二次銀一十兩

歲貢生員旗匾花紅酒禮府銀七錢五分縣銀三兩

本府解戶役銀四十五兩

看守公署門子工食銀一十二兩布按二分司二名禹王廟南鎮二名每名銀三兩

府縣巡

鹽應捕工食銀一百二十二兩四錢府鹽捕九名縣鹽捕八名每名銀七兩二錢衝要七鋪司兵工食銀二百五十五兩六錢府前鋪五名每名銀一十兩八錢青田鋪高橋鋪梅市鋪柯橋鋪白塔鋪錢清鋪各四名每名銀八兩四錢次衝要四鋪司兵工食銀一百一十五兩二錢鑑湖鋪金家店鋪赤土鋪洪口鋪各四名每名銀七兩二錢偏僻三鋪司兵工食銀四十二兩昌安鋪三名鹿山鋪三江鋪各二名每名銀六兩各閘夫工食銀二十七兩玉山閘扁拖閘各二名三江大閘四名蔡山閘一名每名銀三兩修理塘閘銀四十四兩四錢六分五釐零孤貧二百七十五名布花木柴銀一百六十五兩每名年給銀六錢孤貧二百七十五名口糧銀九百九十兩原編本色米九百九十石順治十四年改米徵銀充餉每米一石徵銀一兩康熙三年復給孤貧每名歲支銀三兩六錢

重四口糧府銀三十六兩縣銀三十六兩

額徵米一萬七千八百三十八石七斗二升一合七勺零內除收零積餘米二十二石七斗五升五合二勺孤貧口糧米九百

九十石易銀歸入地丁項下實徵米一萬六千八百二十五石
九斗六升六合五勺零
起運隨漕本色月糧給軍米四千二百八十石四斗四升七勺
存留米一萬二千五百四十五石五斗二升五合八勺零內祭祀米
五石　南米一萬二千四百五十二石七升零　康熙六年至
乾隆八年丈量新墾陞科米共八十七石四斗五升五合八勺
零
有閏之年地丁加閏銀一千三百二十九兩九錢零又驛站新
加銀四十一兩三錢五分　外賦不入地丁科徵本縣課鈔銀
二錢二分一釐零
起運折色加閏銀六百七十兩六錢三分七釐零內戶部折色
銀一十兩三
錢九分七釐零路費銀一錢六釐零　工部折色銀三十九兩
三錢三分七釐零路費銀五釐零　工部漁課折色銀一十二
兩九錢一分七釐零路費銀一兩二錢九分一釐零　歷年裁
改銀四百五十四兩四錢九釐零　兵餉銀一百五十二兩八
[illegible]

分六釐零鹽課加閏抵課水手銀七兩六錢五分零內鹽院完字號座船水手銀一錢六分六釐零各巡司抵課銀七兩四錢九釐零滴珠銀七分四釐零漕運加閏隨漕折色月糧七分給軍銀四百七兩四錢八分四釐　驛站加閏銀一百二十二兩五錢五分內本府各驛銀三十兩七錢五分養膳廳差夫一百二十八名撥差夫頭二名共銀八十四兩差船銀七兩八錢　存留加閏銀一百六十三兩一錢四分九釐零內布政司經費銀一十二兩五錢皂隸一十二名銀六兩廣濟庫庫夫一十三名銀六兩五錢布政司經歷經費銀三兩門子一名銀五錢皂隸四名銀二兩馬夫一名銀五錢寧紹分司經費銀一十兩五錢門子二名銀一兩皂隸十二名銀六兩轎傘扇夫七名銀三兩五錢本府轎傘扇夫工食銀三兩五錢轎傘扇夫七名每名銀五錢本府經歷司經費銀三兩門子一名銀五錢皂隸四名銀二兩馬夫一名銀五錢司獄司皂隸二名銀一兩　本府儒學經費銀一十一兩四錢六分六釐零齋夫三名每名銀一兩共銀三兩廩生膳銀六兩六錢六分六釐零門子三名每名銀六錢共銀一兩八錢白洋巡

司經費銀二兩五錢皂隸二名銀一兩弓兵五名每名銀三錢共銀一兩五錢

批驗所大使皂隸二名銀一兩

本縣知縣經費銀五十二兩七錢門子二名銀一兩皂隸一十六名銀八兩馬快八名每名工食銀五錢陸路備馬置械水鄉打造巡船以司緝探銀九錢共銀一十一兩二錢民壯四十二名銀二十一兩禁卒八名銀四兩轎傘扇夫七名銀三兩五錢庫子四名銀二兩斗級四名銀二兩

縣丞經費銀三兩門子一名銀五錢皂隸四名銀二兩馬夫一名銀五錢

典史經費銀三兩門子一名銀五錢皂隸四名銀二兩馬夫一名銀五錢

儒學經費銀八兩一錢三分三釐零齋夫三名每名銀一兩共銀三兩廩生膳銀三兩三錢三分三釐零門子三名每名銀六錢共銀一兩八錢

看守公署門子工食銀一兩禹王廟南鎮二名布按二分司二名每名銀四錢五分

府縣巡鹽應捕工食銀一十兩二錢府鹽捕九名縣鹽捕八名每名銀六錢

衝要七鋪司兵工食銀二十一兩三錢府前鋪五名每名銀九錢青田鋪高橋鋪梅市鋪柯橋鋪白塔鋪錢青鋪各四名每名銀七錢

次衝要四鋪司兵工食銀九兩六錢鑑湖鋪金家店鋪赤土鋪洪口鋪各四名每名銀六錢

偏僻三鋪司兵工食銀三兩五

錢昌安鋪三名鹿山鋪三江鋪各二名每名銀五錢各閘夫工食銀二兩二錢五分玉山閘扁拖閘各二名三江大閘四名茅山閘一名每名銀二錢五分

地丁加閏米三百五十二石一升六合隨漕起運

外賦學租銀一百二十二兩八錢三分七釐每年照數徵輸解司轉解學院賑給貧生膏火之用當稅銀五百八十五兩當鋪一百十七名每名徵銀五兩牙稅銀七十五兩四錢上則牙戶四十二名每名徵銀八錢共徵銀三十三兩六錢　中則牙戶三十三名每名徵銀六錢共銀一十九兩八錢　下則牙戶五十五名每名徵銀四錢共銀二十二兩契稅每買產銀一兩徵稅銀三分歲無定額儘收儘解牛稅每兩徵銀三分歲無定額儘收儘解　以上賦役全書

海之賦一曰鹽課都轉鹽運司主之明代有本色折色之分其引銀在錢清場者蕭山山陰縣帶徵之在三江場者山陰會稽縣帶徵之

國朝錢清場隸蕭山縣三江場隸山陰縣乾隆五年由三江分

文丁歸地徵計弓按畝均攤辦納其餘各則地畝仍照舊則完稅　原額分給灘場八千七百四十八弓又課蕩九千二百八十一畝有奇　原額分給上中下各則稅蕩三千六百一十六畝有奇　現額課蕩四十一畝有奇　現額上中下各則稅蕩三萬二千七百九十六畝有奇內原額稅蕩二千三百一十三畝有奇報稅稅蕩二萬九千二百二十六畝有奇原存備荒稅蕩一千二百五十六畝有奇

本場額徵正課銀三百八十一兩七錢六分四釐案場冊作三百八十四兩四錢一分又徵雜餉銀二十九兩三錢二分一釐案府志鹽場課額尚照舊鹽法志開載正課一項多寡懸殊蓋連東江場之課在內又有新陞坍豁兩案俱未核銷並詳嘉慶六年新修鹽法志中

本縣肩引三百十二名千錢清東江二場支鹽貧難老小等五十名赴錢清場支鹽以上據府志鹽法志三江場冊

右田賦

設東江場隷會稽縣

本縣年銷票引二千九百引順治三年題定兩浙引價每引三錢五分衆商配引掣銷輸課不徵

[illegible]場竈

三江場在縣東北三十里鹽課大使一員駐劄陸壁鎮現煎團額其四團一百五十三竈童家團九十四竈陳頭團十三竈新鳳團二竈寶盆團四十四竈鍋盤一百五十三副每竈一盤一面煎法用刀刮土以牛挽之貧則人力挑積旁築小槽如坑廣四尺長八尺封塗于底覆以刮竹鋪以滑茅實土二十四擔于槽上灌沃清水滲及週時泥融水溢滷方流出池上隨土之鹹淡而爲滷之多寡每滷一擔成鹽二十斤其色白其味鹹

倉厫凡六曰金帛曰老倉曰寶盆曰聚寶曰萬豐曰永安

場地向有灘場草場給竈丁刮土淋煎輸納丁課雍正三年奉